中等职业教育
财经类改革创新示范教材

电子商务网页设计

◎ 刘焰 李刚 主编

人民邮电出版社

北 京

图书在版编目（ＣＩＰ）数据

电子商务网页设计 / 刘焰，李刚主编. -- 北京：
人民邮电出版社，2013.10（2022.6重印）
中等职业教育财经类改革创新示范教材
ISBN 978-7-115-30168-0

Ⅰ. ①电… Ⅱ. ①刘… ②李… Ⅲ. ①电子商务—主
页制作—中等专业学校—教材 Ⅳ. ①
F713.36②TP393.092

中国版本图书馆CIP数据核字（2013）第207661号

内 容 提 要

　　本书以电子商务网页为例，主要介绍网页基础知识，使用 Dreamweaver CS3 制作网页的方法和技巧，使用 Photoshop 制作网页界面，CSS 样式表在网页设计中的应用，表单应用，制作网页特效等内容。

　　本书共分 10 章，内容安排与岗位技术标准对接，重点讲述实践性内容，突出"做中学、做中教"的职业教育理念，书中设计有大量的实用性强的表格，在情境设计、学法指导、学习评价上独具特色。

　　本书可作为中等职业学校电子商务、计算机、文秘、办公自动化等专业的教材，也可作为各种计算机专业技能短期培训班的教学用书，对电子商务从业者和网页制作爱好者也具有很好的参考价值。

◆ 主　编　刘　焰　李　刚
　　责任编辑　王　平
　　责任印制　沈　蓉　杨林杰

◆ 人民邮电出版社出版发行　　北京市丰台区成寿寺路 11 号
　　邮编　100164　　电子邮件　315@ptpress.com.cn
　　网址　http://www.ptpress.com.cn
　　固安县铭成印刷有限公司印刷

◆ 开本：787×1092　1/16
　　印张：12.5　　　　　　　　2013 年 10 月第 1 版
　　字数：320 千字　　　　　　2022 年 6 月河北第 11 次印刷

定价：29.00 元
读者服务热线：**(010)81055256**　印装质量热线：**(010)81055316**
反盗版热线：**(010)81055315**
广告经营许可证：京东市监广登字20170147号

前　言

　　中职层次的电子商务专业学生主要面向中小型企业就业，从事包括商务网站编辑与维护在内的工作，因此要求学生具备初步的网页制作能力。我们从提高中职学生就业、创业和继续学习的能力出发，兼顾用人单位的要求与学生终身发展的需要，以及教育部对中职教学的指导意见，对电子商务网页制作的教材编写进行了调整和创新。本教材提供了足够理论基础知识与操作技能，力求理论脉络清晰，写作风格生活化、有亲和力，符合学生的特点，同时体现职业教育的特点。教材内容安排与岗位技术标准对接，既有一定挑战性，又能适合学生的发展水平。同时把握网页制作的电子商务特点，保证教材编写不偏离电子商务专业轨道。

　　编写中遵从以教学为中心，突出"做中学、做中教"的职业教育理念，突出电子商务特色、突出实践性教学特点的宗旨，力图帮助读者不断巩固和检验所学知识，提高操作能力和综合应用能力。本书共分 10 章，设计有 10 个项目实训。

　　本书特点如下。

　　（1）本书设计了两个人物，由他们引出知识点，提高了教材趣味性。

　　（2）在编写中加入了若干小栏目，以增强教材的实用性。

　　① 每章前设有"情境设计"、"学习目标"和"任务导入"3 个小栏目。其中，"情境设计"为每一章节设置一个学习情景，以电子商务网页设计师的工作程序与工作任务为背景，引出学习领域的目标与内容；"任务导入"则是从学生的生活体验入手，引入学习任务与学习内容；"学习目标"简要介绍了每章的主要学习目标。

　　② "小贴士"是有关网页制作的小知识、小窍门。

　　③ "友情提示"是有关学法、概念、常用通行做法的说明，以及对难点的解释等，是有关网页制作的经验之谈，对学习者十分有帮助。

　　④ "特别警示"指出网页制作中容易犯的错误，以及应特别注意的问题。

　　⑤ "小资料"是与学习内容相关的信息与资料。

　　⑥ "想一想"提出学生应该思考的问题。

　　⑦ "实践行"是学生课后自主进行的实践活动。

　　（3）一系列实用性强的辅助文档是本书的一个特色，如"探究成果一览表"、"体验成果一览表"、"任务完成详情表"、"错误自查表"等。这些文档能帮助学习者始终把精力集中到问题的解决上，并把思维逐步引向深入。

　　（4）多元化学习评价是本书的另一个特色，在评价主体上，多元的评价主体包括了教师、学习者和同伴，有自评、师评和互评。在评价内容上，除了对学习者知识和技能掌握情况进行评价外，对学习者的学习活动也进行评价，如对小组活动进行评价并配有评价标准。在评价方式上，本书根据不同的实验类别，采用了评价量表、教师评语、学习者评议等评价方式。每一种评价都有详细的评价表和评价标准，可操作性强。

本书从电子商务网站概念、网页的外观设计和内容编辑以及简单的网页特效 3 个方面，介绍了电子商务网页制作的方法、步骤和技巧，补充了部分网站的开发维护的知识。

第一章介绍电子商务网页制作的基础知识，帮助读者建立电子商务网站的基本概念，了解什么是电子商务网站，它与其他网站有什么不同，以及电子商务网页制作的原则。

第二章至第六章介绍使用 Dreamweaver CS3 进行网页外观设计和内容编辑的基本技术。使读者能利用这些技术完成静态网页的制作，并使网页具有良好的视觉效果。

第七章介绍目前流行的图像处理软件 Photoshop CS3 在网页图像设计中的应用，使读者掌握一定的图像处理技术，从而提高网页的可视性。

第八章介绍 CSS 样式表在网页设计中的应用，使读者掌握简单的 CSS 样式表知识，并能运用到网页制作中去。

第九章介绍网页中表单的应用，使读者能够熟悉表单的概念和作用，并能够在网页中添加表单和表单对象，为今后学习有交互功能的动态网页打好基础。

第十章介绍几种常用的网页特效的制作方法，学习使用简单的 JavaScript 脚本实现诸如下拉菜单、弹出广告、时间日期等网页特效，丰富网页的功能和动态效果。

全书共 10 章，建议 72 学时，具体分配如下：

章　节	标　题	课时（学时）
第一章	电子商务网页基础知识	2
第二章	Dreamweaver CS3 简介	2
第三章	站点的建立与管理	4
第四章	表格处理与网页布局	10
第五章	添加网页基本元素——文字和图像	8
第六章	创建超级链接和导航	8
第七章	使用 Photoshop 制作网页界面	12
第八章	应用 CSS 样式表	8
第九章	应用表单	8
第十章	制作网页特效	10
共　计		72

本书由刘焰、李刚主编。本书在编写过程中，得到了教育部电子商务专业行业指导委员会专家彭纯宪的大力支持。在修改教材过程中，还收集了大量的教师和学生的反馈信息，采纳了其中不少建设性意见，在此一并表示感谢。

由于时间仓促，加之编者的水平有限，书中难免存在错误和不妥之处，恳请读者批评指正。

编　者

2013 年 9 月

目　录

电子商务网页制作基础

我叫李锐，是一名中职计算机专业三年级学生，现在一家电子商务公司实习，从事网页界面设计工作。我们一起来了解网页制作的基本知识吧！

学习任何技能都需要有一定的基础知识，网页设计与制作是一项实践性很强的技能，但掌握好基本概念和术语也很重要，除了为后面的学习和工作作好铺垫外，还可以使你的言谈显得更具有专业水准。

这一章我们将学习网页制作的相关概念；完成项目实训一；完成本章课后的作业。

我叫柯磊，是中职电子商务专业二年级学生，特别喜欢制作网页，两年后将走上工作岗位，现在，我要利用一切机会学习有关网页制作的知识和技能。

学习目标

➢ 理解网页和网站的概念
➢ 理解域名、IP 地址及 URL、HTML 的含义
➢ 理解静态网页与动态网页的概念及其区别
➢ 理解网站的概念、功能和分类

任务导入

什么是网页？什么是网站？什么是电子商务网页？

这门课是不是教我们做网页？电子商务专业和计算机专业学的内容一样吗？

1.1 计算机网络基础知识

计算机网络基础知识涉及面比较广，这里只简单介绍与网页和网站有关的一些知识。

一、Internet 简介

Internet 中文译名为因特网，又叫做国际互联网。它是由那些使用公用语言互相通信的计算

机连接而成的全球网络。一旦你连接到它的任何一个节点上，就意味着你的计算机已经连入 Internet 了。Internet 目前的用户已经遍及全球，有超过十亿人在使用 Internet，并且它的用户数还在急剧上升。

二、Internet 的服务项目

Internet 作为全球性网络，为用户提供了十分丰富的网络服务项目，我们可以通过 Internet 实现信息资源的极大共享。下面简单介绍 Internet 的主要服务项目。

1. 电子邮件

电子邮件（E-mail）是 Internet 的主要用途之一，它是一台计算机上的用户向另一台计算机上的用户发送信息的一种方式。只要知道对方的 E-mail 地址，就可以通过网络方便地接收和转发信件，还可以同时向多个用户传送信件。每个用户都可以申请一个邮箱地址，用户无论走到哪个地方，无论单位住址如何改变，使用这个邮箱地址，都可以收到从世界各地发来的电子邮件。电子邮件与普通邮件相比还有速度快、费用低等优点。

2. 文件传输

文件传输（File Transfer Protocol，FTP）是用于以交互方式访问远程计算机的文件目录并与之交换文件的一种方式。用这种方式可以直接进行文字和非文字信息的双向传输。简单来说，FTP 就是一种文件传输协议，它能把文件从一台计算机传送到另一台计算机上，不管这台计算机的位置在何处，也不管用的是什么操作系统以及是怎样连接的，唯一的要求是必须遵守 FTP 这个协议。应用这个协议用户就可以共享存放在世界各地计算机里的各种资源了。

3. 远程登录

利用远程登录（Telnet），可以用本地计算机进入远程计算机中进行操作，使用远程计算机中的各种资源，就像使用本地计算机一样。

4. WWW 服务

WWW（World Wide Web）中文名为万维网，简称 Web，是 Internet 上提供的一种高级浏览服务。它采用超文本和超媒体为信息组织方式，将信息资源组合起来，并提供友好的界面和简单的操作方法，以页面的形式表现出来。可以使用浏览器浏览万维网上的海量信息资源，借助"超链接"在各页面之间漫游，享受信息海洋世界。

WWW 服务是登录 Internet 后最常用到的 Internet 功能，人们连入 Internet 后，有一半以上的时间都是在与各种各样的 Web 页面打交道。基于 Web 方式，我们可以浏览、搜索、查询各种信息，可以发布自己的信息，可以与其他人进行实时或者非实时的交流，可以游戏、娱乐、购物等。

1.2 网页与网站

一、网页

网页是万维网中的基本单位，它是用 HTML 语言或其他语言（如 JavaScript、VBscript、JSP、ASP 等）编写的。网页把各种媒体（如文本、图像、声音等）信息以超级链接（Hyper link）的形式组织起来，经过浏览器处理后展现给用户。

网页中的信息丰富多彩，主要有文本、图形图像、声音、动画、影片等。这些对象之间以超级链接的形式连接起来，通过链接可以在各对象之间随意跳转，这样就大大方便了浏览者的浏览。

二、常见的网页元素

网页中可以包含多种元素，常见的有文本、图片、表格、表单、动画等（见图 1-1）。随着网页制作技术的进步，网页元素呈现出多样化发展的趋势，下面就常见的网页元素作一个简单的介绍。

图 1-1 常见的网页元素

1. 文本

网页中的信息以文本为主，文本包括标题和段落。与图像相比，文字不能很快地引起浏览者的注意，但却能准确地表达信息的内容和含义。对于电子商务网站来说，文本更是展示产品和服务的主要载体。为了使文本看上去更具吸引力，可对文字和段落的属性，如字体、字号、颜色、行距等进行专门的设置。

2. 图像和动画

图像在网页中具有提供信息、展示产品、装饰网页、传达网页风格的作用。应用最广泛的图像格式有 GIF 格式和 JPG 格式两种，其他诸如 BMP 格式和 PNG 格式，虽然也能在网页中正确显示，但由于图像文件体积大而很少使用。

在电子商务网页中为了更有效地吸引浏览者的注意，许多网站的广告都做成了动画形式。动画不仅有较强的视觉效果，也具有一定的心理招徕作用，在这方面，Flash 动画和 GIF 动画是两种比较理想的选择。这两种格式的动画各有千秋，Flash 动画表现力强，动画效果好；GIF 动画虽然简单，但可以直接在网页上浏览且可以跨平台支持，所以也有广泛的应用。

3. 声音和视频

声音是多媒体网页的一个重要组成部分。网页中常见的声音格式有 MIDI、WAV、MP3、AIF 等。不同的浏览器对于声音文件的处理方法是非常不同的，彼此之间可能不兼容。很多浏览器不要插件也可以支持 MIDI、WAV 和 AIF 格式的文件，而 MP3 和 RM 格式的声音文件则需要专门的浏览器播放。

视频文件能传达更加丰富多彩的信息，常见的视频格式有 AVI 格式、MOV 格式、MPEG 格式、RM 格式等。

4. 超链接

超链接是网页的灵魂，是网页中重要的组成部分，通过超链接可以实现网上各个页面之间的跳转。超链接的链接源通常是一段文字、一张图片、图片中的某个区域，也可以是一些不可见的程序脚本，其链接目标则可能是一个网页、一个电子邮件地址、一个程序或者是本网页中的其他位置。当浏览者单击链接源时，其链接目标将显示在浏览器上，并根据链接目标的类型以不同方式打开。

友情提示

超链接由两部分组成：链接源和链接目标。

5. 表格

在网页中，表格更多地用于控制网页的布局方式，即使用表格对网页元素进行精确定位。

6. 表单

表单是电子商务网站必不可少的组成部分，是实现网站和浏览者交互的重要途径之一，一般用来收集联系信息、接收浏览者要求、获得反馈意见、用户注册及用户登录。表单由不同功能的表单域组成，浏览者从表单域的输入区域输入信息，如填写文本、在下拉菜单中选择选项等，然后单击"提交"按钮，将信息发送到目标端，这个目标端是事先由设计者设置好的，它可以是文本文件、电子邮件或服务器端的应用程序等。

7. 其他网页元素

网页中除了以上几种最基本的元素之外，还有一些其他的常用元素，如悬停按钮，Java 特效，ActiveX 控件等，这些元素使网页更加活泼有趣，并在电子商务网站中发挥着不可忽视的作用。

三、静态网页

在网页设计中，纯粹 HTML 格式的网页通常被称为"静态网页"，早期的网站一般都是由静态网页制作的。静态网页被称为普通网页，它是相对于动态网页而言的。静态并不是指网页中的元素都是静止不动的，而是指网页被浏览时在 Web 服务器中不再发生动态变化，即网页不是即时生成的。

浏览器执行静态网页的过程比较简单（见图 1-2）。首先，浏览器向 Web 服务器发出请求，指向某个普通网页；Web 服务器接收请求信号后，将该网页传回给浏览器，此时传送的是文本文件；浏览器接到 Web 服务器送来的信号后开始解读 HTML 标签，然后进行转换并将结果显示出来。静态网页文件的扩展名是.html 或.htm。

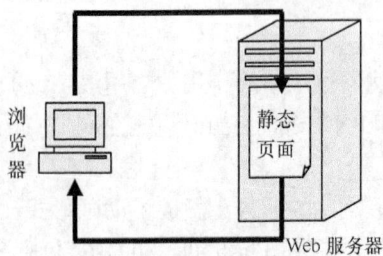

图 1-2 静态网页的执行过程

四、动态网页

动态网页中除了普通网页中的元素外，还包含一些应用程序，这些应用程序使浏览器与 Web 服务器之间发生交互。

动态网页的执行过程较静态网页要复杂一些（见图 1-3），主要涉及浏览器与服务器之间的交互。

（1）浏览器向 Web 服务器发出请求，指向某个动态网页。

（2）Web 服务器接收请求信号后，将该网页送到应用程序服务器。

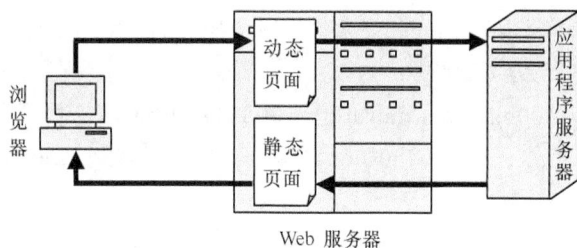

图 1-3　动态网页的执行过程

（3）应用程序服务器检查该网页，执行其中的 JavaScript、VBScript 等应用程序后传回给 Web 服务器。

（4）Web 服务器将完成的网页再传回给浏览器。

（5）浏览器接收到 Web 服务器传来的信号后，开始解读 HTML 标签并将其转换，有时还执行脚本程序，最后将结果显示出来。

动态网页文件的扩展名是 .asp、.jsp、.php、.perl、.cgi 等。

静态网页和动态网页各有特点，网站采用动态网页还是静态网页主要取决于网站的功能需求和网站内容的多少。如果网站功能比较简单，内容更新量不是很大，采用纯静态网页的方式会更简单，反之一般要采用动态网页技术来实现。

友情提示

从文件管理的角度来看，你可以把网站看做一个文件夹。

五、网站

网站是网上的一个站点，一个网站是由许多网页构成的。网站像一本书，书的封面，即浏览者进入网站最先看到的页面，就是该网站的主页（Homepage）或称首页。主页包含了网站中所有页面内容的链接，以保证浏览者能够方便地浏览该网站的所有内容。

1.3　网页制作相关术语

一、域名与 IP 地址

Internet 上连接有无数主机，为了区分它们，给每台主机都分配了一个专门的地址，称为 IP 地址。IP 地址由一串以圆点分开的 4 个数字组成，每个数字取值范围为 0 ～ 255，如 192.168.1.81 就是一个主机的 IP 地址，通过 IP 地址可以访问 Internet 上任何一台主机。

IP 地址虽然可以方便地区分主机，但是难以记忆，因此 Internet 采用了一种字符型主机名机制——域名系统（DNS），将域名与 IP 地址一一对应。域名就是我们通常所说的"网址"，如 www.taobao.com 就是淘宝网服务器的域名，当浏览者利用域名在 Internet 上浏览网站时，由域名服务器把该域名自动转换成相对应的 IP 地址。

二、URL

Internet 上的每一项资源都有自己唯一的地址，被称为统一资源定位符（URL）。它用来指出 Internet 上某一项信息所在的位置及其存取方式。如果浏览者要访问某个网站，在浏览器的地址栏中输入的就是 URL，网上所能访问的资源都有一个唯一的 URL。URL 的格式为"协议名称：// 主机名称 / 文件路径 / 文件名称"。

例如，http://www.800buy.com/huwai/8F/10084127.htm 就是一个网页的 URL，其中：http——信息传输协议名称；www.800buy.com——主机名称；huwai/8F——文件路径；10084127.htm——文件名称。

小贴士

我们在上网游览网页的时候，每个页面都会有一个地址，显示在浏览器的地址栏中，我们可以将地址栏中的地址复制发给网友共享，这个地址就是 URL。

三、HTML

HTML（Hyper Text Markup Language）即超文本标记语言，是用来描述超文本文档的标记语言。它由 HTML 标记和用来表示信息的文本组成。使用 HTML 描述的文件，需要通过浏览器显示效果。

所有的网页都是以 HTML 格式的文件为基础，再加上一些其他语言工具（如 JavaScript、VBScript 等）构成的。这些文件除了一些基本的文字外还包含一些标记，这些标记均由"<"和">"符号以及一个字符串组成。而浏览器的功能是对这些标记进行解释，显示出文字、图像、动画并播放声音等。

通过 HTML 可以表现出丰富多彩的设计风格。大到整个页面的布局、段落的设定，小到文字的字体、字号、颜色等的设置都可以通过 HTML 来完成。此外，HTML 还可以在网页中设置列表、表格等内容。

通过 HTML 可以实现页面之间的跳转。HTML 可以轻松地实现页面之间的跳转及超链接的设置等，充分体现其超文本的特性。

通过 HTML 可以展现多媒体的效果。超文本之所以在很短的时间内如此广泛地受到人们的青睐，很重要的一个原因是它能支持多媒体的特性，如图像、声音、动画等。运用 HTML 能够在网页中插入各种多媒体对象，使网页更加绚丽多彩、生动活泼，给人留下很深的印象。

HTML 的功能强大，语句简单，表现力强，是网页制作者必须掌握的一种工具语言。

1.4 电子商务网站

一、电子商务

电子商务（Electronic Commerce，EC）通常是指在全球各地广泛的商业贸易活动中，在 Internet 开放的网络环境下，基于浏览器/服务器应用方式，买卖双方不谋面地进行各种商贸活动，如消费者在网上购物、商户之间的网上交易和在线电子支付，以及各种金融活动和相关的综合服务活动的一种新型的商业运营模式。电子商务涵盖的范围很广，一般可分为企业对企业（Business-to-Business，B2B），或企业对消费者（Business-to-Customer，B2C），还有消费者对消费者（Customer-to-Customer，C2C）这 3 种模式。随着国内 Internet 用户的增加，利用 Internet 进行网络购物并以网络支付工具付款的消费方式已十分流行，电子商务的市场份额迅速增长，电子商务网站也层出不穷。

二、电子商务网站

电子商务网站主要面向供应商、客户或者企业产品（服务）的消费群体，以提供某种直属于企业业务范围的服务或交易，或者为业务服务的服务或者交易为主。一般来说，电子商务网站具备以下几种基本功能。

（1）企业产品和服务项目展示。这是一个非常重要的基本功能。

（2）商品和服务订购。它包括交易磋商、在线预订商品、网上购物或取得网上服务的业务功能。

（3）网上支付。即通过银行电子支付系统实现支付功能。

（4）网络客户服务。将部分或全部传统客户服务功能迁移到网上进行，同时根据网络特点开发新的服务功能。

（5）发布商业信息。包括新闻的动态更新、新闻的检索、热点问题追踪，行业信息、提供信息、需求信息的发布等。

（6）客户信息管理。这是反映网站主体能否以客户为中心、能否充分地利用客户信息挖掘市场潜力的有重要利用价值的功能。

（7）客户实时互动。通过聊天室、企业社区、电子邮件等工具，与客户实时地交流信息。

（8）销售业务信息管理。用于使企业能够及时地接收、处理、传递与利用相关的销售业务信息资料，并使这些信息有序和有效地流动起来。

三、电子商务网站的分类

（1）信息服务型。信息服务型网站的设计目的在于提供各种产品信息或信息获得方式。

（2）广告型。广告型网站所有技术和信息内容全部针对广告收入。此时，消费者的注意力就成为衡量网站优劣的关键标准，广告商可以对一个网站进行评估，并为其广告定价。

（3）交易型。交易型网站的基本功能在于提供网上交易的功能，如网上商城、交易平台网站等。

（4）管理型。管理型网站是企业、公司和行政教育等机构，将传统业务迁移到网络的应用界面，如公司、机构的办公系统。

（5）综合型。综合型网站是把上述类型网站的功能综合集成。

实践行

下面是国内知名的电子商务网站，快去体验一下吧！

B2B：阿里巴巴、慧聪网、沱沱网、中国制造网。

B2C：卓越网、京东商城、当当网、麦考林。

C2C：淘宝网、易趣网、拍拍网。

1.5　项目实训一：初识电子商务网页

浏览者浏览电子商务网站的目的，是要从这些网站上获得产品、服务或资讯。因此，界面简洁、易用性好是电子商务网站设计追求的目标。本项目实训旨在通过探究式学习模式让你对电子商务网页的诸多特点有一个感性认识，为今后的学习打下基础。

1.5.1 项目任务

个人任务	（1）请自由选定两个知名的电子商务网站，分别是样本网站 1：知名企业的综合网站，如格力电器、国美电器、aigo 爱国者等；样本网站 2：大型综合性的网上商店，如当当网、淘宝网等。 （2）浏览两个样本网站中的网页，观察网页中存在的网页元素，填写表 1-1 所示的电子商务网页中常见的网页元素。 （3）浏览两个样本网站中所有栏目，观察并思考各栏目的功能，将栏目名称填入表 1-2 所示的电子商务网页的功能中。 （4）尝试注册及其他服务功能。 （5）通过对上述两个表格的分析，回答内容问题，并做简要记录。

- 基本问题

电子商务网页有哪些特点？

- 单元问题

① 电子商务网页有哪些网页元素？

② 电子商务网页如何通过不同类型的网页实现其营销功能？

③ 电子商务网页的使用是否便利？采取了哪些措施实现这种便利？

- 内容问题

① 进入电子商务网站的主页后，你第一眼看到的是什么？

② 电子商务网页上是否包含文本、图像、超链接和表格这些静态的网页元素？

③ 电子商务网页上是否包含动画、声音、视频等动态的网页元素？动态元素通常用于广告吗？

④ 电子商务网页的导航栏是否相对集中、成组出现？

⑤ 电子商务网站中的商品是按产品目录编排的吗？

⑥ 电子商务网站是否有商品搜索功能，以方便浏览者快速找到想要的商品？

⑦ 电子商务网站中是否提供了与产品消费或企业相关的网络资源，如"家用电器使用常识"、"流行趋势发布"等？

⑧ 电子商务网站中是否有类似于企业动态之类的相关新闻？

⑨ 电子商务网站中是否有提供服务支持的页面，如"产品故障自查"或"售后服务信息"等？

⑩ 电子商务网站中是否有市场调查的相关内容？

⑪ 主页中有销售排行或新品推荐的内容吗？

⑫ 用户注册页面是在新窗口中打开的吗？

⑬ 电子商务网页中是否有与商家联系的入口，方便浏览者提出问题？

小组任务	（1）通过对内容问题的总结，回答单元问题。 （2）总结单元问题，从而得出基本问题的答案。 （3）归纳讨论结果，作好陈述准备。 （4）组长陈述本组讨论结果。

1.5.2　项目过程

友情提示

整个项目活动的开展以小组合作探究的形式进行，重点放在选择样本、分析样本、总结提炼上，通过互联网支持实现师生互动和学生与学生互动，共享学习资料，共同完成电子商务网页制作课程的第一次探究式学习任务。

1. 准备阶段

教师采用分组策略，对学生进行适当分组。每小组 4～6 人，由小组长全权负责。教师下达本次探究任务。

2. 执行阶段

各小组接到任务后，由小组长进行任务分派，小组成员各自选定样本网站，浏览网站，并对网页内容进行分析，填写相关表格。

小组长召集成员开会讨论，总结单元问题答案，进而回答基本问题，小组各成员对讨论过程作简要记录。

3. 分析总结阶段

小组成员将小结上交组长进行简单汇总后，由小组长进行本组探究式学习活动的总结性发言。教师对本次活动进行简要总结。

1.5.3　项目报告

表 1-1　　　　　　　　　　　　电子商务网页中常见的网页元素

序号	采样网站的名称及网址	网站类型	常见的网页元素								
			文本	图像	动画	视频	声音	超链接	表格	表单	其他
样本网站1											
样本网站2											

填写说明：如果该元素存在，请在相应的单元格中打勾。

表 1-2　　　　　　　　　　　　电子商务网页的功能

序号	功　能	栏目名称	
		样本网站1	样本网站2
1	企业产品和服务项目展示		
2	商品和服务订购		
3	网上支付		
4	网络客户服务		

序号	功 能	栏目名称	
		样本网站 1	样本网站 2
5	发布商业信息		
6	客户信息管理		
7	客户实时互动		
8	销售业务信息管理		

填写说明：请将两个样本网站中具有相应功能的栏目名称填写在相应单元格内。

表 1-3　　　　　　　　　　　　　　　　项目反思与小结

项目反思	企业发展电子商务的目的是： 浏览者登录电子商务网站的目的是： 请依其重要性对下列电子商务网站的特点进行排序。 序号 | 特 点 | 视觉形象好，美观大方，给人以美的享受 | 使用方便，可操作性好 | 能准确传达企业信息，内容丰富 | 较高的更新频率，时时有新内容呈现 | 安全性高，不会因病毒或黑客问题造成客户的损失
项目小结	请谈一谈你完成本次实验后的收获： 请谈一谈在本次实验中你的困惑：

1.6　学习评价

表 1-4　　　　　　　　　　　　　　　项目自评、师评表

	序号	知识、技能、实践活动	优	良	中	差	备　注
自 评	1	样本网站的选择					
	2	表 1-1 的填写					
	3	表 1-2 的填写					
	4	小组活动					

教师评语：

教师签字：　　　　　　　　　　　　　　年　　月　　日

教师评价：实验成绩		学生签字	

知 识 与 技 能 评 价 标 准

优	良	中	差
1. 能选择除教材推荐网站之外的优秀电子商务网站 2. 样本网站的区分度高，分属不同的类型 3. 能找出网页中所有的网页元素 4. 能分析网站栏目的功能，得出正确结论，正确填写网站栏目名称 5. 能对本次探究活动进行认真的反思并得出正确结论	1. 能选择优秀的电子商务网站 2. 能找出网页中大部分网页元素，只有偶尔的疏漏 3. 能分析网站栏目的功能，填写网站栏目名称存在个别错误 4. 能对本次探究活动进行反思	1. 能选择电子商务网站 2. 样本网站属于相同的类型 3. 能指出 4 个以上的网页元素 4. 能根据网站栏目功能正确填写 4 个以上的网站栏目名称 5. 能对本次探究活动进行简单的反思	能选择电子商务网站样本，但无法完成分析任务

小 组 活 动 评 价 标 准

优	良	中	差
1. 积极参与、努力完成个人承担的任务 2. 主动提出建议和设想 3. 有较强的自控能力，不断探索，独立思考 4. 能积极提出自己的见解，主动承担总结汇报任务 5. 懂得尊重、欣赏和激励他人	1. 能参与小组活动，完成分内的工作任务 2. 能思考问题 3. 能与他人交流自己的想法 4. 对小组总结汇报有贡献 5. 懂得尊重他人，没有冒犯他人的言语	1. 能在他人带动下完成部分任务 2. 与他人交流的主动性不强，但能对他人的主动交流作出回应 3. 偶尔有不礼貌的言语或行为	不能完成任务，不愿意思考问题，有冒犯他人的言语或行为

课后练习

一、填空题

1. 目前世界上最大的信息网是_____。

2. 网页按照执行过程一般分为_____和_____。

3. Internet 上连接有无数主机，为了区分它们，给每台主机都分配了一个专门的地址，称为_____。

4. Internet 上的每一项资源都有自己唯一的地址，被称为_____。

5. HTML 的中文名称叫做_____。

二、简答题

1. Internet 的主要服务有哪些？

2. 静态网页与动态网页有何区别？

3. 请简要说明电子商务网站的功能和分类。

第二章

Dreamweaver CS3 简介

情境设计

进入电子商务公司工作的第一天，我高兴地发现，公司的网页设计师正在用我熟悉的 Dreamweaver 制作网页。Dreamweaver 是一款简单易用、功能强大的可视化网页制作软件，使用 Dreamweaver 可以轻松地制作出满足各种需求的网页，无论是静态的 html 页面，还是动态的 asp、jsp 等页面，都可以利用 Dreamweaver 来开发制作。

还等什么，快来一起认识 Dreamweaver 吧！这里介绍的版本是 Dreamweaver CS3，它非常适合于初学者。本章的主要学习任务是初步了解 Dreamweaver CS3 的功能，熟悉它的主要界面，通过动手操作尽快地掌握软件的使用方法。

学习目标

➢ 了解 Dreamweaver CS3 的主要特点和功能
➢ 掌握 Dreamweaver CS3 的安装与启动
➢ 熟悉 Dreamweaver CS3 的窗口组成

任务导入

Dreamweaver CS3 的工作界面是什么样的？什么是视图管理？

Dreamweaver CS3 的工作界面看上去挺复杂，我能学会吗？等我实习的时候，版本早就升级了，学习 CS3 有意义吗？

2.1 Dreamweaver CS3 简介

Dreamweaver CS3 是 Adobe 公司收购 Macromedia 公司后最新推出的 Creative Suite 3 设计套装中用于网页设计与制作的组件。作为全球最流行、最优秀的所见即所得的网页编辑器，Dreamweaver 可以轻而易举地制作出跨操作系统平台、跨浏览器的充满动感的网页，是目前制作 Web 页站点、Web 页和 Web 应用程序开发的理想工具。

Dreamweaver CS3 的主要特点

（1）网页编辑形式灵活。Dreamweaver 将"设计"和"代码"编辑器集成在一起，既可以方便地进行源代码编辑，也可以使用鼠标方式添加和设置对象。

（2）使用可视化编辑环境。Dreamweaver 是一种所见即所得的网页编辑器。

（3）强大的 CSS 功能。可以轻松地编辑 CSS 样式。

（4）站点管理功能完善。

（5）集成性高。与 Photoshop、Flash、Shockwave 具有良好的集成性。

（6）媒体支持能力强。在文档中可以灵活加入和处理媒体元素。

（7）扩展能力强。Dreamweaver 可以实现功能的扩展。

2.2　Dreamweaver CS3 的安装与启动

1．Dreamweaver CS3 的硬件配置要求

Dreamweaver CS3 对系统硬件配置要求如下：

- ✓ Intel® Pentium® 4、Intel Centrino®、Intel Xeon® 或 Intel Core™ Duo（或同等处理器）或更高级别处理器；
- ✓ Windows XP、Windows Vista 及以上版本的操作系统；
- ✓ 512MB 以上内存；
- ✓ 1GB 的可用硬盘空间（在安装过程中需要的其他可用空间）；
- ✓ 能达到 1024×768 像素的分辨率、16 位真彩色或更高的显示器。

2．Dreamweaver CS3 的安装

要安装 Dreamweaver CS3，可按照以下步骤进行。

（1）将 Dreamweaver CS3 的安装光盘放在光驱中，此时会自动运行 Dreamweaver CS3 的安装程序并对系统进行检查，如果系统满足安装所需要的条件，就会打开"Adobe Dreamweaver CS3 安装程序：许可协议"窗口，如图 2-1 所示。

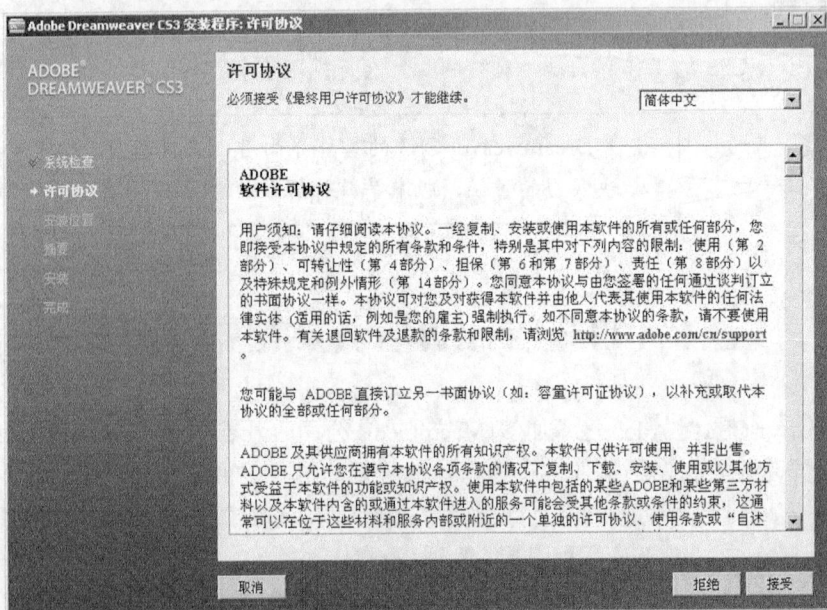

图 2-1　Adobe Dreamweaver CS3 安装程序：许可协议

（2）阅读软件许可协议，单击"接受"按钮，打开"安装位置"窗口，选择需要安装程序的磁盘并指定安装路径，如图 2-2 所示。

图 2-2　选择安装路径

（3）选择好路径后，单击"下一步"按钮，打开"Adobe Dreamweaver CS3 安装程序：摘要"窗口，显示安装位置、即将安装的程序、安装磁盘的剩余空间等信息，如图 2-3 所示。

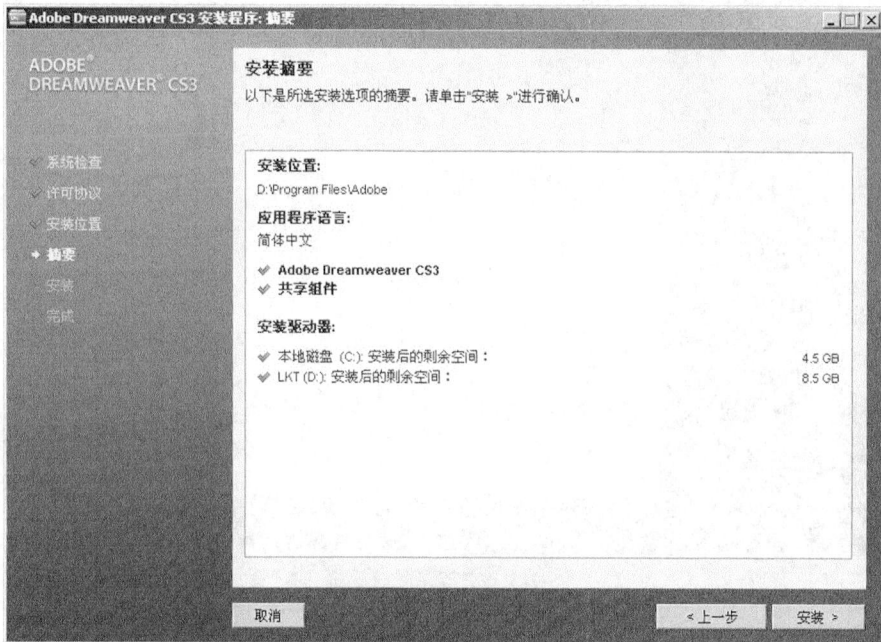

图 2-3　Adobe Dreamweaver CS3 安装程序：摘要

（4）单击"安装"按钮，打开"Adobe Dreamweaver CS3 安装程序：安装"窗口，开始安装 Dreamweaver CS3 并显示安装进度，如图 2-4 所示。

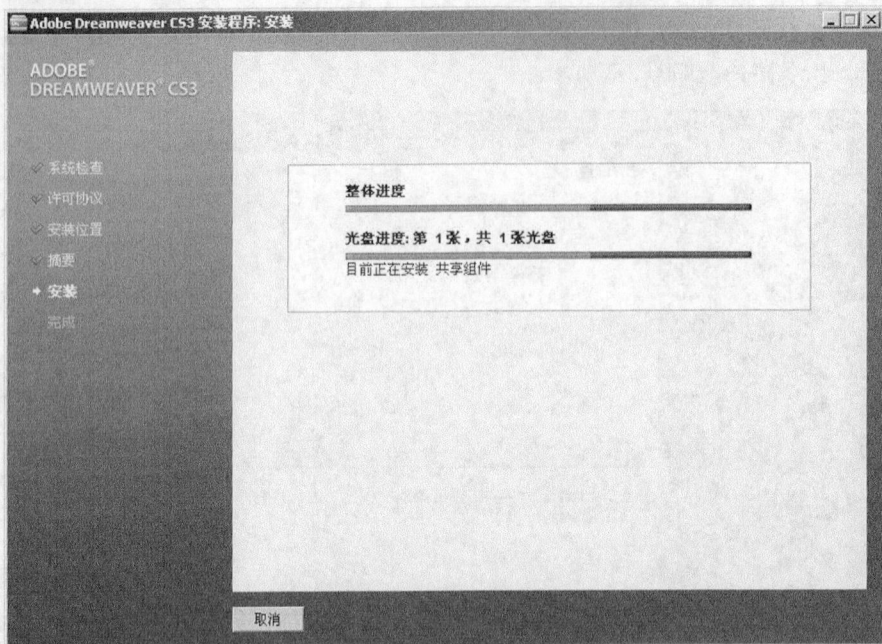

图 2-4 开始安装 Adobe Dreamweaver CS3

（5）安装过程会持续几分钟的时间，然后弹出如图 2-5 所示的页面，单击"完成"按钮，完成 Dreamweaver CS3 的安装工作。

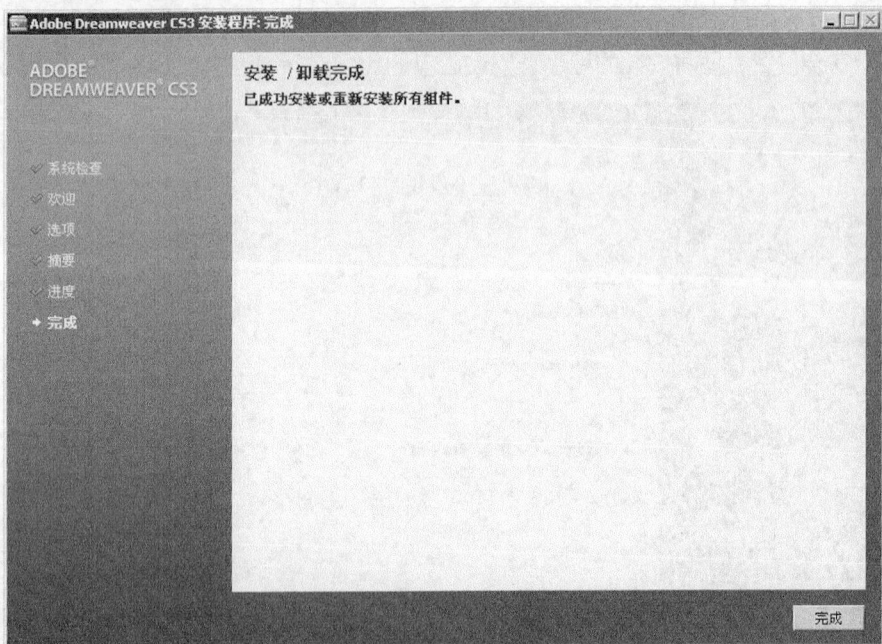

图 2-5 安装完成对话框

3. Dreamweaver CS3 的启动

Dreamweaver CS3 安装完毕后，会自动在"开始"按钮的"程序"菜单中添加启动项，同时也会在桌面上创建 Dreamweaver CS3 快捷方式图标。单击"程序"菜单中相应的启动项或双击桌面快捷方式，都可以启动 Dreamweaver CS3。

启动 Dreamweaver CS3 后，会出现一个起始页，如图 2-6 所示。可以勾选下面的"不再显示"复选框来隐藏它。在起始页中可以打开最近使用过的文档或创建新文档，还可以从起始页通过"快速入门"或"资源"来了解 Dreamweaver CS3 的更多信息。

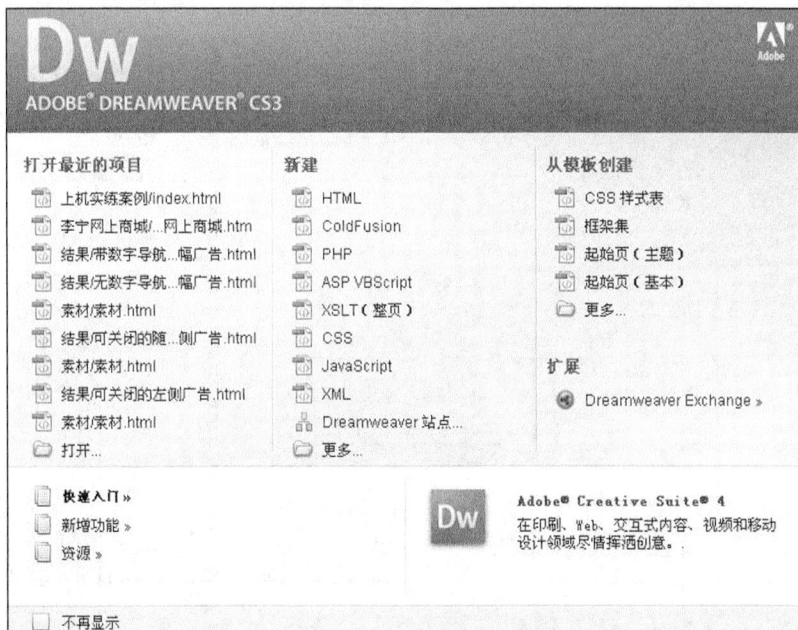

图 2-6　Dreamweaver CS3 起始页

4. Dreamweaver CS3 的退出

和其他应用程序一样，可以用以下 4 种方法退出 Dreamweaver CS3。

（1）选择菜单命令"文件"→"退出"。

（2）单击 Dreamweaver CS3 窗口右上角的"关闭"按钮。

（3）双击 Dreamweaver CS3 窗口左上角的控制按钮。

（4）按组合键 Alt+F4。

2.3　Dreamweaver CS3 的工作界面

一、Dreamweaver CS3 的工作界面组成

Dreamweaver CS3 的标准工作界面如图 2-7 所示，包括标题栏、菜单栏、插入栏、文档工具栏、文档窗口、状态栏、属性面板、面板组和"文件"面板。

1. 标题栏

标题栏由控制按钮、窗口名称、最小化按钮、最大化按钮和关闭按钮组成。窗口名称由两部分组成："Adobe Dreamweaver CS3 –"和当前网站的名称。双击标题栏可以在窗口最大化和还原两种状态中切换。

2. 菜单栏

菜单栏提供了 Dreamweaver CS3 的所有功能，包含 10 个菜单，简介如下。

（1）"文件"菜单：用于管理文件，如新建、打开、保存、另存为、导入、输出、打印等。

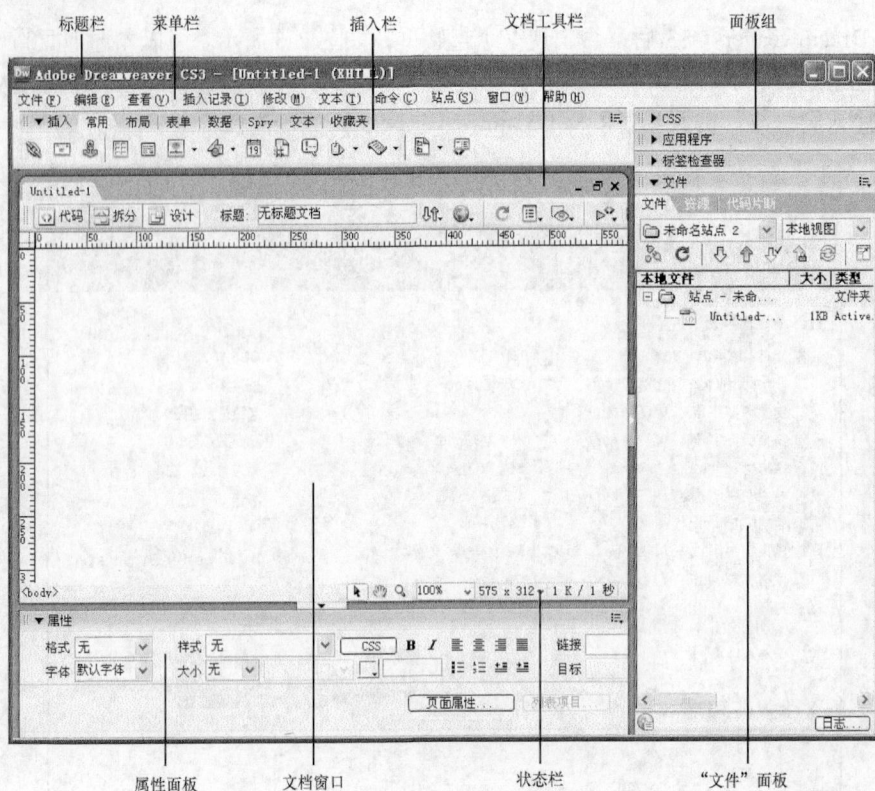

图 2-7　Dreamweaver CS3 的工作界面

（2）"编辑"菜单：用于编辑文本和代码，如剪切、复制、粘贴、查找、替换、代码凸出和缩进等。

（3）"查看"菜单：用于切换视图模式以及显示或隐藏标尺、网格线等辅助视图功能。

（4）"插入记录"菜单：用于插入各种网页元素，如插入图像、媒体、表格、表单、超级链接等。

（5）"修改"菜单：用于修改页面元素，如修改页面属性，修改 CSS 样式，修改表格等操作。

（6）"文本"菜单：用于对文本进行各种操作，如文本的缩进和凸出、段落格式、文本对齐、列表、字体、样式、颜色等。

（7）"命令"菜单：包含 Dreamweaver CS3 的所有附加命令项。

（8）"站点"菜单：包含创建和管理站点的各种操作。

（9）"窗口"菜单：用于显示和隐藏各种面板以及切换文档窗口。

（10）"帮助"菜单：包含 Dreamweaver CS3 联机帮助功能。

3. 插入栏

插入栏包含了多个按钮，单击这些按钮可以将各种对象（如图像、表格、DIV 标签等）插入到页面中。使用插入栏插入对象比使用"插入"菜单更便捷。

4. 文档工具栏

文档工具栏中显示的是已经打开的各个文档的图标，单击各图标可以在不同文档间进行切换。

5. 文档窗口

文档窗口是网页文档的编辑区，它用于显示当前正在编辑的网页文档。设计者可以在文档区域中进行各种编辑操作。

6. 属性面板

网页设计中的每个对象都有自己的属性，比如文字有字体、字号、对齐方式等属性，图像有大小、链接、替换文字等属性。属性面板的设置项目会根据对象的不同而变化。

7. 状态栏

状态栏中显示与正在编辑的文档有关的其他信息。

8. 面板组

为了方便网页制作者的编辑工作，Dreamweaver CS3 组合了具备各种功能的面板供用户选择使用，每个面板组都可以展开或折叠，可以和其他面板组停靠在一起或取消停靠，所以也称为浮动面板。

9. "文件"面板

"文件"面板是很常用的面板，利用它可以管理站点的文件和文件夹。通过"文件"面板还可以访问本地磁盘上的全部文件。

想一想

为什么要使用 3 种视图方式来查看同一个文档呢？

二、Dreamweaver CS3 的文档窗口

在 Dreamweaver CS3 的文档窗口中可以使用 3 种视图方式查看当前文档。

1. "设计"视图模式

这是一个用于可视化页面布局、可视化编辑和快速应用程序开发的设计环境，如图 2-8 所示。在"设计"视图中，设计者可以"所见即所得"地设计网页。

图 2-8 "设计"视图模式

2. "代码"视图模式

这是一个用于编写和编辑 html、JavaScript、服务器语言代码以及任何其他类型代码的手工编码环境，如图 2-9 所示。

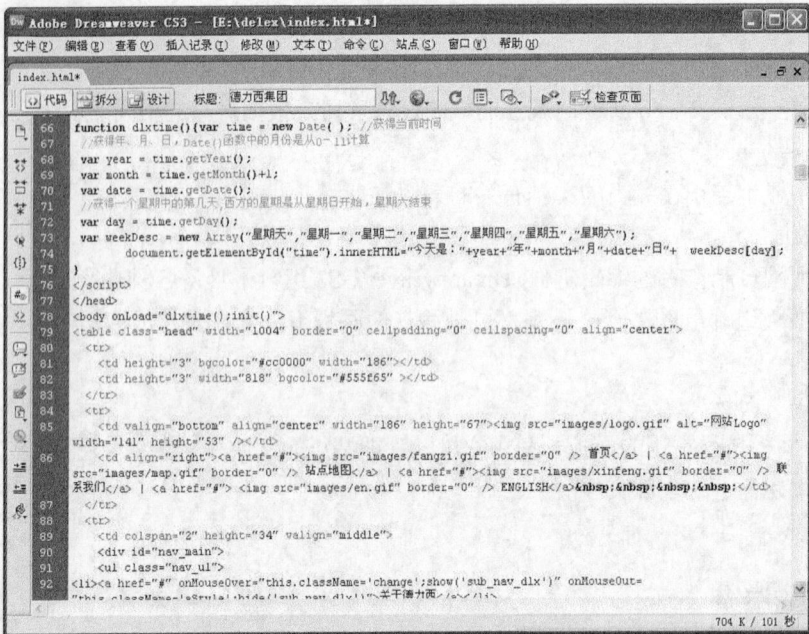

图 2-9 "代码"视图模式

3. "拆分"视图模式

这种视图模式在单个窗口中同时显示同一文档的"代码"视图和"设计"视图,如图 2-10 所示。

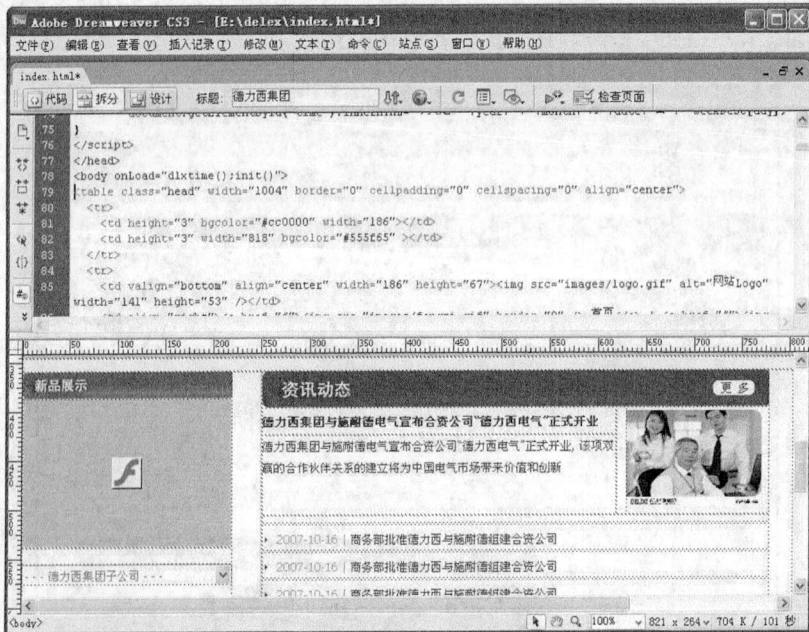

图 2-10 "拆分"视图模式

可以通过单击文档工具栏中的视图按钮切换到相应的视图模式,如图 2-11 所示。

图 2-11 文档工具栏的视图按钮

三、Dreamweaver CS3 的面板和面板组

在 Dreamweaver CS3 中，面板被组织到面板组中，如图 2-12 所示。

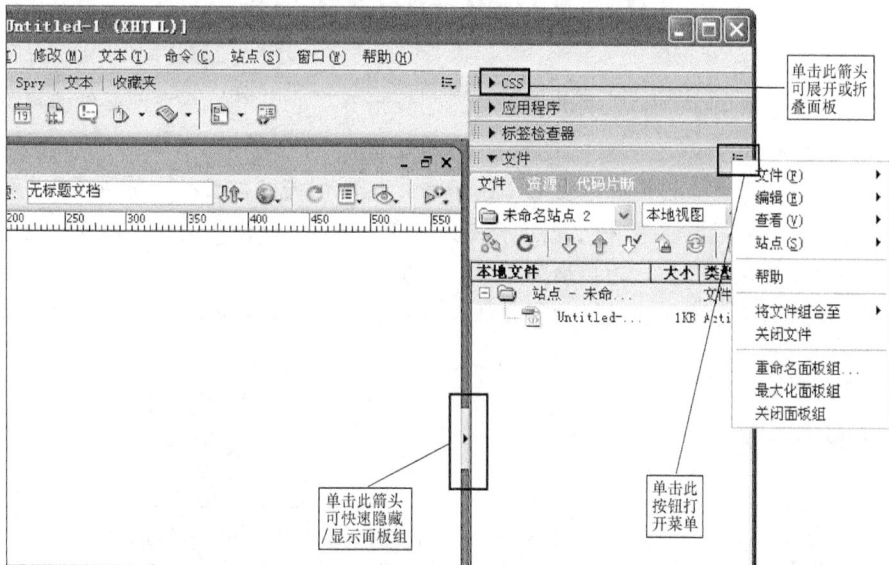

图 2-12 面板组

每个面板组都可以展开或折叠，并且可以和其他面板组放置在一起或取消。

1. 查看面板组

选择菜单命令"查看"→"显示面板"/"隐藏面板"，可以显示或隐藏面板组。也可以单击面板组左侧的箭头，或者直接按快捷键 F4 快速隐藏和显示面板组。

2. 关闭面板组

要关闭某个面板，可以单击该面板标题栏右侧的按钮，在弹出的菜单中选择"关闭面板组"。如果要再打开被关闭的面板组，可以选择"窗口"菜单，然后选择要打开的面板名称即可。

四、自定义工作区

一个使用顺手的工作界面能提高工作效率。在 Dreamweaver CS3 中，用户可以根据自己的爱好和需要自定义工作区，使其适合个人的需要。例如，可以改变工作区的布局，隐藏或显示面板，创建自己的快捷键，给 Dreamweaver CS3 添加功能扩展等。

1. 选择工作区布局

在 Dreamweaver CS3 中，用户可以选择"设计器"和"编码器"工作区布局。"设计器"是一个多文档界面的集成工作区，其中全部文档窗口和面板被集成在一个较大的应用程序窗口中，面板组停靠在窗口右侧；"编码器"也是集成的工作区，但是面板组停靠在窗口左侧，并且文档窗口在默认情况下显示代码视图。打开"窗口"菜单，选择"工作区布局"，可以设置"设计器"和"编码器"工作区布局。

2. 保存自定义工作区布局

Dreamweaver CS3 可以保存自定义的工作区设置，执行菜单命令"窗口"→"工作区布局"→"保存当前"，可以保存自定义工作区设置；当需要将工作区还原成原先设置过的状态时，可以通过"窗口"→"工作区布局"，然后选择前面保存过的布局名称来恢复成该工作区布局设置。

2.4 项目实训二：熟悉网页制作软件 Dreamweaver CS3

工欲善其事，必先利其器。要想制作出美观、实用的网页，必须使用好的制作工具。

本项目实训旨在通过对 Dreamweaver CS3 的安装、启动、关闭等一系列操作，浏览每一个菜单，尝试执行菜单中的命令，切换不同的视图，以便在头脑中形成大致的印象，对软件界面有初步的认识了解，为后面的学习打好基础。

项目实训采用双人结对的方式，先按要求独立完成个人探究任务，然后就探究成果进行自评和双人互评。

2.4.1 项目任务

	（1）使用"开始"菜单启动 Dreamweaver CS3，并尝试关闭和再启动。 （2）对照前文的图 2-7，指出 Dreamweaver CS3 窗口各组成部分的名称。 （3）在文档窗口中自动打开的 Untitled_1 文档中输入一段文字，选择"文件"菜单中的"保存"命令，将文档保存在名为"mysite"的文件夹内，文件名为"index.html"，如图 2-13 所示。
个人 任务	图 2-13 保存文档 （4）打开文件夹，找到并双击 index.htm 文件，在 IE 浏览器中浏览新建的网页。 （5）打开"文件"菜单，选择"打开"命令，将打开如图 2-14 所示的对话框。打开文档所在的文件夹，选择 index.htm 文件，单击"打开"按钮，即可打开选中的文档。 （6）打开"插入记录"菜单，选择"图像"命令，将一幅图片插入网页文档中。 （7）单击文档工具栏中的视图按钮，在 3 种视图中进行切换，比较 3 种视图方式的特点。 （8）单击文档工具栏中的地球按钮（见图 2-15），直接在 IE 中预览当前网页。直接按快捷键 F12 可以快速打开 IE 进行预览。

图 2-14　打开文档

图 2-15　预览网页

（9）打开"窗口"菜单，选择"隐藏面板"命令，将面板组隐藏，然后再选择"显示面板"命令显示面板。按 F4 键可快速显示/隐藏面板。

（10）单击窗口右侧的面板组标题，将每一个面板展开，观察并记录每个面板组内的面板项目，然后再将它们折叠起来。

（11）如果家里有计算机，并且还没有安装 Dreamweaver CS3，在自己的计算机中尝试安装 Dreamweaver CS3，并把安装每一个步骤截屏制作成安装步骤 Word 文档。（选做）

🔔**特别警示**：网页文件及文件夹的命名

在给网页文件命名时，应该注意以下问题。

（1）文件名统一由小写英文字母、数字和下画线组成，不要包含其他特殊字符。例如，可以给产品列表页命名为 product_list.html。

（2）尽量使用英文命名而不要用汉语拼音。例如，首页用 index.html 命名而不要用 shouye.html。

| 小组任务 | （1）双人小组内部交流探究成果。 |
| | （2）双人小组内部开展互评活动。 |

2.4.2 项目过程

👉 **友情提示**

整个学习活动的开展以探究、体验式学习方式进行，重点放在观察、尝试、试误、修正上，充分发挥自主性和积极性，保持旺盛的好奇心，是本次活动成功的关键。活动的后期将进行双人互评的活动，以巩固学习效果。

1. 自主探究、体验阶段

学生依据"个人任务描述"独立进行探究、体验活动，同时填写表 2-1 所示的项目成果一览表，可适当寻求他人帮助。

2. 反思小结阶段

学生对本次实验进行反思小结，填写表 2-2 所示的项目反思与小结。

3. 合作互评阶段

教师按照一定的分组策略指定双人小组，小组成员之间就项目成果进行交流与互评，同时填写表 2-3 所示的项目自评、互评表。

2.4.3 项目报告

表 2-1　　　　　　　　　　　　　　项目成果一览表

序号	探究任务	项目成果
1	你知道快速退出 Dreamweaver CS3 的方法吗？	
2	有哪些界面组成元素与 Word 相同（如标题栏、菜单栏）？	
3	有哪些界面组成元素是 Word 所没有的？	
4	启动 Dreamweaver CS3 后系统自动打开的新页面默认的文件名是什么？	
5	Dreamweaver CS3 提供了哪几种视图模式？	
6	你会自定义 Dreamweaver CS3 的工作区吗？怎样设置？	
7	你能创建一个网页文档，并在里面添加简单的文字、图片、表格吗？	

表 2-2　　　　　　　　　　　　　　项目反思与小结

项目反思	请谈一谈 Dreamweaver CS3 的视图管理和面板管理：
项目小结	请谈一谈你完成本项目后的收获：
	请谈一谈在本项目中你的困惑：

2.5　学习评价

表 2-3　　　　　　　　　　　　　　　　项目自评、互评表

	序号	知识、技能、实践活动	优	良	中	差	备注
自评	1	进入与退出 Dreamweaver CS3					
	2	指出 Dreamweaver CS3 的界面组成					
	3	制作并保存一个网页					
	4	打开指定的网页并使用不同的视图模式浏览					
	5	设置面板组（打开和关闭/显示和隐藏）					
	6	自定义工作区					
	7	同伴互评活动					

同伴评语：

同伴签字：　　　　　　　年　　月　　日

同伴评价：实验成绩		学生签字	

知 识 与 技 能 评 价 标 准

优	良	中	差
1. 能轻松地启动和退出 Dreamweaver CS3 2. 能准确地说出 Dreamweaver CS3 界面各组成部分的名称 3. 能在自动打开的新页面中输入文字并保存到指定位置，能打开并浏览该页面 4. 能打开指定的网站并用 3 种视图模式浏览它，同时能理解这 3 种视图模式的含义 5. 能说出自定义工作区的含义，同时能按照自己的喜好对工作界面进行 3 种以上的调整	1. 在别人的帮助下可以完成启动与退出 2. 能说出 5 个以上 Dreamweaver CS3 界面各组成部分的名称 3. 能制作并保存新页面，但无法找到保存的文件 4. 能打开指定的网站并用 4 种以上的视图模式浏览它，但不能完全理解这 4 种模式的含义 5. 能说出自定义工作区的含义。同时能按照自己的喜好对工作界面进行 2 种以上的调整	1. 只能完成启动和退出中的一项 2. 能说出 3 个以上 Dreamweaver CS3 界面各组成部分的名称 3. 能制作新页面，但无法保存 4. 能打开指定的网站并用两种以上的视图模式浏览它，但不能完全理解这两种模式的含义 5. 能说出自定义工作区的含义，但不会对工作界面进行调整	1. 无法完成启动与退出 2. 能说出 1 个以上 Dreamweaver CS3 界面组成部分的名称 3. 无法完成其余任务

同 伴 互 评 活 动 评 价 标 准

优	良	中	差
1. 有较强的自控能力，不断探索、独立思考 2. 对于不懂的问题勇于寻求帮助，但不过分依赖他人 3. 能积极主动帮助他人 4. 能公正客观评价他人 5. 懂得尊重、欣赏和激励他人	1. 能思考问题 2. 能向他人请教，但有时会依赖他人 3. 能帮助他人 4. 基本能客观地评价他人 5. 没有冒犯他人的言语	1. 在他人督促下完成部分任务 2. 能回应他人的请求 3. 过分依赖他人帮助 4. 评价欠公正客观 5. 偶有冒犯他人的言语	1. 不能完成任务，不愿意思考问题 2. 不能评价他人 3. 有冒犯他人的言语或行为

课后练习

一、判断题

1. 在 Dreamweaver CS3 的窗口中按 Ctrl+O 组合键可以执行"文件"菜单中的"打开"命令。（　　）

2. 在 Dreamweaver CS3 的文档窗口中，可以使用 3 种视图方式查看当前文档："设计"视图、"代码"视图和"拆分"视图。（　　）

3. 在文件夹面板中，文件的新建、移动、复制、打开等操作，都和 Windows 操作系统中的方法完全一样。（　　）

4. 对一个由若干工作人员合作开发的网站来说，任务视图是十分有用的。（　　）

二、简答题

1. 请列举 Dreamweaver CS3 的功能特点。

2. 请描述 Dreamweaver CS3 的硬件配置要求。

3. 简要说出 Dreamweaver CS3 的窗口组成。

4. 在 Dreamweaver CS3 中，可以使用哪几种视图模式查看当前文档?

5. 说出你知道的常见命令的快捷键。

第三章

站点的建立与管理

经过了前面第一章和第二章的学习，你一定很想马上就开始制作网页了。本章将带你进行网页设计的第一步——创建站点。站点是一个网站基石，所有的网站内容都放在站点内统一进行操作与管理。通过本章的学习，你将学会怎样在 Dreamweaver 中创建、管理本地站点，以及删除站点的方法，这些知识对后面的学习非常有用，要耐心学好哟。

学习目标

➢ 了解 Dreamweaver 站点的概念
➢ 熟练掌握创建与编辑站点的方法
➢ 熟练掌握管理站点的各种操作
➢ 学会删除站点
➢ 学会发布站点

任务导入

什么是 Dreamweaver 站点？如何对它进行操作？

> Dreamweaver 站点看上去就是一个文件夹，站点操作和普通文件夹操作有什么不同吗？

➢ 学习 Dreamweaver 站点的概念
➢ 学习与站点相关的各种操作
➢ 完成项目实训三
➢ 完成本章课后作业

3.1 什么是站点

网站也称作站点，实际上就是一组网页文档的集合。网站设计者通过各种超级链接把这些网页文档联系在一起，浏览者通过浏览器点击超级链接，从一个网页跳到另一个网页，从而实现对网站的访问。网页制作的第一步并不是直接制作一个网页文档，而是创建一个新的站点。

> ☞ 友情提示
>
> 创建站点就是创建一个特殊的文件夹，Dreamweaver 把它看做一个网站，有关网站的所有内容，如子文件夹、网页文档、组件、图片及其他网站相关的文档等，都存放在该文件夹中。

Dreamweaver 站点由 3 种类型的文件夹组成，这 3 种文件夹有可能是同一个文件夹，也可能不是，这取决于开发环境和所开发的网站类型。

Dreamweaver 站点的文件夹类型

1. 本地文件夹

本地文件夹是网站设计者的工作文件夹，设计过程中使用和处理的所有文档都存储在这个文件夹中。它一般位于本地计算机上，也可以位于网络服务器上。Dreamweaver 将该文件夹称为"本地站点"。

只需要建立本地文件夹就可以将其定义为 Dreamweaver 的"本地站点"。

2. 远端文件夹

如果要向 Web 服务器传输文件或开发 Web 应用程序，还需添加远端站点和测试服务器信息。远端文件夹是存储文件的位置，这些文件用于测试、生产、协作等。远端文件夹通常位于远端 Web 服务器上。Dreamweaver 将该文件夹称为"远端站点"。

本地文件夹和远端文件夹使设计者能够在本地磁盘和 Web 服务器之间传输文件，从而轻松管理 Dreamweaver 站点中的文件。

3. 测试服务器文件夹

测试服务器文件夹是 Dreamweaver 处理动态网页的文件夹。

3.2　创建与编辑站点

一、创建站点

打开"站点"菜单选择"新建站点"，将打开站点定义向导，它可以带领我们一步步地完成创建站点的全过程。

1. 定义站点名称

为要创建的站点起一个名字，如图 3-1 所示。

2. 选择服务器技术

选择服务器技术如图 3-2 所示。如图制作一般的静态网站，则选择不使用服务器技术。

3. 选择本地文件夹

选择本地文件夹如图 3-3 所示。

将本地磁盘上的文件夹设为站点，在后面的网页设计中会将与本网站相关的所有文件都存放在此文件夹中，便于统一管理。

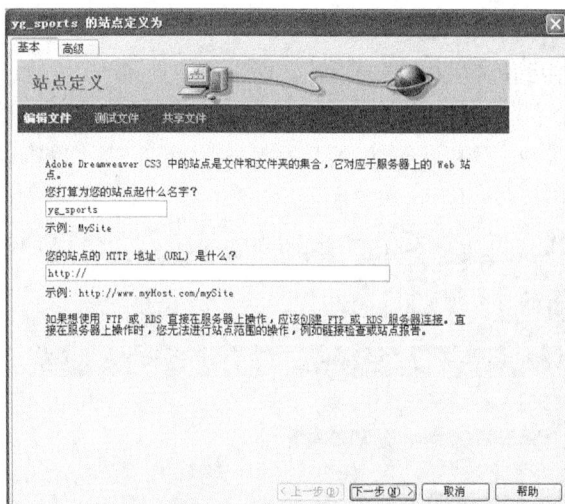

图 3-1 定义站点名称

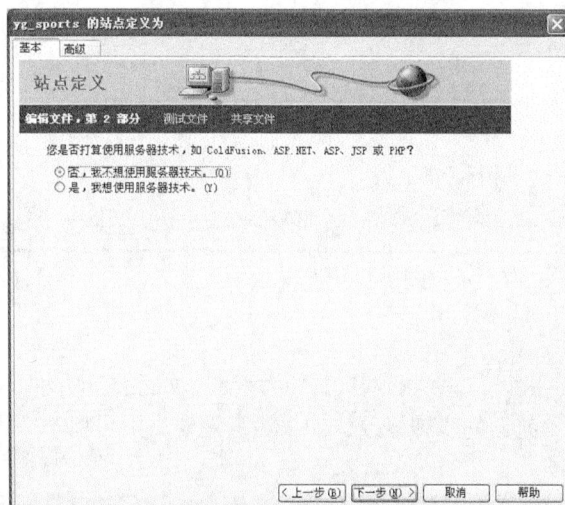

图 3-2 选择服务器技术

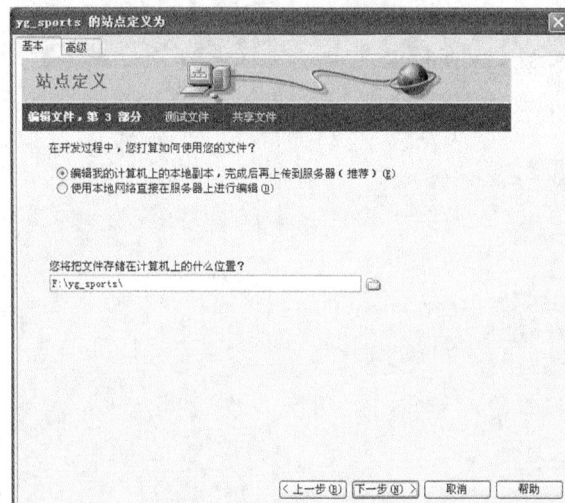

图 3-3 选择本地文件夹

4. 共享文件

在这里可以完成连接到远程服务器的设置。如果需要连接到远程服务器，可在"你如何连接到远程服务器？"中选择"本地/网络"，在"你打算将你的文件存储在服务器上的什么文件夹中？"里设置远程根文件夹。如果不连接到远程服务器，则在"你如何连接到远程服务器？"中选择"无"，如图 3-4 所示。

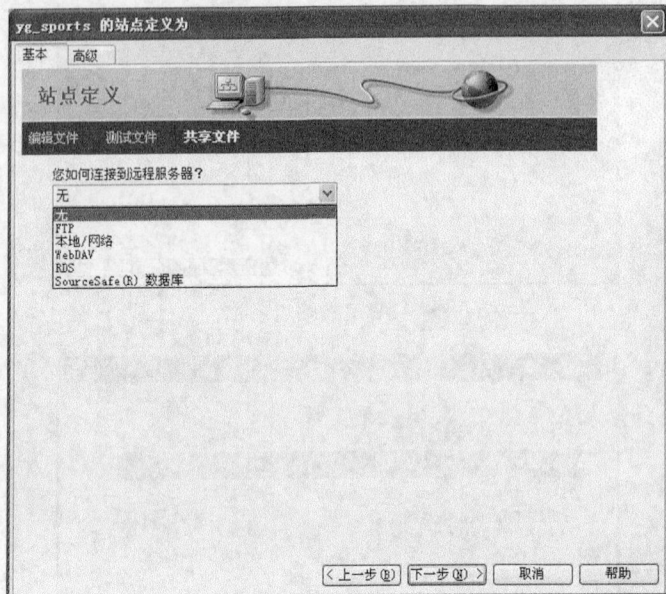

图 3-4　选择远程根文件夹

5. 站点定义总结

将本次创建站点的有关设置总结给网页制作者查看，如图 3-5 所示。如果设置有误，可以单击"上一步"按钮返回到前面的步骤修改；如果检查无误，则可单击"完成"按钮，即完成了新站点的创建。

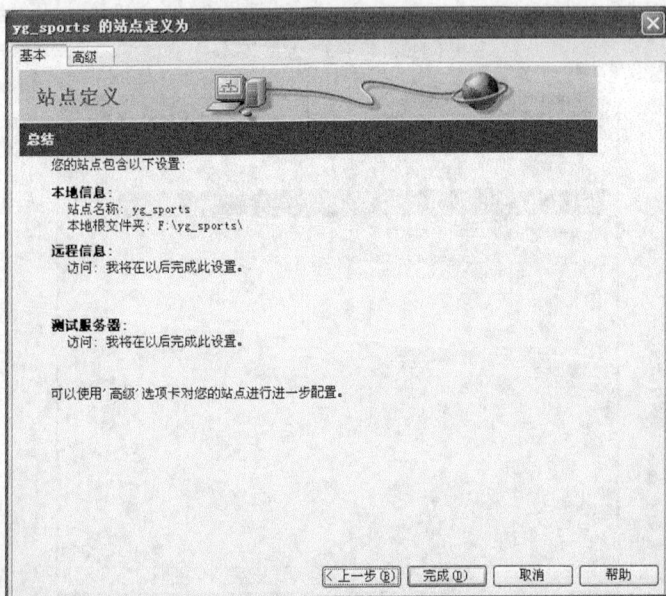

图 3-5　站点定义总结

站点创建完成后，在"文件"面板中会显示新创建的站点，如图 3-6 所示。

二、管理站点

1. 管理本地站点

打开"站点"菜单，选择 "管理站点"，可以打开如图 3-7 所示的"管理站点"对话框。

图 3-6 "文件"面板中显示新站点   图 3-7 "管理站点"对话框

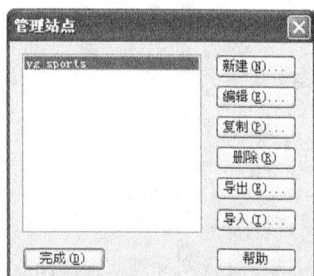

利用此对话框，可以完成以下操作。

（1）新建：创建一个新站点，其操作步骤与前面介绍的一样。

（2）编辑：对选中的站点进行编辑，对定义站点时的相关设置进行修改。

（3）复制：将选中的站点进行复制，创建该站点的副本。

（4）删除：删除选中的站点。此操作不可撤销，删除前要看清楚，避免误删。需要说明的是，删除站点不会删除站点文件夹和其中的文件，只是将 Dreamweaver 中建立的逻辑上的站点删除。

（5）导出：将站点信息以文件的形式导出保存，导出的文件后缀名为".ste"。

（6）导入：将导出的站点信息文件导入。

在 Dreamweaver 中定义一个本地站点对于网站设计者来说是很有必要的，定义好站点可以使后面的很多操作更加方便，这一点我们可以在后面的学习中慢慢体会到。

2. 管理本地站点文件

定义好本地站点后，就可以在"文件"面板里看到新建的站点，但是站点中没有任何文件（见图 3-6）。设计者当前的任务是在站点里创建文档。

Dreamweaver 可以在站点里创建各种文档。除了最基本的 HTML 文档以外，还可以创建和打开各种基于文本的文档，如 JavaScript 文档、CSS 文档等。

创建新文档的方法有多种，我们可以用以下 3 种方法创建新文档。

（1）新建空白文档。

要创建新的空白文档，可以打开"文件"菜单，选择"新建"，将打开"新建文档"对话框，如图 3-8 所示。

选择"空白页"中的"HTML"项，在"布局"中选择"无"，再单击右下角的"创建"按钮，就可以创建一个新的空白文档了。文档的类型由用户在"页面类型"中的选择所决定。

（2）创建基于 Dreamweaver 设计文件的文档。

由图 3-8 中可以看到，在"布局"中除了"无"选项之外，还有很多选项，如"1 列固定，居中"、"2 列固定，右侧栏"等，选择其中的选项，就可以创建基于 Dreamweaver 设计文件的文档了。

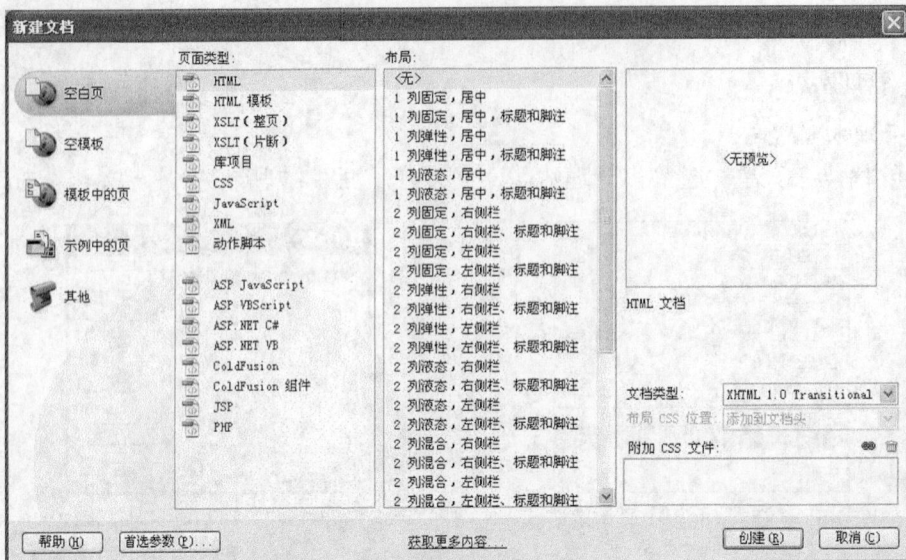

图 3-8 "新建文档"对话框

小贴示: 什么是 Dreamweaver 设计文件?

Dreamweaver 提供了一系列预先设计好的页面布局和设计元素的文件,它是设计者创建网页可以遵循的一个框架和模式,可以将这些设计文件作为你设计站点页面的起点,这样可以提高设计的效率。

(3)新建基于现有模板的文档。

在"新建文件"对话框中选择"模板中的页",在"站点"列表中选择要使用模板的站点,然后从右侧的列表中选择一个模板,单击"创建"按钮,即可创建基于此模板的文档,如图3-9所示。

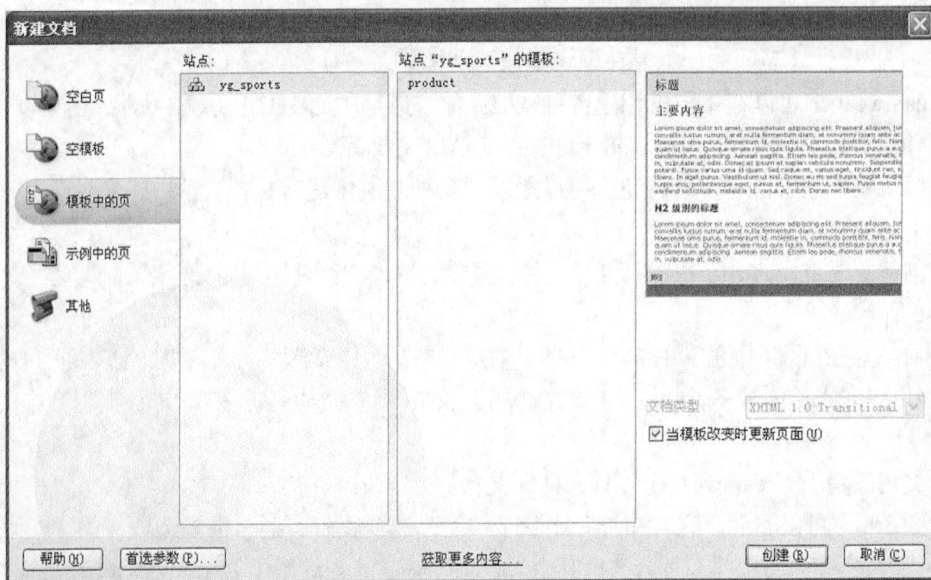

图 3-9 创建基于现存模板的文档

小贴示：什么是模板？

　　模板是一种事先设计好页面布局的文件夹，模板设计者在这种文件中指定了可编辑区域，模板用户只能编辑该区域中的内容，对可编辑区域之外的内容是无法修改的。

　　模板最强大的功能之一在于可以一次更新多个页面。只要基于模板创建的文档与该模板保持连接状态，就可以通过修改模板一次更新基于该模板创建的所有文件。

3．保存站点文件

执行菜单命令"文件"→"保存"，或者直接按快捷键 Ctrl+S，即可保存当前文档。

三、使用"文件面板"管理文件夹和文件

使用"文件面板"，可以轻松实现对站点文件和文件夹的管理。

1．打开文件

要打开某个文件，只需直接双击该文件的图标即可。

2．新建文件

可按如下步骤操作。

（1）在"文件面板"中选择一个文件夹，指定创建新文件或文件夹的位置。

（2）用鼠标右键单击该文件夹，打开快捷菜单，选择"新建文件"命令。

（3）输入新文件或新建文件夹的名称。

（4）按回车键结束新建操作。

3．删除文件或文件夹

有两种方法可删除文件。

（1）用鼠标右键单击要删除的文件或文件夹，在弹出的快捷菜单中选择"编辑"→"删除"命令。

（2）选中要删除的文件或文件夹，按 Del 键可将其删除。

4．重命名文件或文件夹

有两种方法可以重命名文件或文件夹。

（1）用鼠标右键单击要删除的文件或文件夹，在弹出的快捷菜单中选择"编辑"→"重命名"。

（2）两次单击文件名，或者选择文件后按 F2 键，都可进行重命名。

3.3　项目实训三：创建和管理"阳光运动商城"站点

　　本项目通过"阳光运动商城"网站本地站点的创建、管理等一系列操作，浏览每一个菜单，尝试执行菜单中的命令，切换不同的视图，以便在头脑中形成大致的印象，对软件界面有初步的认识和了解，为后面的学习打好基础。

3.3.1 项目任务

（1）打开"站点"菜单，选择"新建站点"命令，打开"站点定义"向导。

（2）给新站点起名为"yg_sports"（见图 3-1），完成后单击"下一步"按钮。

（3）选择"否，我不想使用服务器技术"（见图 3-2），然后单击"下一步"按钮。

（4）在本地磁盘 E 盘新建一个名为"yg_sports"的文件夹，并将其设置为本地站点文件夹（见图 3-3），然后单击"下一步"按钮。

（5）在"你如何连接到远程服务器？"中选择"无"（见图 3-4），然后单击"下一步"按钮。

（6）查看"站点定义总结"，如果设置有问题可单击"上一步"按钮进行修改。检查确认无误后单击"完成"按钮（见图 3-5）。

（7）打开"站点"菜单，选择"管理站点"，打开"管理站点"对话框。

（8）选择刚才新建的 yg_sports 站点，单击右边的"复制"按钮，复制 yg_sports 站点，如图 3-10 所示。

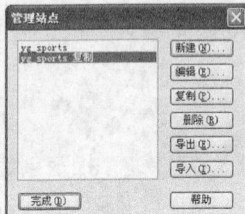

图 3-10　复制站点

（9）选择刚才复制的站点"yg_sports 复制"，单击右边的"删除"按钮，将其删除。

（10）打开"文件"菜单，选择"新建"命令，打开"新建文档"对话框（见图 3-8）。在对话框中依次选择"空白页"→"HTML"→"无"，新建一个空白文档。单击"文件"菜单→"保存"，在弹出的"另存为"对话框中，输入保存的文件名为"index.html"，如图 3-11 所示。

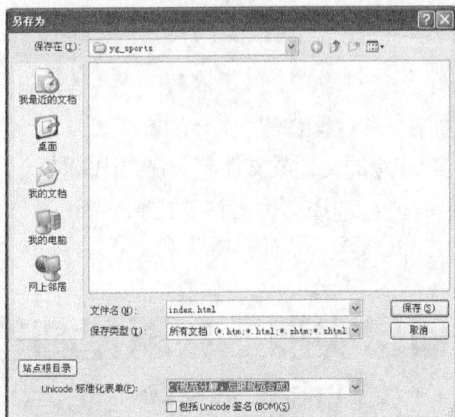

图 3-11　"另存为"对话框

（11）运用（10）中所述的方法，创建一个"1 列固定，居中"的 HTML 模板，单击"文件"菜单→"另存为模板"，在弹出的"另存模板"对话框中，输入保存的文件名为"product"，如图 3-12 所示。

图 3-12 "另存模板"对话框

（12）选择菜单命令"文件"→"新建"，在弹出的"新建文档"对话框中选择"模板中的页"，站点为"yg_sports"，模板为"product"（见图 3-9）。

3.3.2 项目过程

友情提示

整个学习活动的开展以体验式学习模式进行，由教师创设阳光运动商城网站评选活动，由学生独立完成网站站点的创建与制作。让学生在使用模板创建个人网站的过程中，感受到站点创建与管理的过程。

1. 个人体验

学生根据教师下达的任务，利用事先准备好的素材，使用 Dreamweaver 的站点功能创建和管理"阳光运动商城"网站的本地站点，同时填写表 3-1 所示的项目反思与小结。

2. 阶段性交流

学生就创建网站站点的过程进行短暂的交流，教师就共性问题进行指导。

3. 总结评比

学生在展示自己建立的站点的同时，与同伴分享学习过程中的感受，教师对学生的成果进行归纳性总结。

教师按照一定的分组策略指定双人小组，小组成员之间就创作成果进行交流与互评，同时填写表 3-2 所示的项目自评、师评表。

3.3.3 项目报告

表 3-1　　　　　　　　　　　　　　　　项目反思与小结

	Dreamweaver 的模板具有什么样的功能？
项目反思	个人网站模板中的"注释"有什么作用？在浏览器中能够被显示吗？

项目小结	请谈一谈你完成本项目后的收获： 请谈一谈在本项目中你的困惑：

3.4　学习评价

表 3-2　　　　　　　　　　　　　　　　项目自评、师评表

	序号	知识、技能、实践活动	优	良	中	差	备注
自 评	1	创建本地站点					
	2	新建空白文档					
	3	创建模板文档					
	4	创建基于模板的文档					
	5	使用"文件"面板创建站点文件和文件夹					
	6	删除站点文件和文件夹					
	7	删除站点					
	8	展示与评价活动					

教师评语：

教师签字：　　　　　　　　　年　月　日

教师评价：实验成绩		学生签字	

知 识 与 技 能 评 价 标 准			
优	良	中	差
1. 能正确创建本地站点 2. 能使用 Dreamweaver 的模板创建站点内的文档，并将网站按照教师的要求以规定的名称保存在规定的位置上 3. 完成了 4 个以上的文档的创建工作 4. 能创建基于模板的文档 5. 能正确保存网页文件	1. 能创建本地站点 2. 能使用 Dreamweaver 的模板创建站点内的文档，并将网站按照教师的要求以规定的名称保存在规定的位置上 3. 完成了 3 个以上的文档的创建工作 4. 能创建基于模板的文档 5. 能正确保存网页文件	1. 能创建本地站点 2. 能使用 Dreamweaver 的模板创建站点内的文档，并将网站按照教师的要求以规定的名称保存在规定的位置上 3. 只能完成一般空白文档的创建 4. 能保存网页文件，但文件的命名不符合规范	1. 能使用 Dreamweaver 的模板创建站点内的文档，但保存后不能指出文件夹所在位置 2. 不能完成模板文档的创建工作
展 示 与 评 价 活 动 评 价 标 准			
优	良	中	差
1. 主动展示自己的作品 2. 能坦然接受他人的评价 3. 能使用鼓励性的语言评价他人的作品 4. 没有讽刺或挖苦他人的话语	1. 能按教师的要求展示自己的作品 2. 对他人的评价虽不服气，但没有过激的表示 3. 没有讽刺或挖苦他人的话语	1. 能按教师的要求展示自己的作品 2. 对他人的评价有不服气的言语 3. 对他人的作品漠不关心，懒得评价 4. 偶有冒犯他人的言语	1. 执意不展示自己的作品 2. 不能接受他人的评价 3. 有冒犯他人的言语

课后练习

一、判断题

1. Dreamweaver CS3 站点由 3 种类型的文件夹组成：本地文件夹、远端文件夹和测试服务器文件夹。这 3 种文件夹是 3 不同的文件夹。（　　）

2. 创建站点可以采取两种方式：使用站点向导定义点、直接定义站点。（　　）

3. 使用"另存为"命令保存文件时，当前文件另存为一个文件，而原文件仍然以修改前的状态保存在原来的位置上。（　　）

4. 站点被删除后，不仅仅是删除了 Dreamweaver 与本地站点文件夹之间的关联，文件夹本身也被删除了。（　　）

二、简答题

1. 简述组成 Dreamweaver CS3 站点的 3 种类型的文件夹，描述它们各自的用途。

2. 保存网页时的"保存"与"另存为"有什么不同？

第四章

添加网页基本元素——文本和图像

情境设计

从本章开始，我们就正式进入网页设计制作的项目课程了。在各种网页元素中，文本和图像可以说是最基本的元素了，文本是我们获取各种信息的重要途径，而图片则给我们更加直观、形象的信息展示，每个网页中都离不开这两种基本元素。为了使页面更加美观、整洁、有层次感，从而增强页面的可读性，需要对文本和图像进行排版和设置。本章将学习怎样在网页中添加文本和图片，以及怎样设置文本和图片。让我们马上开始吧！

学习目标

➤ 会在网页中添加文本并设置文本格式
➤ 会在网页中插入各种图片并设置图片的格式
➤ 理解常见的图片格式及其应用
➤ 理解相对路径和绝对路径，并能在插入图片时加以应用

任务导入

如何向空白的网页中加入文本和图片？

文本和图像的应用我在 Word 中也学习过，Dreamweaver 的文本和图像应用和 Word 有相似之处吗？

➤ 学习文本的插入及其格式设置
➤ 学习图片的插入和设置
➤ 完成项目实训四
➤ 完成本章课后作业

4.1 添加和编辑网页文本

一般来说，文本包括汉字、西文字母、数字和各种标点符号以及特殊符号。文本虽然普通，但却是网页中不可缺少的内容。因为文本表达信息完整准确，易于理解，并且由于文本所占的

存储空间很小，因此文本的下载十分迅速。对于电子商务网页来说，文本更加不可或缺，无论是展示企业形象还是传达产品信息都离不开文本。文本是制作网页时首先要考虑的元素。

一、添加网页文本

在使用 Dreamweaver 进行网页制作时，添加文本是常见的操作，我们可以通过以下两种方法在网页中插入文本。

（1）直接使用键盘输入文本。这和在其他文本编辑软件（如记事本或者 Word）中输入文本是一样的。

（2）使用剪贴板添加文本。在其他程序或窗口中将所选的文本复制，然后切换到 Dreamweaver 中进行粘贴。

在添加文本之前，首先要定位插入点，即确定文本添加的位置。在 Dreamweaver 的设计视图中，插入点是一个不断闪烁的光标，可以使用鼠标或者键盘的方向键来定位光标（见图 4-1），这和在 Word 中添加文本是一样的。

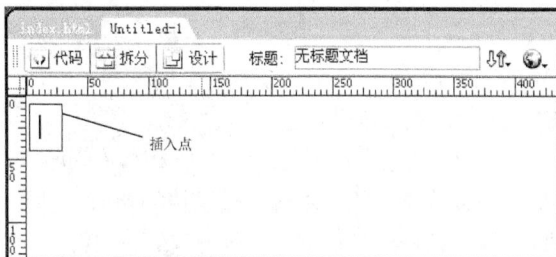

图 4-1　Dreamweaver CS3 设计视图中的插入点

友情提示

Dreamweaver 提供了菜单命令、工具栏按钮和快捷键来进行文本编辑操作，在向网页输入文本时，应尽可能地使用它们，以提高工作效率和输入速度。如果你对 Word 很熟悉，会发现这些操作对你来说不费吹灰之力。

二、编辑网页文本

文本内容添加到网页中以后，要对其进行编辑，如修改字体、字号、字形、颜色等，这些操作都是对文本的外观进行设置，文本的外观设置能充分体现设计中要表达的情感。使用 Dreamweaver 能方便地完成网页文本的格式化工作，其所见即所得的功能可让设计者直接从屏幕上看到对文本格式设置的结果。

Dreamweaver CS3 文本设置主要有以下 3 种方法。

方法一：手工设置，即使用文本属性面板进行文本的设置。

方法二：使用 HTML 标记设置，即使用系统提供的 HTML 标记来设置文本。

方法三：使用 CSS 样式设置，即使用 CSS 样式表对文本进行设置。

以上 3 种设置文本的方法有优先级的区别，按优先级由高到低排列依次是：手工设置、HTML 标记设置、CSS 样式设置。也就是说可以用手工设置的方法对已经用其他方法设置过的文本进行重新设置，文本最终的显示效果由手工设置的参数决定。

下面介绍前两种设置方法，CSS 样式设置将在第八章中专门介绍。

1. 手工设置文本

文本的字体及样式直接影响了页面外观，使用属性面板或"文本"菜单中的选项可以设置、更改所选文本的格式。文本属性面板如图 4-2 所示。

图 4-2   文本属性面板

其中各种参数说明如下。

➤ 格式：用于设置文本段落的格式。

➤ 字体：用于设置文本的字体。

➤ 样式：用于设置文本的样式。

➤ 大小：用于设置文本的字体大小，一般以像素（px）为单位，也可以选择其他单位。

➤ CSS 按钮 CSS ：可切换到 CSS 编辑面板中。

➤ 文本格式设置按钮组 **B** *I* ▤ ▤ ▤ ▤：用于对文本进行加粗、斜体、左对齐、居中对齐、右对齐和两端对齐，和 Word 中的类似。

➤ 文本颜色按钮 ▇：用于设置文本颜色。

➤ 列表按钮组 ☰ ☷ ▤ ▤：依次是项目列表、编号列表、左缩进和右缩进。

➤ "链接"下拉菜单：可以为选中的文本输入超链接的 URL 地址。

➤ 指向文件按钮 ⊕：是超级链接定位器，用于创建超级链接。

➤ 浏览文件按钮 📁：用于打开"选择文件"对话框，以查找和指定链接目标。

➤ "目标"下拉菜单：用于指定打开链接的目标窗口的类型。该列表中有 4 种类型，分别是_blank、_parent、_self、_top。

➤ 帮助按钮 ⑦：可以打开帮助窗口。

➤ 快速标签编辑器按钮 ✎：可以快速编辑 HTML 标签。

> 🖎 **小贴士：px 与 pt**
>
> pt（点数）是个绝对单位，1pt=1/72 英寸，主要用来定义印刷的字体大小。px（像素）是个相对单位，与屏幕分辨率有关，建议使用 px 作为字体大小的单位。一般情况下网页的正文使用中文宋体 12px 或 14px 的字号。

2. 使用 HTML 标记设置文本

在文本属性面板中有一个"格式"下拉列表，如图 4-3 所示。Dreamweaver 提供了一些标准的段落格式和标题样式供设计者选择。这些标准的段落格式和标题样式被称为 HTML 标记，包括"段落"、"标题 1"、"标题 2"、"标题 3"等，它们的主要功能是格式化段落。

三、添加特殊字符

在制作网页时，经常要在页面中插入诸如版权符号©、注册商标符号®等字符，这些键盘上没有的字符称为特殊字符。Dreamweaver 中可以使用两种方法来插入特殊字符。

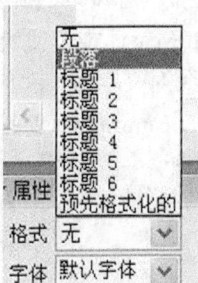

图 4-3   文本属性面板中的"格式"下拉列表

方法一：选择"插入记录"菜单→"HTML"→"特殊字符"，在子菜单中选择字符名称。

方法二：在插入栏中的"文本"类别中，单击"字符"按钮选择需要的字符，如图 4-4 所示。

图 4-4 插入特殊字符菜单

4.2 图像在网页中的应用

图像具有形象直观的特点，在网页中适当地插入图像，能提高网页的可视性，表达文字无法说明的内容。例如，在网页中插入一幅商品图片就比使用一篇文字更能说明问题，同时，图像也是形成网页外观的重要组成部分。

一、网页图像简介

1. 位图与矢量图

计算机图形主要分为两大类：位图与矢量图。

位图图像用像素来表现图像，每一张位图图像都是由很多排列整齐的像素点组成的，每个像素点都有特定的位置和颜色值。

位图图像与分辨率有关，即一定面积的图像包含有固定数量的像素。因此，将位图图像放大到一定的倍数，就会出现锯齿边缘和马赛克效果，从而影响图像的显示质量。

位图图像的格式有很多，如 bmp、gif、jpg、tif、psd 等。

位图图像可以表现出丰富的色彩和内容，能对真实世界进行很好的还原，一般我们见到的数字照片、图片等都是位图图像。位图图像的色彩越丰富，图像面积越大，图像文件的字节数就越大。

矢量图像由矢量对象定义的线条和曲线构成，每个对象都是一个自成一体的实体，具有颜色、形状、轮廓、大小、屏幕位置等属性。

矢量图像与分辨率无关，可以将它缩放到任意大小而不会影响图像的清晰度。矢量图形的格式有 wmf、png 等。

矢量图像文件的大小与图形中元素的个数和每个元素的复杂程度成正比，而与图像面积的大小和色彩的丰富程度无关。

2. 常见网页图像格式

在制作网页时常用的图像格式有以下 3 种。

（1）GIF 文件。这是一种压缩的图形文件，适合于带有实心区域、颜色单调或颜色较少的图像，背景透明的图像，没有太多细节的绘图以及简单动画。

（2）JPEG 文件。也称为 JPG 文件，主要用于照片，但不具有透明效果。JPEG 具有很多质量级别，降低质量级别可以减小图像文件的大小。

（3）PNG 文件。PNG 结合了 GIF 和 JPEG 的优点，具有存储形式丰富的特点，同时增加了一些 GIF 文件格式所不具备的特性。它支持 Alpha 通道透明，可以制作矢量图像。

二、插入网页图像

使用 Dreamweaver CS3 可以很方便地在页面中插入各种图像，其方法有以下 3 种。

方法一：使用插入栏中"常用"类别中的图像按钮▣。

方法二：使用菜单方式，选择"插入记录"菜单→"图像"，或使用快捷键 Ctrl+Alt+I。

方法三：用鼠标将图像从"资源"面板或"文件"面板中拖到文档窗口中所需的位置。

执行方法一和方法二后，都会弹出"选择图像源文件"对话框，如图 4-5 所示。

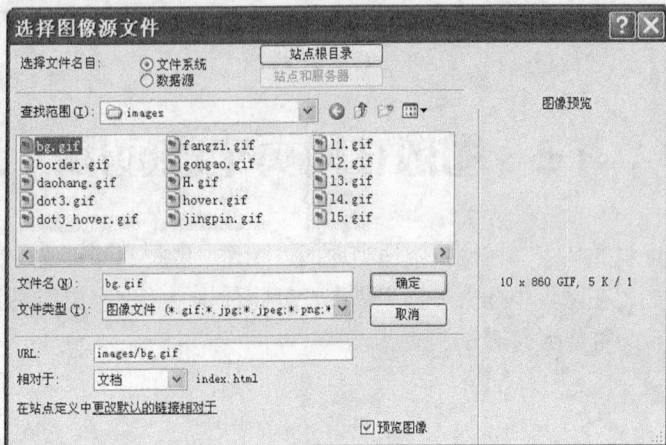

图 4-5 "选择图像源文件"对话框

小贴士

在查找图像文件时，列表中罗列的文件名可能会让你感觉很不方便。这时，可以单击"选择图像源文件"对话框中的"查看"按钮图标，在展开的下拉菜单中选择"缩略图"，如图 4-6 所示，这样窗口中显示的就不是枯燥的文件名而是直观的缩略图了。

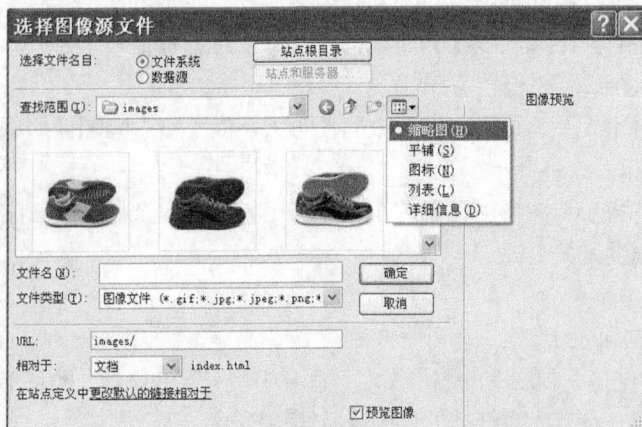

图 4-6 使用缩略图查看图像源文件

在"选择图像源文件"对话框中选择要插入的图像，单击"确定"按钮，将弹出"图像标签辅助功能属性"对话框（见图 4-7），在这里可以添加"替换文本"和"详细说明"。

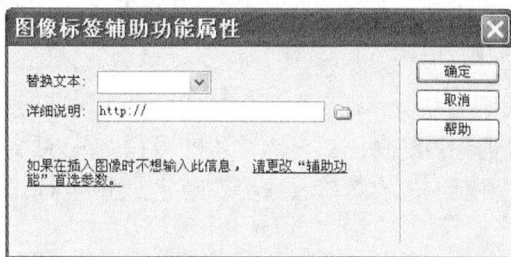

图 4-7　"图像标签辅助功能属性"对话框

小贴士：什么是图像的替换文本？

所谓"替换文本"就是当浏览者关掉了浏览器的图形开关时，显示在图像位置上的文本。它能使用浏览者在看不到图像的情况下，大致了解此图像要表达的内容。另外，在图像下载过程中，替换文本将显示在图片占位符上。为图像添加替换文本是一个良好的设计习惯。

三、编辑网页图像

在 Dreamweaver 中可以对图像进行简单的编辑，如调整图像尺寸、剪裁图像、调整图像的亮度和对比度等。编辑图像主要是在图像属性面板中进行，选中要编辑的图像，在属性面板中将显示该图像的属性，如图 4-8 所示。

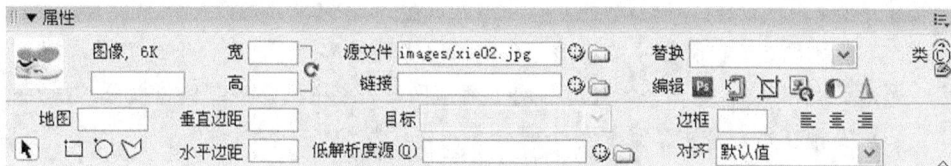

图 4-8　图像属性面板

其中各种参数说明如下。

➢ "宽"和"高"文本框：可以在其中输入图像的宽度和高度。

➢ "源文件"文本框：可以指定图像的源文件。

➢ "链接"文本框：可以输入选定图像所指向的链接目标的 URL。

➢ "替换"文本框：可以输入选定图像的替换文本。

➢ "编辑"按钮组：用于对图像的编辑，从左到右依次是编辑、优化、裁剪、重新取样、亮度和对比度、锐化。

➢ "地图"文本框：可以输入图像地图的名称。

➢ 热点工具按钮组：用于创建不同形状的图像映射图。

➢ "垂直边距"和"水平边距"文本框：在这两个文本框中输入像素值，可以沿图像的边缘添加边距。

➢ "目标"下拉菜单：可以指定打开链接的目标窗口的类型。

> ➤ "边框"文本框：可以输入图像边框的宽度。
> ➤ 对齐按钮 ≣ ≣ ≣：可以设置段落的对齐方式，分别是左对齐、居中对齐和右对齐。
> ➤ "对齐"下拉菜单：可以选择同一行上的图像和文本的对齐方式。

四、网页图像的使用原则

在使用网页图像的问题上，设计者与浏览者可能会产生一些矛盾。一方面，设计者希望在自己的网页上加入漂亮的图片，使网页充满艺术魅力；另一方面，浏览者则常常因为网页下载时间太长而不耐烦，甚至不愿意等着看内容。因此，我们可以采用以下方法来缓解这个矛盾。

（1）在设计网页时，应反复考虑哪些图像必须要，哪些图像可有可无，对于那些不必要的图像，要忍痛割爱。

（2）把图像文件做得尽量小一些，图像文件小需要较少的下载时间，这对于网络传输较慢的浏览者更为重要。可以用尺寸比较小的图像，也可以通过减少图像颜色和品质使图像文件减小。

（3）为了能在关掉图形开关的浏览器中看到较完整的信息，要为图像添加替代文本，这样能使更多的浏览者看到完成的网页。

（4）尽可能地重复使用图像文件，这样可以有效地缩减网页的大小。

4.3 项目实训四：给"阳光运动商城"主页添加文字和图像

从本章起，我们要开始制作一个电子商务网站实例了。我们给这个网站起名为"阳光运动商城"，这是一个体育用品网上商店网站，整个网站的制作将被分解成几个项目分别安排在每一章中。通过这个网站的制作，我们将一步步地学习电子商务网站的制作过程和技术要点，在"做"中学习和体会。当你完成整个网站的制作时，你会突然发现：原来电子商务网站的制作并不是想象中的那么难啊。

4.3.1 项目任务

个人任务	（1）在 Dreamweaver CS3 中建立"阳光运动商城"网站站点。 （2）将"第四章素材"中的各文件和文件夹添加到站点内。 （3）使用 Dreamweaver CS3 打开 index.html 文件，对照"第四章素材"中的"index 效果图"，在已经布局好的页面中（见图 4-9），添加文字和图像并进行相应的设置（见图 4-10）。 （4）教师按照一定的分组策略指定小组，小组成员间就项目成果进行交流与互评，同时填写表 4-1 所示的项目成果一览表、表 4-2 所示的项目反思与小结和表 4-3 所示的项目自评、师评表。

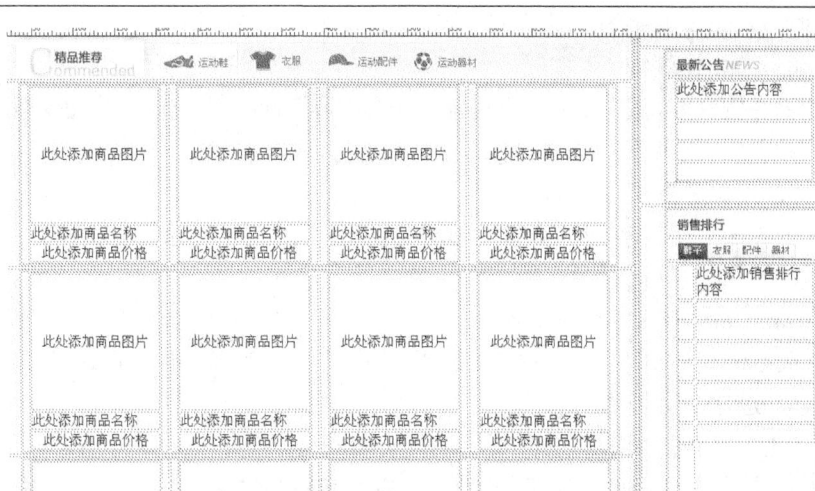

图 4-9　布局好的 index.html 文件页面

图 4-10　index 效果图

4.3.2　项目过程

一、新建站点

（1）在本地 D 盘（或者其他盘）中新建一个名为"yg_sports"的文件夹，将"第四章素材\素材"中的文件和文件夹复制到"yg_sports"文件夹中。

（2）打开 Dreamweaver CS3，按照第三章中所学的方法新建一个站点，设置站点名称为"阳光运动商城"。将"yg_sports"文件夹设为站点的本地文件夹。

二、添加网页文字

1. 添加商品名称和商品价格文字

在 Dreamweaver CS3 中，打开"文件"面板中的 index.html 文件，可以看到里面的布局已经完成，页面中部有 12 处"此处添加商品名称"和"此处添加商品价格"标记字样，如前图 4-9

所示。对照着 index 效果图，将标记字样删除，改成效果图中相应的文字。

2. 添加"最新公告"文字

在页面右侧靠上的位置，有"此处添加公告内容"标记字样，参照 index 效果图，将标记字样删除，改成效果图中相应的文字。

3. 添加"销售排行"中的文字

在页面右侧中部，有"此处添加销售排行内容"标记字样，参照 index 效果图，将标记字样删除，改成效果图中相应的文字。

4. 添加"用户评论"中的文字

在页面右侧底部，有"此处添加用户评论内容"标记字样，参照 index 效果图，将标记字样删除，改成效果图中相应的文字。

5. 设置页面文字格式

添加了以上文字后，细心的读者会发现添加文字后的效果与 index 效果图中的效果还是有一定的区别，主要是文字的大小和颜色的区别。下面我们来设置页面文字格式。

打开"修改"菜单→"页面属性"（或按快捷键 Ctrl+J），打开"页面属性"对话框，在对话框中设置"大小"为 12 像素，"文本颜色"为#666666，如图 4-11 所示。

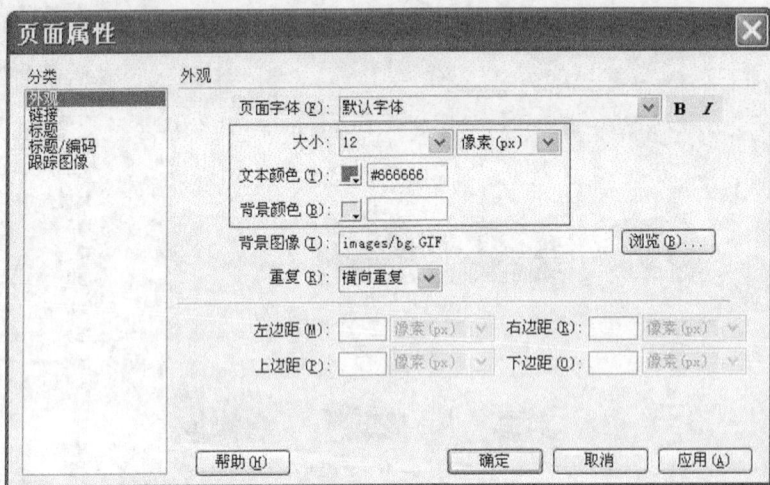

图 4-11　在"页面属性"对话框中设置字体格式

做了上面的修改后，还需要将商品价格字体颜色改成红色。我们可以将商品价格选中，然后单击文本属性面板中的文本颜色按钮将其设置成红色，如图 4-12 所示。

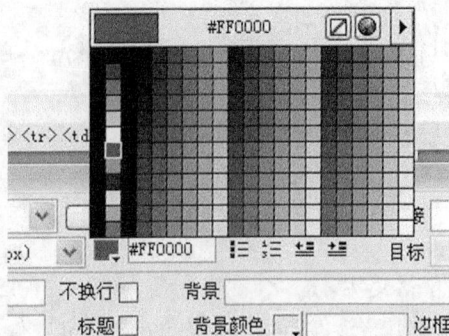

图 4-12　在文本属性面板中设置商品价格颜色

想一想：为什么要这样设置？

在上面的设置中，我们分别在"页面属性"对话框中和文本属性面板中设置了文本的格式。在"页面属性"对话框中设置的格式属于 CSS 设置文本格式，在文本属性面板中设置的格式属于手工设置文本格式，二者的优先级不同。我们先通过"页面属性"对话框设置文字字号，可对整个页面的所有文本都起作用；然后采用手工设置只对商品价格文本的颜色进行设置。这样的一般设置和个别设置的综合运用在后续的制作中还有很多的应用，需要好好体会。

6. 添加与购物相关信息文字

在页面的底部还有"此处添加购物指南"、"此处添加如何付款"等标记字样，参照 index 效果图，将标记字样删除，改成效果图中相应的文字。

以"购物指南"为例，首先输入"购物指南"文字，然后按快捷键 Shift+Enter 输入一个换行符，接着输入"导购流程"文字，将"导购流程"文字选中，单击插入栏中"文本"类别中的"li"按钮，使其成为列表项（见图 4-13），然后按回车键后继续输入"订购方式"文字→回车→输入"积分规则"→回车→输入"常见热点问题"。

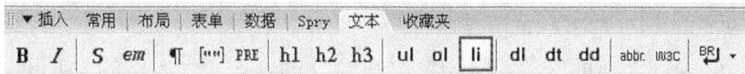

图 4-13 插入栏中"文本"类别中的"li"按钮

其余 3 栏的文本添加方法和"购物指南"方法类似，可按要求添加。全部添加完毕后将这里的 4 列文本字号全部设置为 14px。

7. 添加页脚信息文字

在页面的最底端还需要添加页脚信息，可参照 index 效果图，将标记字样删除，改成效果图中相应的文本。

三、添加网页图像

1. 添加网页 banner 图像

📖小资料

banner 图像指网站的横幅广告，是网络广告的主要形式，一般使用 GIF 格式或 JPG 格式的图像文件，可以使用静态图形，也可用多帧图像拼接为动画图像。banner 主要体现网站中心意旨，形象鲜明地表达网站最主要的情感思想和宣传中心。

打开 index.html 文件，在布局好的页面中找到"此处添加 banner 图片"文字标记，将文字删除，单击插入栏中"常用"类别中的"图像"按钮🖼（或按快捷键 Ctrl+Alt+I），在弹出的"选择图像源文件"对话框中选择"images"文件夹中的"run.jpg"图像，单击"确定"按钮，在随后弹出的"图像标签辅助功能属性"对话框中，输入替换文本为"banner 图像"，单击"确定"按钮，完成 banner 图像的插入。

2. 添加商品图像

布局页面中有 12 处"此处添加商品图片"标记字样，在标记字样的位置依次插入"images"

文件夹中的"xie1.jpg","xie2.jpg",…,"xie12.jpg",完成商品图像的插入。

3. 编辑商品图像

添加了商品图像后,发现:第 1 张图有点大,第 2 张图亮度过暗,第 3 张图过大且空白空间过多,我们需要将这几张商品图像进行编辑。

第 1 张图(xie1.jpg):在图像属性面板中将图像的宽和高都设置为 160。

第 2 张图(xie2.jpg):单击图像属性面板中的"亮度和对比度"按钮◐,将其亮度调大一些。

第 3 张图(xie3.jpg):单击图像属性面板中的"裁剪"按钮☐,将其进行适当的裁剪后再设置宽和高为 160,如图 4-14 所示。

图 4-14　裁剪图像

4. 添加"销售排行"前的标记图像

在"销售排行"中每项前面的单元格中依次插入"images"文件夹中的"n1.jpg","n2.jpg",…,"n8.jpg",完成标记图像的插入。

5. 添加"用户评论"前的标记图像

在"用户评论"中每项前面的单元格都插入"images"文件夹中的"dot3.gif",完成标记图像的插入。

至此,本项目完成。

4.3.3　项目报告

表 4-1　　　　　　　　　　　　　项目成果一览表

序号	项目任务	项目成果
1	你能运用第三章所学的知识建立本次项目的站点吗?	
2	你能参照网页效果图,在素材中有文字标记的地方添加相应的网页文字吗?	
3	对于添加好的文字,你用什么方法来设置它们的格式?	
4	你知道哪几种常见的网页图像格式?	
5	怎样在网页中插入图像?	
6	怎样使用 Dreamweaver CS3 设置图像的格式?	
7	对于文字和图像的操作你还有什么疑问?	

表 4-2 　　　　　　　　　　　　　　 项目反思与小结

项目反思	请谈一谈 Dreamweaver CS3 能对文字和图像进行哪些处理：
项目小结	请谈一谈你完成本项目后的收获： 请谈一谈在本项目中你的困惑：

4.4　学习评价

表 4-3 　　　　　　　　　　　　　　 项目自评、师评表

	序号	知识、技能、实践活动	优	良	中	差	备注
自 评	1	创建"阳光运动商城"站点，并按要求设置站点文件夹					
	2	在 Dreamweaver CS3"设计"视图中完成首页文字的添加					
	3	按要求正确设置文字的格式					
	4	对网页常用图像格式的理解					
	5	在 Dreamweaver CS3"设计"视图中完成首页各图像的插入					
	6	在 Dreamweaver CS3 中按要求设置图像格式					

教师评语：

　　　　　　　　　　　　　　　　　　　　　　　　教师签字：　　　　　年　月　日

教师评价：实验成绩		学生签字	

知 识 与 技 能 评 价 标 准			
优	良	中	差
1. 能轻松地创建站点并设置站点文件夹和文件 2. 能顺利完成首页文字的添加 3. 能按效果图设置好文字的格式 4. 能很好地理解常用网页图像格式 5. 能按效果图独立完成首页各图像的插入 6. 能按要求独立地设置图像的格式	1. 在别人的提示下可以完成站点的创建和设置 2. 能完成首页文字的添加 3. 在别人提示下能设置好文字 4. 了解常用的网页格式 5. 能在网页相应的位置插入图像 6. 能在别人的提示下设置图像的格式	1. 在别人的指导和帮助下能完成站点的创建和设置 2. 能完成首页文字的添加 3. 需要别人的指导和帮助才能完成文字的设置 4. 知道常用的网页格式 5. 能在网页相应的位置插入图像 6. 能在别人的指导和帮助下完成图像的格式设置	1. 无法完成站点创建和设置 2. 不知道如何添加文字 3. 无法完成其余任务

课后练习

一、判断题

1. 改变网页背景颜色和超级链接颜色需要在网页属性中进行设置。(　　)

2. 字号单位 pt 是个绝对单位，主要用来定义印刷字体大小；px 是个相对单位，与屏幕的分辨率有关。(　　)

3. 文本格式化就是对页面文本进行修饰，即对文本的格式进行设置。(　　)

4. 计算机图形主要分为两大类：位图和矢量图。位图图像与分辨率有关，矢量图形与分辨率无关。(　　)

5. GIF 主要用于照片，但不具有透明效果；JPG 具有很多质量级别，降低质量级别可以减小图像文件的大小。(　　)

6. "替换文本"就是当浏览者关掉了浏览器的图形开关时，显示在图像位置上的文本。(　　)

7. 网页中的漂亮图像越多越好。(　　)

二、简答题

1. 简述 Dreamweaver CS3 文本格式化的 3 种方法及优先级别。

2. 简述位图和矢量图的区别，并列举常见的位图和矢量的格式。

3. 简要说明如何在网页中插入特殊符号。

4. 请简要说明在 Dreamweaver CS3 中如何设置图像格式。

第五章

表格处理与网页布局

情境设计

要想制作出漂亮的网页，必须先进行页面的规划和布局，不能想到哪里就做到哪里哦！只有先做好布局工作，后面添加的网页内容才能井井有条，功能分明。最基本的网页布局方法是使用表格布局。在本章中，我们将学习表格的处理和怎样使用表格布局网页。此外，还要学习与网页布局相关的理论知识。

学习目标

➢ 会在网页中插入表格并对表格进行设置
➢ 了解流行的网页布局模式和方法
➢ 会运用表格进行网页布局

任务导入

如何安排网页中各个元素的位置？对网页进行布局有哪些方法？

我已经学会在网页中插入文本和图像了，但只能依次挨个儿放置这些元素，没办法把它们放到我希望的位置上，怎么办呢？

➢ 学习表格相关的知识
➢ 学习网页布局相关理论
➢ 学习使用表格进行网页布局
➢ 完成项目实训五
➢ 完成本章课后作业

5.1   表格的应用

表格是一种常见的组织和处理数据的形式，它用行和列组成的格子来显示数据信息，简单明了。实际上，在网页制作中表格还有更重要的作用，即用于网页布局，利用表格可以控制文本和图像等元素在页面中的位置。使用 Dreamweaver CS3 可以方便地在表格中输入数据，对表格进行编辑和修饰，实现表格的嵌套等操作。在 Dreamweaver CS3 中，表格分为两种：原始表格和布局表格。

这里的原始表格和布局表格在本质上都是一样的，都是网页表格，在 HTML 代码视图中的标记是相同的。区别在于它们是 Dreamweaver CS3 在设计表格时所用到的两种不同的模式或方法。

一、原始表格

1. 创建表格

首先将光标放在要插入表格的位置，即定位插入点。

选择"插入记录"菜单→"表格"，或单击插入栏中"常用"类别中的"表格"按钮，或者直接按快捷键 Ctrl+Alt+T，可以打开"表格"对话框，如图 5-1 所示。

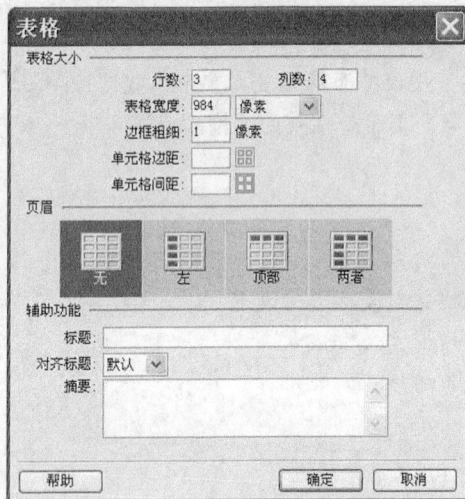

图 5-1 "表格"对话框

其中各种参数说明如下。

➢ 行数：确定表格中行的数量。

➢ 列数：确定表格中列的数量。

➢ 表格宽度：指定表格宽度，其单位可以选择"像素"或"百分比"，"像素"是以像素（px）为单位，是一个绝对的值；"百分比"则是以表格占其所在框区宽度的百分比来设置表格的宽度，是一个相对的值。

➢ 边框粗细：指定表格边框宽度的像素值。

➢ 单元格边距：确定单元格边框和单元格内容之间的距离，以像素为单位。

➢ 单元格间距：确定表格中相邻的单元格之间的距离，以像素为单位。

➢ 页眉：指定表格的标题部分，可以设置为左侧、顶部和两者。

➢ 标题：可以在表格外显示一个表格标题。

➢ 对齐标题：可以指定表格标题相对于表格的显示位置。

➢ 摘要：可以给出表格的说明，但该文本不会显示在浏览器中。

2. 选取表格、单元格、行与列

在对表格及其组成元素进行操作之前，首先要选中它。我们可以一次选择整个表格、行或列，也可以选择一个或多个单独的单元格。

（1）选取表格：可以用以下任意一种方法选取整个表格。

方法一：单击表格的左上角、表格的顶边缘或底边缘的任何位置，或者单击表格内部的行或列的边框。

方法二：单击表格的某个单元格，然后在文档窗口左下角的标签选择器中选择<table>标签。

方法三：单击表格的某个单元格，选择"修改"菜单→"表格"→"选择表格"。

方法四：单击表格尺寸线上的向下箭头，在弹出的表格标题菜单中选择"选择表格"，如图5-2所示。

方法五：用鼠标右键单击表格的某个单元格，在弹出的菜单中选择"表格"→"选择表格"。

表格被选中后，其下边缘和右边缘会出现黑色的选择柄，如图5-3所示。

图 5-2　表格标题菜单　　　　　　　　图 5-3　被选中的表格

（2）选取行或列：可以使用下列两种方法之一选取行或列。

方法一：将鼠标指针移到表格某行的左边缘或某列的上边缘，当鼠标指针变为黑色选择箭头时，单击鼠标左键即可以选择这一行或者列，如图5-4所示。

图 5-4　选择的表格的行和列

方法二：拖放鼠标指针以选择单个或多个行和列。

（3）选取单元格：可以使用下列两种方法之一选取单元格。

方法一：单击单元格，然后在文档窗口左下角的标签选择器中选择<td>标签。

方法二：按住 Ctrl 键单击该单元格。

3. 设置表格和单元格的属性

（1）表格格式设置的优先顺序。

表格元素在页面中呈现的效果取决于格式的设置。对表格和表格元素进行设置的效果按以下优先级顺序呈现：

单元格→行或列→表格

单元格属性设置的优先级别最高，行或列其次，表格属性设置级别最低。比如，将表格背

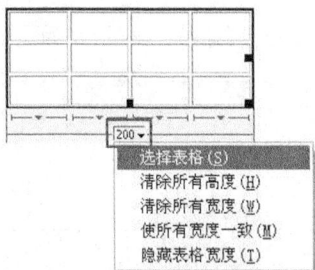

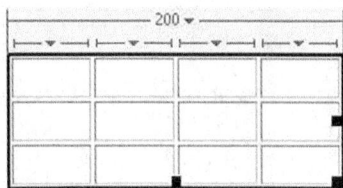

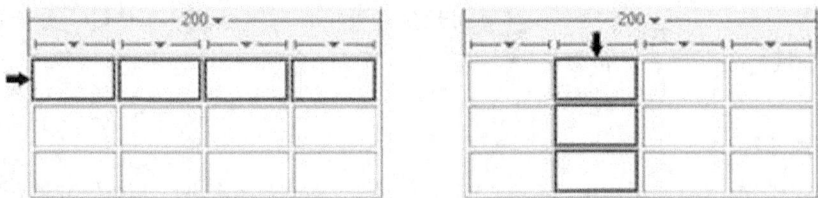

景设为红色，而将表格内某一单元格背景设为蓝色，其最终效果为：该单元格背景为蓝色，表格其余部分背景为红色。

（2）设置表格属性。

选中要设置属性的表格，在属性面板中将显示该表格的属性，如图 5-5 所示。

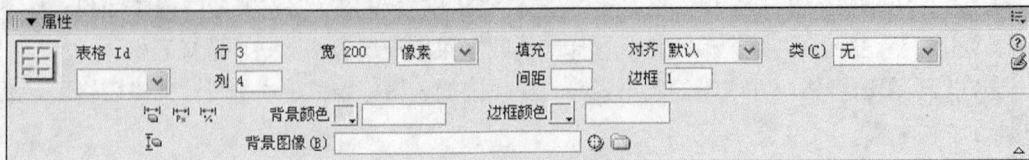

图 5-5　表格属性面板

对表格的格式设置都可以在该属性面板中完成。

（3）设置单元格属性。

选中要设置属性的单元格，在属性面板中将显示该单元格的属性，如图 5-6 所示。

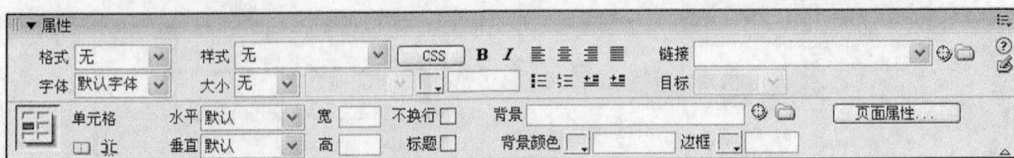

图 5-6　单元格属性面板

对单元格的格式设置都可以在该属性面板中完成。

友情提示

在向单元格内添加内容时，比如添加一张图片，如果图片尺寸比单元格的尺寸大，将会把单元格"撑大"，这样可能会破坏页面的整体外观，所以在设计表格时，要预先算好尺寸，留出合适的空间以存放内容。

二、布局表格

选择"查看"菜单→"表格模式"→"布局模式"，或者按快捷键 Alt+F6，可以切换到布局模式。

在"布局模式"下，设计者可以在页面中所见即所得地手工绘制布局表格和布局单元格，从而直观地进行网页布局。在插入栏中选择"布局"类别，运用"绘制布局表格"按钮和"绘制布局单元格"按钮可以绘制布局表格和布局单元格，如图 5-7 所示。

图 5-7　插入栏中的"布局"类别

通常要先绘制一个布局表格，然后在布局表格中绘制布局单元格。在"设计"视图中，布局表格外框为绿色，而布局单元格外框为蓝色，如图 5-8 所示。

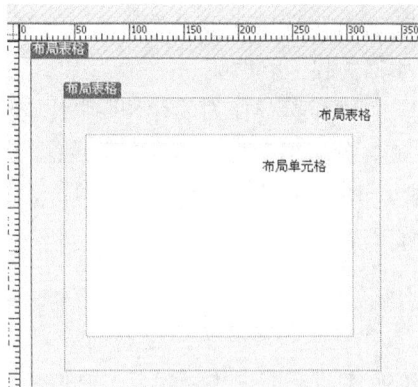

图 5-8 布局表格和布局单元格

如果不在布局表格中绘制布局单元格，Dreamweaver CS3 会自动创建一个布局表格以容纳该单元格，所以，布局单元格不能独立存在于布局表格之外。布局表格和布局单元格具有自动吸附功能，当新绘制的布局表格或布局单元格距离另一个布局表格或布局单元格的边界很近时，就会自动吸附。如果要取消该功能，可以在绘制时按住 Alt 键。

我们可以利用布局表格和布局单元格在页面中轻松地实现网页布局。

三、原始表格和布局表格的比较

原始表格和布局表格在本质上都是网页表格，都是由行、列、单元格组成，在 Dreamweaver CS3 "代码"视图中，它们的代码也都是一样的。

二者的区别在于，它们是 Dreamweaver CS3 处理表格的两种模式，即"标准模式"和"布局模式"，二者之间可以随意切换。在"标准模式"下为原始表格，一般是通过对话框和属性面板对表格的尺寸、对齐、背景等属性进行设置；在"布局模式"则为布局表格，可以由设计者手工绘制表格和单元格，其大小可以手工调整。在布局时使用布局表格更为直观和简单。

5.2 网页布局相关知识

一、网页布局概述

网页布局是网页设计的重要环节，要想设计出精美的网页必须掌握网页布局技术。将网页中的各种元素（如文字、图片等）按照一定的秩序进行合理地编排和布局，使它们组成一个有机的整体，这就是网页布局。

小贴士

显示屏比例为 4:3 的显示器，其常见的分辨率有 800×600 像素、1024×768 像素、1280×800 像素、1400×1050 像素。现在流行的宽屏幕，显示屏比例为 16:10，其常见的分辨率有 800×480 像素、1024×600 像素、1280×800 像素、1366×768 像素。

二、分辨率与网页尺寸

显示器的分辨率，是指计算机屏幕在水平方向垂直方向上各有多少像素点，比如分辨率是

800×600 像素的屏幕，表示在水平方向上有 800 个像素点，而在垂直方向上有 600 个像素点。显示器的分辨率范围取决于显示器和显卡的性能。

网页浏览者使用什么样的分辨率浏览，作为设计者要考虑这个问题。同样的网页在不同分辨率的显示屏中尺寸是不一样的，分辨率越高，网页中各元素的显示尺寸就越小，一屏内能看到的网页内容就越多。如果网页的尺寸超过了显示屏的尺寸，浏览器就会出现滚动条，让浏览者通过滚动条来浏览超出部分的内容。

友情提示

通常浏览者习惯使用纵向滚动条上下拖动网页，但不能忍受使用横向滚动条左右拖动网页。因此，在设计中要尽量控制好网页的横向尺寸，纵向尺寸则一般由网页内容的多少决定。

三、布局原则

1. 网页尺寸的标准

网页宽度的设置分为两种，一种是固定单位宽度，另一种是自适应宽度。

对于固定的宽度，在适合 800×600 分辨率的网页中，宽度不超过 760 像素，如新浪网在改版前宽度为 760 像素。适合 1024×768 分辨率的网页最大宽度是 1004 像素，其中滚动条的宽度是 16 像素，浏览器两边各有 1 像素的细边框和 1 像素的阴影共 4 个像素，如摩托罗拉首页的宽度是 1004 像素。很多门户网站首页比较喜欢采用固定宽度为 980 像素，如新浪网、淘宝网等。

有些网页在设计时没有考虑到不同的浏览器的分辨率，导致背景出现空白部分，给人一种缺陷的感觉。对于这种情况可以采用自适应宽度，制作网页时采用百分比作为宽度单位，将背景图像制作成 1 像素宽的图像水平铺开。

网页的高度一般是根据具体内容而定，除了门户网站之外，首页的纵向滚动最多不超过 3 屏，对于内容特别多的情况，可尽量安排在二级页面。

2. 布局原则

（1）功能第一，形式第二。

这里的功能也可以指内容。在制作网站前一定要了解浏览者来到网站的目的，比如上百度网是为了搜索信息，上淘宝网是为了购物，试想如果百度网失去了搜索功能，淘宝网失去了购物功能，那么这些网站对于浏览者还有什么意义呢？可见功能是第一位的。而布局属于形式，形式是沟通浏览者与网站之间的桥梁，通过形式的优化，让浏览者更易于了解并使用网站。

（2）服务用户。

无论是门户网站、企业网站，还是盈利性、非盈利性的网站，直接目的都是服务用户，如果没有浏览者的访问和支持，那么网站就失去了意义，可以说浏览者是网站实现一切目标的核心，有了用户才有一切。通过在布局上合理优化，可以让用户很清楚地快速浏览页面，找到需要的信息。

（3）层次清晰、主次分明。

布局可以分为两种形式，一种是整体的布局，只绘制出页面的大结构；另一种是局部的布局，包括文字图像之间的排列即排版。整体布局要让浏览者知道哪些板块重要，引导浏览者关注，而局部的排版是要在具体的板块中实现内容表述的清晰、美观。

（4）突出特点。

浏览者决定网站的成败，拥有的浏览者越多，网站就越成功。如何在数不清的网站中脱颖而出，给浏览者留下深刻印象、让浏览者过目难忘呢？挖掘网站特点是一个好的方法，个人网站要突出个性风格；企业网站要体现企业特点和企业理念；商务网站商品内容要翔实，浏览者的购物操作要安全、方便。

5.3　项目实训五：完成"阳光运动商城"首页、商品页等页面的布局

在上一章项目实训四的素材中，我们已看到"阳光运动商城"首页的布局效果了。那样的布局效果是怎样实现的呢？本项目将带领大家一起使用表格对"阳光运动商城"的首页和其他页面进行布局，学习布局的整个操作流程，熟练掌握表格布局网页的方法。

5.3.1　项目任务

个人任务	（1）完成"阳光运动商城"主页的布局。
	（2）完成"阳光运动商城"商品列表页的布局。
	（3）完成"阳光运动商城"商品详情页的布局。
	（4）完成"阳光运动商城"注册页的布局。
	（5）学生根据项目成果进行交流与互评，同时填定表 5-1 所示的项目成果一览表、表 5-2 所示的项目反思与小结和表 5-3 所示的项目自评、师评表。

5.3.2　项目过程

一、"阳光运动商城"首页的布局

首页采用上中下式布局，主体部分采用左右式布局，功能区块分工明确，采用 3 个表格制作主页的 header 区、main 区和 footer 区，然后在各大区块内部添加嵌套表格完成各个小区块的布局。最终的布局参考图如图 5-9 所示。

📖 **小资料**

在网页布局中，最常见的布局结构为"上中下"式布局。这里的 header 区、main 区和 footer 区即为网页的头部、主体区和页脚区，对应着布局结构中的"上"部、"中"部和"下"部。header 区中主要放置网页的 logo、导航及 banner 广告等信息；main 区是页面的主体区，用于放置网页的主体内容；而 footer 区则一般用于标注网页的版权信息和联系方式等。

首页的布局过程如下。

1. 前期准备

（1）建立站点，设置站点文件。在本地 D 盘（或者其它盘）中新建一个名为"yg_sports"

986×20

登录、注册		
Logo区	986×90	
导航区	986×50	
Bamer图片区	986×410	

header区

726×800	260×800
Main区左部	Main区左部

main区

导购区	986×150
页脚Footer区	986×50

footer区

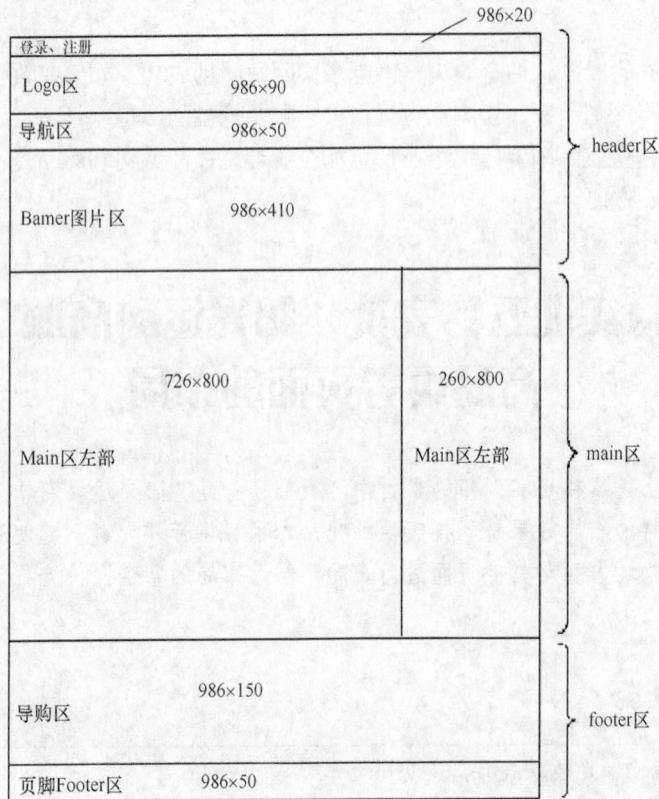

图 5-9 首页的布局参考图

的文件夹，将附书光盘"第五章素材\素材"中的"images"文件夹复制到"yg_sports"文件夹中。打开，新建站点，站点名称为"阳光运动商城"。将"yg_sports"文件夹设为站点的本地文件夹。

（2）新建首页文件并保存。新建一个空白 html 文档，作为"阳光运动商城"网站的首页，将此文档保存在站点文件夹内，文件名为"index.html"。

2. 设置页面属性

（1）选择"修改"菜单→"页面属性"（或按快捷键 Ctrl+J），打开"页面属性"对话框，在"外观"分类中设置"大小"为 12 像素，"文本颜色"为#666666，"背景图像"为"bg.gif"，"重复"为"横向重复"，"上边距"和"下边距"为 0，如图 5-10 所示。

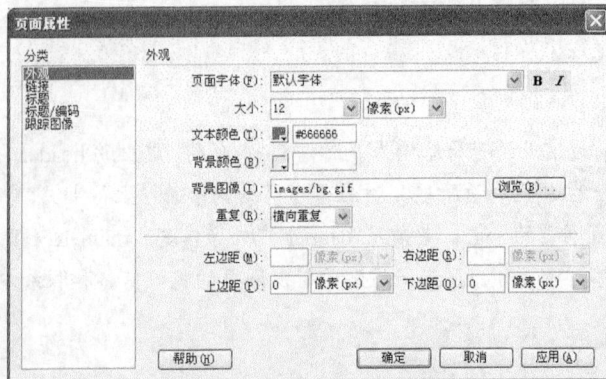

图 5-10 设置页面的的外观属性

（2）选择"页面属性"对话框左侧分类中的"链接"，设置"大小"为12像素，"链接颜色"和"已访问链接"颜色为#666666，"变换图像链接"颜色为#333333，"下划线样式"为"始终无下划线"，如图5-11所示。

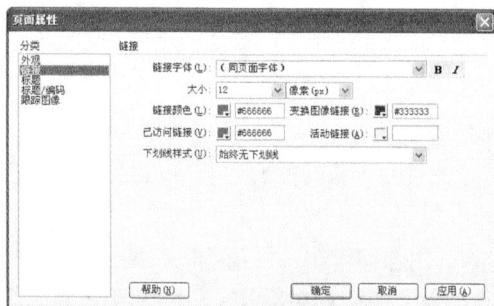

图5-11 设置页面的链接属性

3. 制作 header 区

（1）选择"插入记录"菜单→"表格"（或按快捷键 Ctrl+Alt+T），打开"表格"对话框，设置6行1列，表格宽度为986像素，边框粗细、单元格边距和单元格间距都设为0，如图5-12所示。

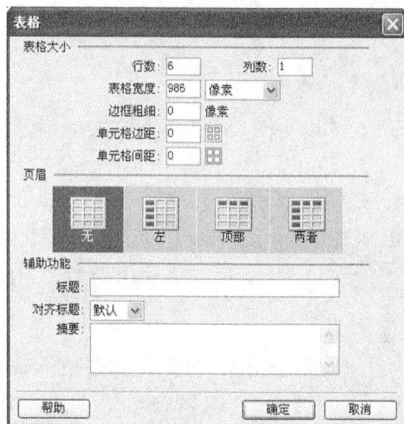

图5-12 插入6行1列的表格

（2）将光标定位到表格中，单击标签选择器中的"<table>"选定整个表格，在属性面板中设置表格的"对齐"为"居中对齐"，使表格居中，如图5-13所示。

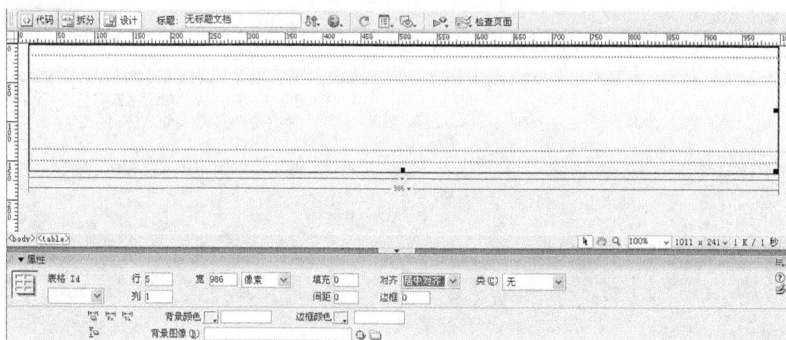

图5-13 将表格居中

✍ **友情提示**

　　在用表格进行网页布局时，经常需要对表格的单元格、行、列以及整个表格进行属性设置，而设置属性必须先选择对象。我们可以使用前面章节中介绍的标签选择器来帮助选择表格对象。在进行后面的操作时你会发现这一招经常使用。

　　（3）将光标定位到表格的第一行中，单击标签选择器中的"<td>"选定第一个单元格，在属性面板中设置单元格的高度为 10。用同样的方法设置第二行、第三行、第四行、第五行高度分别为 30、90、50、36。

　　（4）表格的第一行为空行，用于调整与页面顶端的距离。在表格的第二行中插入一个 1 行 3 列，表格宽度为 100%，边框粗细、单元格边距和单元格间距都为 0 的嵌套表格，用鼠标拖动表格边框调整列宽，在此嵌套表格的第一个单元格中输入文本"[登录] [注册]"，在第三个单元格中输入文本"在线客服│帮助中心│联系我们"，如图 5-14 所示。

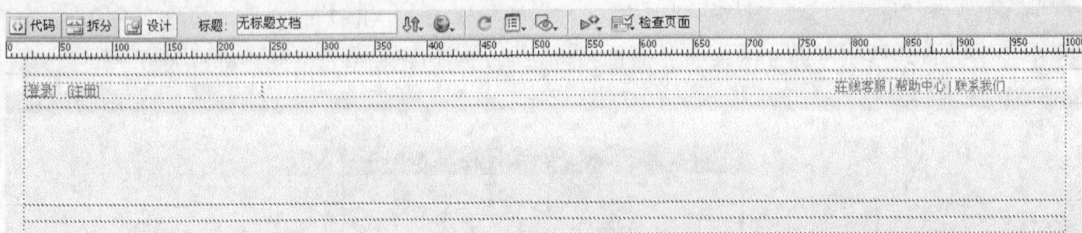

图 5-14　插入嵌套表格

　　（5）表格的第三行用于放置网页的 LOGO 及搜索框，此部分内容将在后面的章节中完成。

　　（6）表格的第四行用于放置网页的导航。将光标定位在第四行中，设置"水平"为"居中对齐"，然后在其中插入一个 1 行 5 列，表格宽度为 585 像素，边框粗细、单元格边距和单元格间距都为 0 的嵌套表格。

　　（7）用标签选择器"<tr>"选择此嵌套表格的行，设置行的高度为 50，设置宽为 117，设置"水平"为"居中对齐"，"垂直"为"居中"，设置背景为"nav.gif"，在 5 个单元格中依次输入导航文字"首页"、"运动鞋"、"运动服装"、"运动配件"、"运动器材"，如图 5-15 所示。

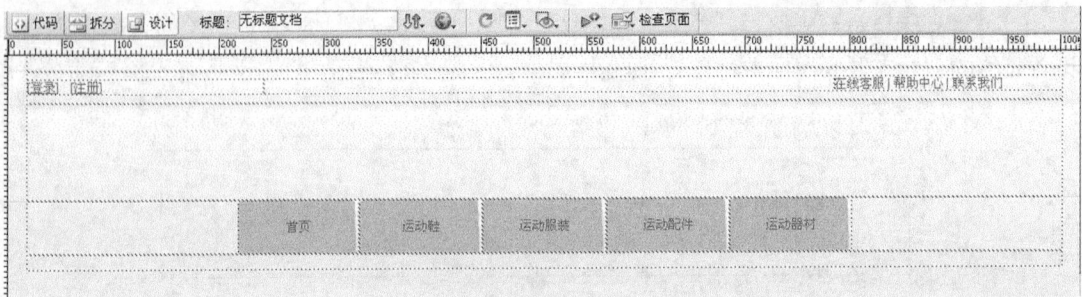

图 5-15　制作网页导航

　　（8）表格的第五行用于放置导航的阴影效果。将光标定位在第五行中，设置单元格的背景为"shadow.png"。

　　（9）表格的第六行用于放置网页的 banner 广告图片。将光标定位在第六行中，选择"插入记录"菜单→"图像"（或按快捷键 Ctrl+Alt+I），插入"images"文件夹中的"banner.jpg"图像。

4. 制作 main 区

main 区由左、右两部分组成，可以用一个 1 行 2 列的表格来布局 main 区内容。

（1）将光标定位在 header 表格之外（或者用标签选择器选定整个 header 表格），选择"插入记录"菜单→"表格"，打开"表格"对话框，设置 1 行 2 列，表格宽度为 986 像素，边框粗细、单元格边距和单元格间距都设为 0，单击"确定"后将在 header 表格下面插入一个 1 行 2 列的表格。单击标签选择器中的"<table>"选定整个表格，在属性面板中设置表格的"对齐"为"居中对齐"，使表格居中。

（2）将光标定位在表格的左边单元格中，在属性面板中设置其宽度为 755，高度为 600。

☞ **友情提示**

在这里先暂时将单元格的高度设为 600，使 main 区有足够的空间容纳里面的内容。其实不设置此单元格高度也可以，在添加了内容之后，会将此单元格"撑起来"。这里先大致设置高度是为了后面的操作更加直观和方便。

（3）在左边单元格中插入一个 2 行 1 列，表格宽度为 100%，边框粗细、单元格边距和单元格间距都为 0 的嵌套表格。在嵌套表格的第一行中插入"images"文件夹中的"commended.jpg"图像。

（4）在上述嵌套表格的第二行中插入一个 3 行 4 列，宽度为 100%，边框粗细、单元格边距和单元格间距都为 0 的嵌套表格，用于放置推荐商品的内容。拖拽鼠标指针选取所有单元格，设置宽度为"25%"，设置"水平"为"居中对齐"，"垂直"为"居中"。

☞ **友情提示**

在属性面板中设置表格或单元格的宽度和高度时，有两种度量单位：像素和百分比，如果使用像素作为度量单位，只需输入像素的值即可；如果使用百分比作为度量单位，则需要在后面加上百分比符号"%"。

（5）在新嵌套表格的第一个单元格内插入一个 3 行 1 列，宽度为 160 像素，边框粗细、单元格边距和单元格间距都为 0 的嵌套表格，用于放置商品图像、商品名称和商品价格。在此嵌套表格的第一行中插入"images"文件夹中的"shoe_01.jpg"图像，在第二行插入文字"商品名称"，在第三行插入文字"商品价格"，如图 5-16 所示。

图 5-16 插入嵌套表格放置商品信息

（6）将光标定位在嵌套表格中，选择标签选择器最后边的"<table>"标签，可以选中整个嵌套表格，按快捷键 Ctrl+C 复制此嵌套表格，然后将光标定位到上层表格的第二个单元格中，按快捷键 Ctrl+V，将弹出"图像描述（Alt 文本）"对话框，点击"取消"后，商品信息嵌套表格将被复制到第二个单元格中。

用此方法继续将商品信息嵌套表格复制到上层表格的其余 11 个单元格中，如图 5-17 所示。

友情提示

由于每件商品的版块结构和大小都相同，这里用复制表格的方法大大提高了制作效率。另外由于本章重在讲解怎样使用表格布局网页，这里的商品内容图片和文字的更改和完善将在下一章中完成。

图 5-17　插入嵌套表格放置商品信息

（7）将光标定位在 header 区表格的右边单元格中，设置"水平"为"居中对齐"，"垂直"为"顶端"，然后插入一个 6 行 1 列，表格宽度为 100%，边框粗细、单元格边距和单元格间距都为 0 的嵌套表格，设置此嵌套表格的第一、三、五行的高度都为 20，内容为空，作为右边各版块的间距。

（8）将光标定位在嵌套表格的第二行中，设置"水平"为"居中对齐"，然后插入一个 3 行 1 列，表格宽度为 192，边框粗细、单元格边距和单元格间距都为 0 的嵌套表格。在此表格的第一行中插入"images"文件夹中的"line_top.gif"图像，在第三行中插入"line_bottom.gif"图像，设置第二行的背景图像为"line_top.gif"图像，这样就制作出版块的圆角边框，设计视图效果和预览效果如图 5-18 所示。

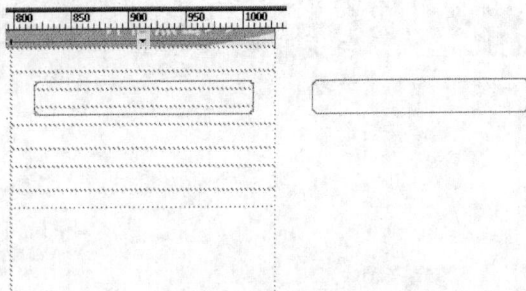

图 5-18　制作圆角边框

👆 **友情提示**

对于圆角边框的制作，一般是采用 3 行 1 列的表格来实现：第一、第三行中分别放置上面和下面的圆角图像，而第二行中则设置中间图像作为背景图像，版块的内容放在第二行中。由于单元格的背景图像是可以纵向重复的，所以不管内容有多少，中间的边框线会随着内容的增加自动变长。

（9）将光标定位在上述 3 行 1 列表格的第二行，设置"水平"为"居中对齐"，然后插入一个 6 行 1 列，表格宽度为 170，边框粗细、单元格边距和单元格间距都为 0 的嵌套表格，在第一行中插入"gongao.gif"图像，在 2～6 行中分别输入相应公告文字，如图 5-19 所示。

（10）用同样的方法在外层表格的第四行和第六行分别制作"销售排行"版块和"最新用户评论"版块，最终效果如图 5-20 所示。

图 5-19 添加"最新公告"内容　　　　图 5-20 制作"销售排行"版块和"最新用户评论"版块

5. 制作 footer 区

（1）将光标定位在 main 表格之外（或者用标签选择器选定整个 main 表格），选择"插入记录"菜单→"表格"，打开"表格"对话框，设置 4 行 1 列，表格宽度为 986 像素，边框粗细、单元格边距和单元格间距都设为 0，点击"确定"后将在 main 表格下面插入一个 4 行 1 列的表格。单击标签选择器中的"<table>"选定整个表格，在属性面板中设置表格的"对齐"为"居中对齐"，使表格居中。

（2）设置此表格的第一行高度为 30，内容为空，作为与 main 区的间隔空间。

（3）设置表格的第二行的"水平"为"居中对齐"，然后在其中插入一个 1 行 4 列，表格宽度为 800，边框粗细、单元格边距和单元格间距都为 0 的嵌套表格。选中此嵌套表格的所有单元格，设置宽度为 200，"水平"为"居中对齐"。

（4）在嵌套表格的第一个单元格中插入一个 5 行 2 列，表格宽度为 100%，边框粗细、单元格边距和单元格间距都为 0 的嵌套表格，选中此嵌套表格的第一列，设置宽度为 30，高度为 25，在表格中输入相应文字，如图 5-21 所示。

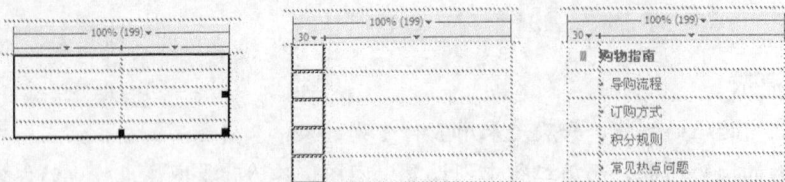

图 5-21　制作“购物指南”内容

（5）用标签选择器选择“购物指南”所在表格，按快捷键 Ctrl+C 将其复制，然后将光标定位到步骤 3 中 1 行 4 列表格的第二个单元格中按快捷键 Ctrl+C 粘贴表格，修改表格中的文字，制作“如何付款”内容。用同样的方法完成“货物配送”和“账户和礼品卡”内容，最终效果如图 5-22 所示。

购物指南	如何付款	货物配送	账户和礼品卡
导购流程	支付宝	配送时间	信息管理
订购方式	网银在线	配送收费	订单查询
积分规则	快钱	注意事项	礼品卡使用
常见热点问题	货到付款		

图 5-22　制作导购区其他内容

（6）设置 footer 表格的第三行和第四行高度为 50，“水平”为“居中对齐”，在第三行中输入“关于我们 | 防伪查询 | 网店招商 | 联系我们”。在第四行中输入版权信息文字，如图 5-23 所示。

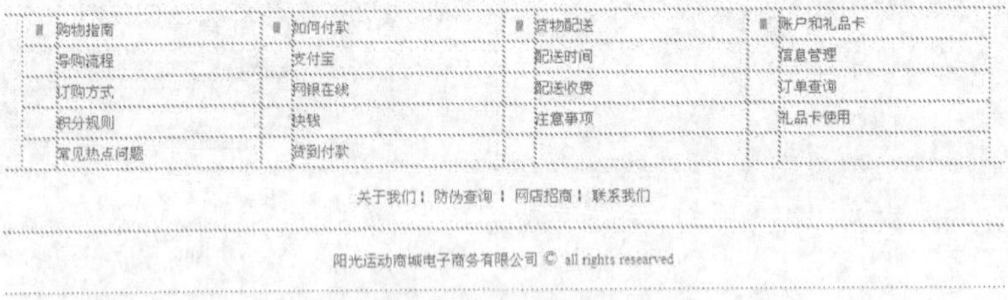

图 5-23　制作页脚信息内容

至此，整个首页布局制作完成。按快捷键 Ctrl+S 保存网页，按 F12 键预览效果。

二、商品详情页的布局

商品页详情页也采用上中下式布局，采用三个表格制作商品页的 header 区、main 区和 footer 区，其中 header 区和 footer 区与主页的相同。商品页的 main 区分为四大块，分别放置商品图片、商品参数、最近浏览和商品描述。最终的布局参考图如图 5-24 所示。

商品页详情页的布局过程如下。

1. 新建首页文件并保存

打开 Dreamweaver CS3，新建一个空白 html 文档，作为“阳光运动商城”网站的商品详情页，将此文档保存在站点文件夹内，文件名为“product.html”。

2. 设置页面属性

（1）选择“修改”菜单→“页面属性”（或按快捷键 Ctrl+J），打开“页面属性”对话框，在“外观”分类中设置“大小”为 12 像素，“文本颜色”为#666666，“背景图像”为“bg.gif”，“重复”为“横向重复”，“上边距”和“下边距”为 0。

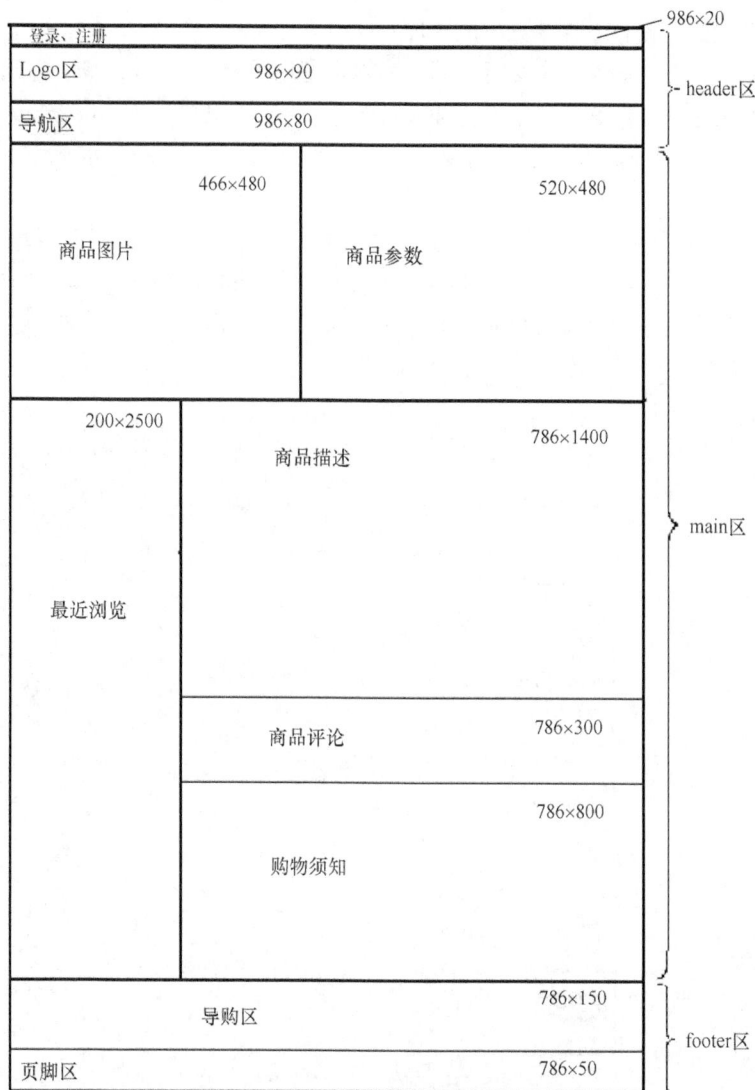

图 5-24　商品详情页的布局参考图

（2）选择"页面属性"对话框左侧分类中的"链接"，设置"大小"为 12 像素，"链接颜色"和"已访问链接"颜色为#666666，"变换图像链接"颜色为#333333，"下划线样式"为"始终无下划线"。

3. 制作 header 区

商品详情页的 header 区与首页的 header 区相同，只是商品详情页 header 区没有 banner 广告，可以将首页的 header 区表格选中，按快捷键 Ctrl+C 复制，然后将光标定位到 product.html 文档中，按快捷键 Ctrl+V，将弹出"图像描述（Alt 文本）"对话框，点击"取消"后，header 区所有内容就复制过来了，然后在 banner 广告所在的单元格点右键，在弹出的快捷菜单中选择"表格"→"删除行"即可将其删除。

4. 制作 main 区

（1）在 header 区下面插入一个 2 行 1 列，表格宽度为 986，边框粗细、单元格边距和单元格间距都为 0 的表格，选中表格设置居中对齐。

（2）在第一行中插入一个 1 行 2 列，表格宽度为 100%，边框粗细、单元格边距和单元格间距都为 0 的嵌套表格。设置左侧单元格的宽度为 460。

（3）在左侧单元格中插入一个 2 行 1 列，表格宽度为 100%，边框粗细、单元格边距和单元格间距都为 0 的表格，设置第一行高度为 400，居中对齐，在其中插入 "detail.jpg" 图像。在第二行插入一个 1 行 5 列的表格，选中所有列，设置宽为 70，高为 60，水平和垂直都高为居中对齐。

（4）在第一个单元格内插入一个 1 行 1 列，表格宽度为 60，边框粗细、单元格边距为 0，单元格间距为 1 的表格，将光标定位在表格中，选中标签<table>，设置背景颜色为#999999，选中标签<td>，设置背景颜色为#FFFFFF，高为 60，这样就得到了一个 60×60 带边线的方格，在其中插入 "detail_01.jpg" 图像，如图 5-25 所示。

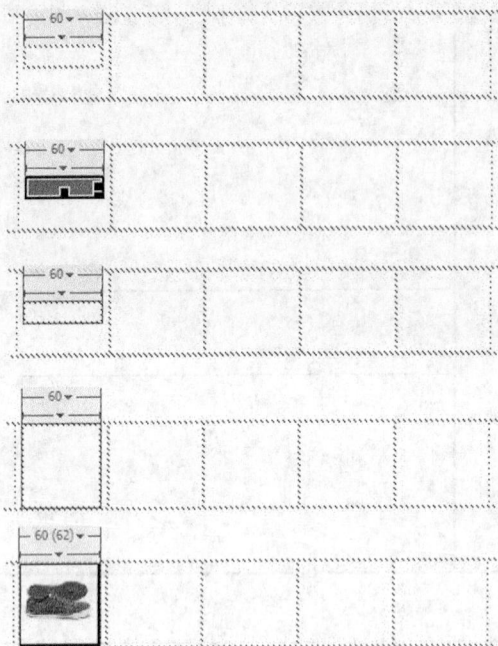

图 5-25　制作带边线的方格

（5）选择标签<table>，按快捷键 Ctrl+C 复制，在其他几个单元格中按快捷键 Ctrl+C 粘贴表格，并将里面的图像改成 "detail_02.jpg"，… "detail_05.jpg"，如图 5-26 所示。

图 5-26　复制表格并修改图像

（6）在步骤（2）所述表格的右侧单元格中插入一个 14 行 2 列，表格宽度为 90%，边框粗细、单元格边距和单元格间距都为 0 的嵌套表格，设置第一列的宽度为 100，将第一行单元格选中，点右键，在弹出的快捷菜单中选择 "表格" → "合并单元格"，将第一行合并成一个单元格。用同样的方法将第二行、第十行、第十二行、第十三行和第十四行单元格分别合并，如图 5-27 所示。

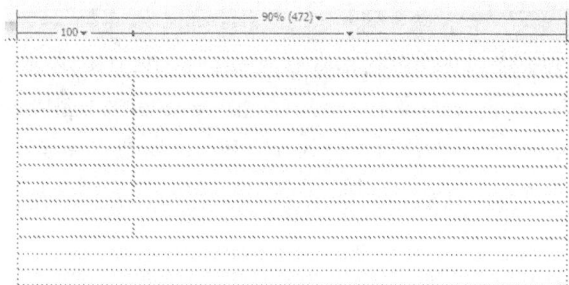

图 5-27 插入表格并合并单元格

（7）设置所有行高为 28，在各单元格中插入相应文字，如图 5-28 所示。

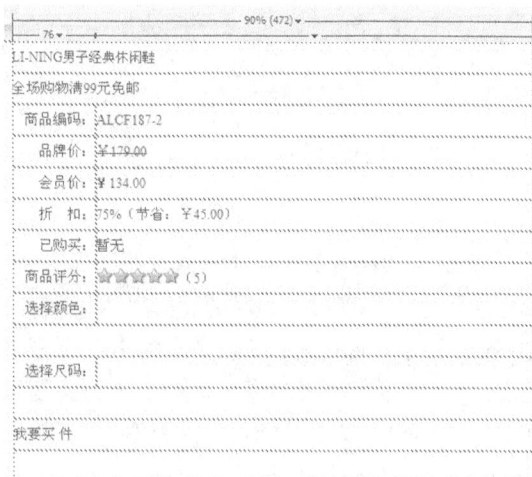

图 5-28 插入表格并合并单元格

（8）在第十行中插入一个 1 行 2 列的嵌套表格，将步骤（5）中所述的带边线的表格复制到这两个单元格中。在第十四行中插入 "add2buy.jpg" 图像，如图 5-29 所示。

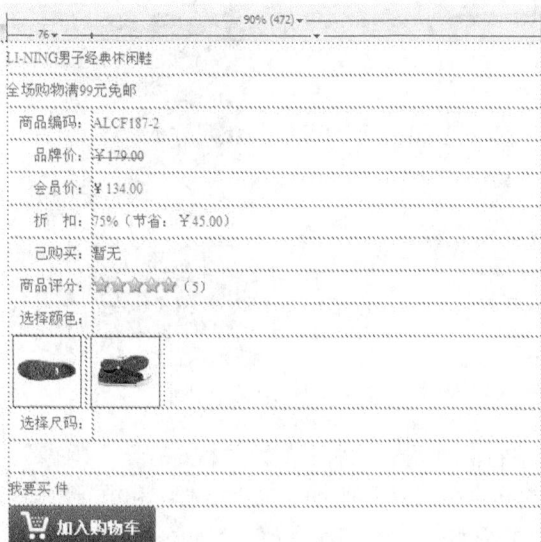

图 5-29 添加图像

（9）在第十二行中插入一个 1 行 8 列的嵌套表格，选中所有列，设置宽为 30，高为 22，水平和垂直都高为居中对齐。在第一个单元格内插入一个 1 行 1 列，表格宽度为 22，边框粗细、单元格边距为 0，单元格间距为 1 的表格，将光标定位在表格中，选中标签<table>，设置背景颜色为#999999，选中标签<td>，设置背景颜色为#FFFFFF，高为 22，这样就得到了一个 22×22 带边线的方格，在里面输入数字"39"。将此带边线的表格复制到其余 7 个单元格中，修改里面的数字，如图 5-30 所示。

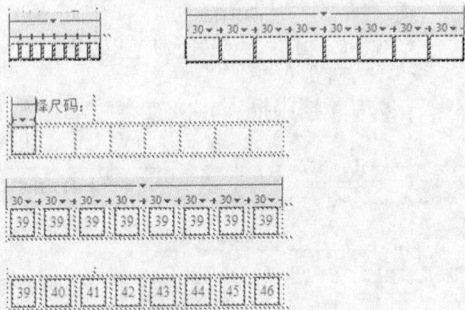

图 5-30　制作尺码内容

（10）在步骤（1）所述的 main 表格的第二行中插入一个 1 行 2 列，表格宽度为 100%，边框粗细、单元格边距和单元格间距都为 0 的嵌套表格。设置左侧单元格的宽度为 200，垂直方向顶端对齐。在左侧单元格中插入一个 6 行 1 列，表格宽度为 100%，边框粗细、单元格边距和单元格间距都为 0 的嵌套表格，设置此嵌套表格的第一、三、五行高度为 25，内容为空，作为左侧各内容之间的隔断。在第二行中输入文字"您可能还喜欢"，在第四行、第六行中分别插入"pic_left01.jpg"和"pic_left02.jpg"，如图 5-31 所示。

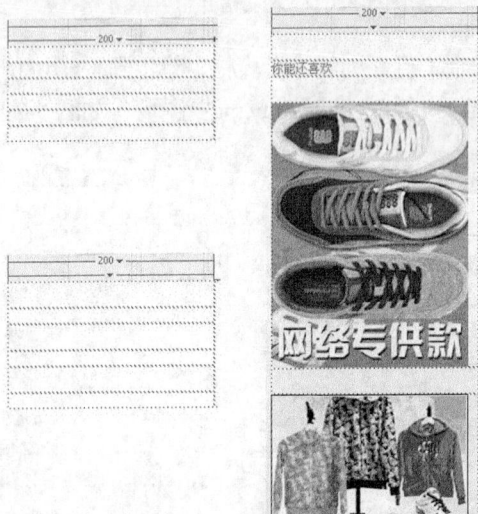

图 5-31　制作左侧内容

（11）设置上一步骤中右侧单元格"水平"为"右对齐"，"垂直"为"顶端"，在其中插入一个 12 行 1 列，表格宽度为 95%，边框粗细、单元格边距和单元格间距都为 0 的嵌套表格。设置此嵌套表格的奇数行高度为 30，内容为空，作为右侧各版块内容之间的隔断。

（12）在上一步骤所述的 12 行 1 列表格的第二行中插入一个 3 行 1 列，表格宽度为 100%，边框粗细、单元格边距和单元格间距都为 0 的嵌套表格，用于制作"商品描述"版块的内容。在第一行中输入文字"商品描述 商品评论 购物须知"，在第二行中插入"redline1.gif"图像，在第三行中插入嵌套表格并添加商品信息文字，如图 5-32 所示。

商品描述	商品评论 (3)	购物须知	
商品名称：	LI-NING男子经典休闲鞋	商品编码：	ALCF187-2
计量单位：	双	颜　　色：	棕/黄/乳酪白
性　　别：	男	运动项目：	运动生活
运动类型：	运动生活系列	级　　别：	网络专供

图 5-32　制作"商品描述"版块的内容

（13）在上述 12 行 1 列表格的第四行中制作"商品介绍"文字内容，在第六行中制作"产品展示"内容，在第八行中制作"尺寸说明"内容。"商品介绍"和"产品展示"内容由读者自行完成。

（14）在上述 12 行 1 列表格的第八行中制作"尺寸说明"内容。插入一个 9 行 13 列，表格宽度为 720，边框粗细、单元格边距为 0，单元格间距为 1 的表格。选中标签<table>，设置背景颜色为#999999，用鼠标拖选所有的单元格，设置背景颜色为#FFFFFF，这样就得到了带边线的表格，如图 5-33 所示。

图 5-33　制作带边线的表格

设置第一行高度为 35，其余所有行的高度为 20。设置第二列宽度为 70，第三至十三列宽度都为 50。选中第一行所有单元格，点右键选择"表格"→"合并单元格"将其合并，用同样的方法将第一列的二至五行合并，六至九行合并。最后设置各单元格居中对齐，并在其中输入相应文字，如图 5-34 所示。

鞋号对照表												
MEN 男鞋	美码USA	6	6.5	7	7.5	8	8.5	9	9.5	10	10.5	11
	英码UK	5	5.5	6	6.5	7	7.5	8	8.5	9	9.5	10
	法码EUR	38 1/3	39	39 2/3	40 1/3	41	41 2/3	42 1/3	43	43 2/3	44 1/3	45
	毫米MM	235	240	245	250	255	260	265	270	275	280	285
WOMEN 女鞋	美码USA	4	4.5	5	5.5	6	6.5	7	7.5	8	8.5	9
	英码UK	1.5	2	2.5	3	3.5	4	4.5	5	5.5	6	6.5
	法码EUR	33 2/3	34 1/3	35	35 2/3	36 1/3	37	37 2/3	38 1/3	39	39 2/3	40 1/3
	毫米MM	205	210	215	220	225	230	235	240	245	250	255

图 5-34　制作"鞋号对照表"

（15）在步骤（11）所述的 12 行 1 列表格的第十行插入嵌套表格制作"商品评论"版块的内容。在第十二行插入嵌套表格制作"购物须知"版块的内容。这两部分内容由读者自行完成。

5. 制作 footer 区

商品详情页的 footer 区与首页的 footer 区相同，可以用前文介绍的方法直接将首页的 footer 区复制并粘贴过来即可。

至此，整个首页布局制作完成。按快捷键 Ctrl+S 保存网页，按 F12 键预览效果。

5.3.3 项目报告

表 5-1 项目成果一览表

序号	项目任务	项目成果
1	你了解原始表格和布局表格的区别和联系吗？	
2	你会在网页中插入表格并根据实际情况设置表格的属性吗？	
3	你能运用布局表格完成"阳光运动商城"首页的布局吗？	
4	你能运用布局表格完成"阳光运动商城"商品页的布局吗？	
5	对于网页布局你还有什么疑问？	

表 5-2 项目反思与小结

项目反思	请谈一谈如何使用布局表格进行网页布局：
项目小结	请谈一谈你完成本项目后的收获： 请谈一谈在本项目中你的困惑：

5.4 学习评价

表 5-3 项目自评、师评表

	序号	知识、技能、实践活动	优	良	中	差	备 注
自评	1	创建"阳光运动商城"站点，并按要求设置站点文件夹					
	2	理解原始表格和布局表格的概念和区别					
	3	在站点中新建首页文件 index.html					
	4	在首页中按要求绘制布局表格，完成各功能区块的布局					
	5	在 products 文件夹中新建商品页文件 product.html					
	6	在商品页中按要求绘制布局表格，完成各功能区块的布局					

教师评语：

教师签字： 年 月 日

教师评价：实验成绩		学生签字	

知 识 与 技 能 评 价 标 准

优	良	中	差
1. 能轻松地创建站点并设置站点文件夹和文件 2. 能很好地理解原始表格和布局表格的概念 3. 能在站点中按要求正确地新建 index.html 文件和 product.html 文件 4. 能按要求独立完成首页的布局 5. 能按要求独立完成商品页的布局	1. 在别人的提示下可以完成站点的创建和设置 2. 能理解原始表格和布局表格的概念，知道它们的区别 3. 能新建 index.html 文件和 product.html 文件 4. 能在别人提示下完成首页的布局 5. 能在别人提示下完成商品页的布局	1. 在别人的指导和帮助下能完成站点的创建和设置 2. 知道原始表格和布局表格的概念，但不能说出它们的区别 3. 在别人的提示下完成首页和商品页文件的建立 4. 需要别人的指导和帮助才能完成首页布局 5. 在别人的指导和帮助下能在网页相应的位置插入图像	1. 无法完成站点创建和设置 2. 不知道原始表格和布局表格是什么 3. 无法完成其余任务

课后练习

一、简答题

1. 简述网页尺寸与分辨率的对应关系。

2. 简述网页布局的一般步骤。

二、操作题

请完成"阳光运动商城"用户登录页（见图 5-14）的布局。

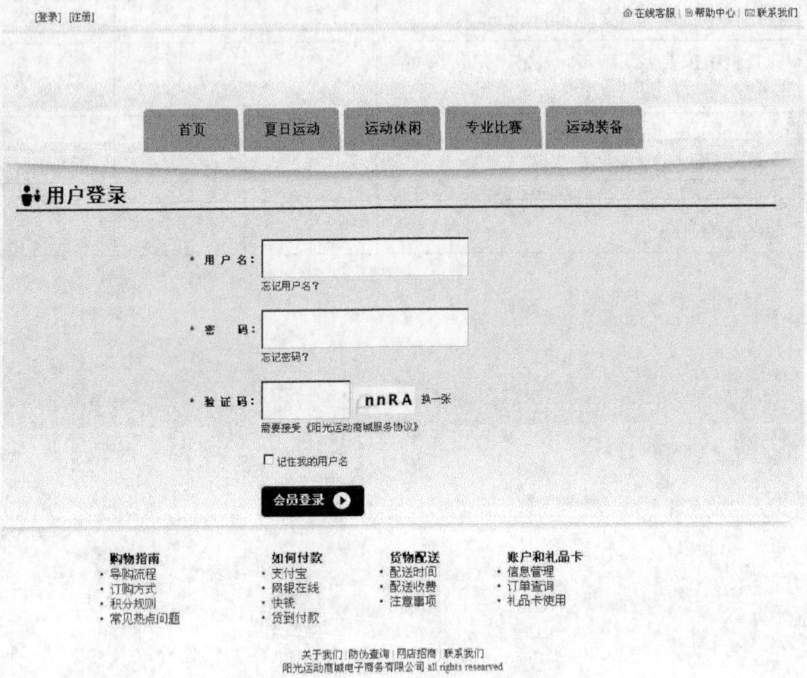

图 5-35　用户登录页效果图

创建超级链接和导航

情境设计

直到现在，你做的网页还不叫真正的网页，因为里面少一个灵魂——超链接。超链接又称超级链接或链接，是网页重要的组成部分，没有它，网页只是一个个毫无关联的文件。快来学习制作超链接，体会一下它的神奇吧！

我们在网上漫游，犹如身处一个浩渺无边的信息海洋，良好的导航设计能引领我们轻松流畅地查看信息。在这一章里我们要学习导航的相关知识以及怎样在网页中创建超级链接和导航条。

学习目标

➤ 理解超级链接和导航的概念和功能
➤ 会创建各种类型的超级链接
➤ 会给网页制作导航条

任务导入

如何让浏览者点击文本或图片就能跳到他想要的资源上去？网站上有许多链接组合，它的作用是什么？在设计上有什么讲究？

我早就会使用超链接了，非常简单，任何人都可以无师自通地掌握它，可是，怎么在网页中加入超链接呢？

➤ 学习超级链接和导航相关的知识
➤ 掌握创建超级链接和导航的方法
➤ 完成项目实训六
➤ 完成本章课后作业

6.1 路 径

要正确创建链接，必须使用路径，即从链接源到链接目标之间的文件路径。描述路径的方式有 3 种：绝对路径、相对路径和站点根目录相对路径。这 3 种路径各有特点，灵活使用这些路径能起到事半功倍的效果。

1. 绝对路径

绝对路径提供了链接目标文档完整的 URL 地址，如制作友情链接时，需要链接到另一个网站的网页，这时就要使用绝对路径。绝对路径是包含服务器协议的完全路径，如 http://www. dreamweaver.com/index.htm。

2. 相对路径

文档相对路径描述了链接源与链接目标之间的相对位置，在网站内部各页面的的链接中使用相对路径最合适，因为相对路径不但描述简洁，而且与站点目录所在的位置无关，当站点根目录位置发生改变时，不会影响到站点内链接的网页。

下面以图 6-1 所示的站点结构为例说明相对路径的使用。

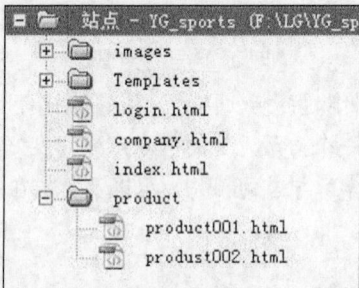

图 6-1   站点结构

当链接源与链接目标在同一文件夹中时，描述相对路径只需要指明链接目标的文件名即可。例如，在 index.html 中创建指向 login.html 的链接，可使用相对路径："login.html"。

当链接目标在链接源下一级目录中时，可直接指明目录名称和文档名称。例如，在 index.html 中创建指向 product001.html 的链接，可使用相对路径："product /product001.html"。

当链接目标在链接源上一级目录中时，可用 ".." 符号来表示当前文件的父目录，使用多个 ".." 可以表示更高的父级目录。例如，在 product001.html 中创建指向 index.html 的链接，可使用相对路径：".. /index.html"。

3. 站点根目录相对路径

基于站点根目录的相对路径从站点的根目录开始，通常使用 "/" 表示根目录，所有基于站点根目录相对路径均以 "/" 开始，如 "/product/product001.html"。

站点根目录相对路径同绝对路径十分相似，只是略去了绝对路径中的协议部分。通常在站点规模较大，需要多个设计者合作建设，并且使用模板和组件进行设计时，站点根目录相对路径被广泛使用。

6.2   超级链接的使用

一、超级链接简介

超级链接是网页之间联系的桥梁，浏览者通过它可以跳转到其他页面。Dreamweaver CS3 提供了非常简便的超级链接的创建方法，设计人员可以轻松地将文字、图片、Flash 动画等网页元素设置为链接的对象。

一般来说，超级链接包含以下类型。

➢ 文档链接：链接到其他文档，在网页中最为常见。

➢ 书签链接：链接到相同文档或其他文档的书签位置。

➢ 锚记链接：链接到网页中的一个锚记。

➢ 电子邮件链接：链接到一个电子邮件地址。

➢ 空链接：不会跳转到任何位置，用于附加 Dreamweaver CS3 行为。

➢ 脚本链接：执行 JavaScript 代码或调用 JavaScript 函数。

二、文档超级链接的创建

在 Dreamweaver CS3，可以用以下方法创建文档超级链接。

1．使用属性面板创建超级链接

选择要作为链接源的文本或图片，在属性面板中会有"链接"文本框、"指向文件"按钮和"浏览文件"按钮，如图 6-2 所示。

图 6-2 属性面板中的链接工具

将链接目标的路径直接输入到链接文本框中可以创建超级链接。

单击"浏览文件"按钮□可以打开"选择文件"对话框，如图 6-3 所示，可以浏览并指定链接目标文档以创建超级链接。

图 6-3 在"选择文件"对话框里指定链接目标

单击"指向文件"按钮⊕并拖动到"文件"面板中的某个文件上，则可以将该文件设置为链接目标，如图 6-4 所示。

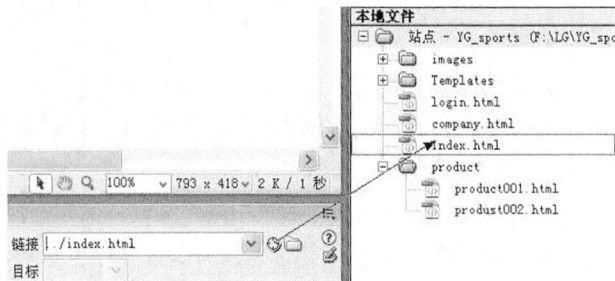

图 6-4 拖动到"指向文件"按钮创建链接

2. 使用"超级链接"命令创建超级链接

选择要作为链接源的文本或图片，然后选择"插入记录"菜单→"超级链接"，或者单击插入栏中"常用"类别中的"超级链接"按钮 🔗，可以打开"超级链接"对话框，如图 6-5 所示，在对话框里进行相应设置以创建超级链接。

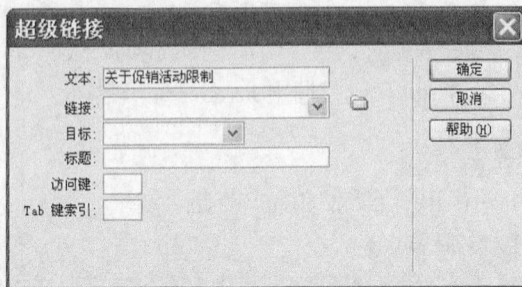

图 6-5 "超级链接"对话框

3. 超级链接的目标窗口

当浏览者点击网页上的超级链接后会跳转到链接目标页面。当新页面出现时，可能会出现 3 种情况：①原有的页面被覆盖；②原有的网页不被覆盖，弹出一个新的窗口；③原有的网页内部分内容被替换。

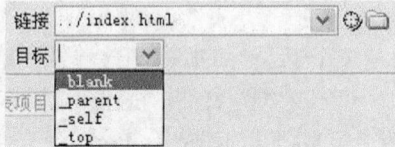

图 6-6 "目标"下拉菜单

这 3 种情况的出现是由于对超级链接的目标窗口进行了设置。在设置超级链接时会有一个"目标"下拉菜单，其中可以设置 4 种目标，如图 6-6 所示。

其含义如下：

➢ "_blank"：将文件载入新的无标题浏览器窗口中；

➢ "_parent"：将文件载入到上级框架集或包含该链接的框架窗口中；

➢ "_self"：将文件载入到相同框架式窗口中，此目标是默认的，通过不需要量指定；

➢ "_top"：将文件载入到整个浏览器窗口中，将取消所有框架。

三、锚记链接的创建

有时，一个网页的内容较多，需要不断地滚动才能看到下面的信息，很容易让人产生视觉疲劳，这时候可以使用锚记链接。在网页相应的位置添加命名锚记后，浏览者只需点击链接源，就能方便快捷地移到相应的锚记位置。例如，一个篇幅较长的商品介绍网页，当浏览者阅读完毕后，希望能快速地回到文章开头，这时可以先在文章开头放置一个锚记，在文章尾部添加一个链接指向锚记，浏览时点击此链接就能迅速回到网页开头。

四、电子邮件链接的创建

在电子商务网页中，为方便浏览者进行信息反馈，可在网页中加入电子邮件超级链接。浏览者无须打开电子邮件服务程序，也不必动手输入电子邮件地址，只需点击指向电子邮件地址的链接，填写邮件的内容就可以轻松地将反馈信息送出。

选择作为链接源的文本或图像，然后选择"插入记录"菜单→"电子邮件链接"，或者单击插入栏中"常用"类别中的"电子邮件链接"按钮 ✉，可以打开"电子邮件链接"对话框，如图 6-7 所示。

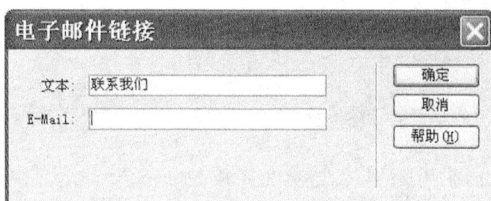

图 6-7 "电子邮件链接"对话框

在"文本"文本框中可以看到刚才选中的文本,在"E-Mail"文本框中输入作为链接目标的电子邮件地址即可。

6.3 导航条的应用

导航条由一系列包含超级链接的图像组成,一个图像通常被称为一个"项目",项目的显示内容随浏览者操作而变化。一般来说,浏览者进入网站后首先会寻找导航条,导航条就像集中在路口的路标,引领浏览者找到想要去的地方。

从某种角度来看,导航条中的项目类似于按钮,一个导航条项目对应着 4 个图像。

➢ 状态图像:浏览者尚未单击项目时所显示的图像。

➢ 鼠标经过图像:指鼠标指针经过状态图像时所显示的图像。它与状态应有所区别,如更亮或有颜色变化。

➢ 按下图像:指项目被单击后所显示的图像。例如,比状态图像更灰更暗,表示该项目已经使用过了。

➢ 按下时鼠标经过图像:指项目被单击后,鼠标指针滑过"按下"按钮时,所显示的图像。此状态可作为一个给浏览者的可视提示,告诉他们在站点的这一部分,此项目不能再被单击。

选择"插入记录"菜单→"图像对象"→"导航条",可以打开"插入导航条"对话框,如图 6-8 所示。

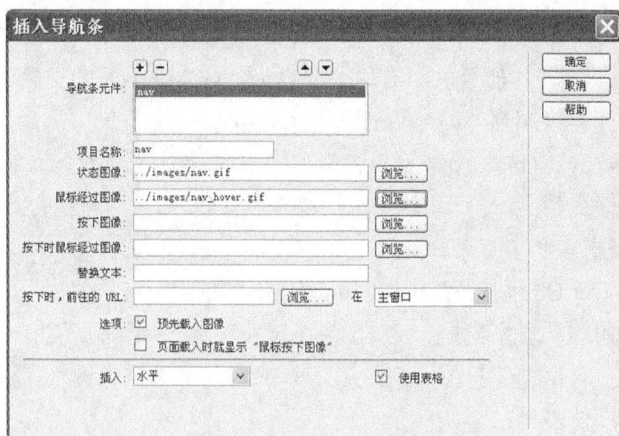

图 6-8 "插入导航条"对话框

在插入导航条之前,应该为每个导航条项目准备好相应的 4 个图像文件,作为设置导航条的各状态的背景图片。

> **友情提示**
>
> 　　如果不想太复杂，准备两个图像文件也可以，一般来说，在指定了状态图像和鼠标经过图像后，导航条就会有较好的效果了。

　　单击加号（+）按钮可以向导航条添加另一个项目继续指定导航条图像，直至完成整个导航条的设置。

6.4　项目实训六：为"阳光运动商城"主页 添加链接和导航条

　　在完成了上一章的项目实训五后，我们已看到"阳光运动商城"主页初见成效了，页面布局合理，图文并茂，是不是有点成就感？等等，看看我们的主页还是缺了点什么？对了，和网上的电子商务网页相比，我们的主页还缺少链接和导航呢，这些可是网页不可缺少的内容哟，那么现在我们就一起去完成它吧！

6.4.1　项目任务

个人任务	（1）给"阳光运动商城"主页添加各种链接。 （2）给"阳光运动商城"主页添加导航条。 （3）学生根据项目成果进行交流与互评，同时填写表6-1所示的项目成果一览表、表6-2所示的项目反思与小结和表6-3所示的项目自评、师评表。

6.4.2　项目过程

　　1．新建站点

　　（1）在本地 D 盘（或者其他盘）中新建一个名为"yg_sports"的文件夹，将"第六章素材\素材"中的文件和文件夹复制到"yg_sports"文件夹中。

　　（2）打开 Dreamweaver CS3，新建站点，设置站点名称为"阳光运动商城"。将"yg_sports"文件夹设为站点的本地文件夹。

　　2．给"阳光运动商城"主页添加链接

　　（1）用 Dreamweaver CS3 打开站点中的 index.html 文档。

　　（2）将页面右上角的"联系我们"文本选中，选择"插入记录"菜单→"电子邮件链接"，打开"电子邮件链接"对话框（见图 6-7），在"E-Mail"文本框中输入"yg_sports@126.com"作为链接目标的电子邮件地址。

　　（3）将页面左上角的"[登录]"文本选中，在属性面板中设置其链接为"login.html"。

　　（4）选择商品列表中的第 1 幅图片，在属性面板中将其链接设置为"product/shoe001.html"。

（5）继续设置第 2 幅至第 12 幅图片，将它们分别链接到"product"文件夹中的 shoe002.html～shoe012.html。

（6）在页面底端的购物说明区中，选择"导购流程"列表项，在属性面板中的"链接"文本框中输入"#"，将其设置为空链接，如图 6-9 所示。

图 6-9 设置空链接

重复以上操作，将每个购物说明的列表项，都设为空链接。

（7）按 F12 键浏览页面，测试每个链接的有效性，如果链接有误，在 Dreamweaver CS3 中修改直至链接正确。

3. 给"阳光运动商城"商品页添加锚记链接

（1）用 Dreamweaver CS3 打开站点中的 products/shoe001.html 文档。

（2）找到网页中的"商品描述"部分，将光标定位到红色"商品描述"文字前，选择"插入记录"菜单→"命名锚记"，或者在插入栏的"常用"类别中单击"命名锚记"按钮，或者直接按快捷键 Ctrl+Alt+A，将打开"命名锚记"对话框，如图 6-10 所示。

图 6-10 "命名锚记"对话框

（3）在"锚记名称"文本框中输入锚记名称为"商品描述"。

（4）单击"确定"按钮后，可以看到光标所在处插入了一个锚记，如图 6-11 所示。

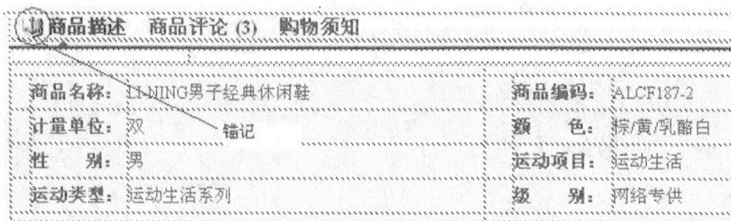

图 6-11 位于"商品描述"前的锚记

（5）重复（2）～（4）步的操作，分别在红色"商品评论"文字、红色"购物须知"文字前插入锚记，锚记名称分别为"商品评论"和"购物须知"，如图 6-12 所示。

（6）选中"商品描述"文字，在属性面板的"链接"文本框中输入锚记名称"#商品描述"，如图 6-13 所示。

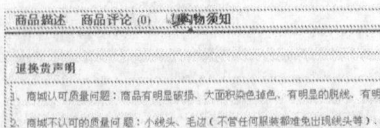

图 6-12 位于"商品评论"和"购物须知"前的锚记

图 6-13 在"链接"文本框中输入锚记名称

☞ 友情提示

符号"#"必须是半角符号，#与锚点名称之间也不能有空格，否则链接不会生效。

（7）重复步骤（6）中的操作，给"商品评论"文字添加锚记链接。这里需要说明的是，页面中一共有 3 处要添加锚记链接的文字，都要制作成相应的锚记链接。

（8）按 F12 键浏览页面，测试锚记链接的有效性，如果链接有误，在 Dreamweaver CS3 中修改直至链接正确。

4. 给"阳光运动商城"主页添加导航条

（1）用 Dreamweaver CS3 打开站点中的 index.html 文档，在页面上方找到"此处添加导航条"标记文本，将标记文本删除，在此处定位光标。

（2）在属性面板中设置导航条所在单元格的背景图像为"nav_bg.gif"，如图 6-14 所示。

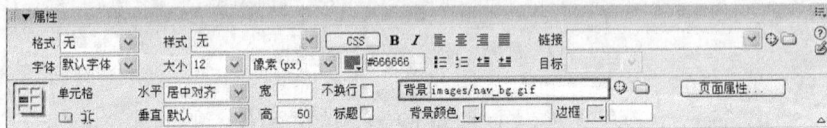

图 6-14 设置导航条所在单元格的背景图像

（3）选择"插入记录"菜单→"图像对象"→"导航条"，打开"插入导航条"对话框（见图 6-8）。

（4）在"项目名称"文本框中填写"nav1"，将状态图像设为"nav1.gif"，鼠标经过图像设为"nav1_hover.gif"，其余项不填。

☞ 友情提示

在这里，我们只制作一个比较简单的导航条，只设置两个状态图像，故后两个图像不填。在"按下时，前往的 URL"文本框中设置导航链接。

（5）单击加号（+）按钮，添加导航条项，项目名称为"nav2"，将状态图像设为"nav2.gif"，鼠标经过图像设为"nav2_hover.gif"。

（6）继续单击加号（+）按钮添加导航条项，设置添加项的状态图像和鼠标经过图像。一共设置 5 个导航条项，名称依次为"nav1"、"nav2"、"nav3"、"nav4"、"nav5"，状态图像和鼠标经过图像也按相应的序号设置图像，如图 6-15 所示。

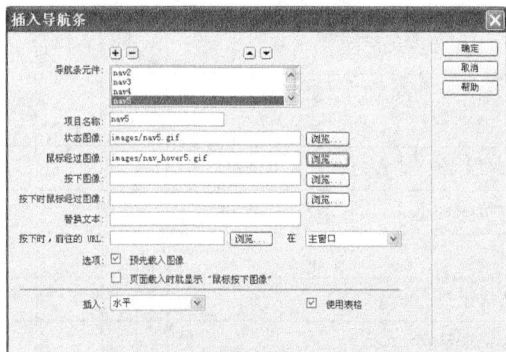

图 6-15 设置 5 个导航条项目

（7）单击"确定"按钮，完成主页的导航条项目设置。保存设置后按 F12 键查看导航条效果。

6.4.3 项目评价

表 6-1   项目成果一览表

序号	项目任务	项目成果
1	你能说出绝对路径和相对路径的概念和区别吗？	
2	你说出网页中常见的几种链接名称吗？	
3	你能按要求给"阳光运动商城"首页添加文档链接和电子邮件链接吗？	
4	你能给"阳光运动商城"商品页添加命名锚记和锚记链接吗？	
5	你能给"阳光运动商城"首页添加导航条吗？	
6	对于超级链接和导航条的知识你还有什么疑问吗？	

表 6-2   项目反思与小结

项目反思	请谈一谈如何运用 Dreamweaver CS3 制作各种超级链接：
项目小结	请谈一谈你完成本项目后的收获： 请谈一谈在本项目中你的困惑：

6.5 学习评价

表 6-3　　　　　　　　　　　　　项目自评、师评表

	序号	知识、技能、实践活动	优	良	中	差	备　注
自评	1	创建"阳光运动商城"站点，并按要求设置站点文件夹					
	2	理解绝对路径和相对路径的概念					
	3	了解常见超级链接的种类					
	4	添加文档超级链接					
	5	添加电子邮件超级链接					
	6	添加命名锚记和锚记链接					
	7	制作导航条					

教师评语：

　　　　　　　　　　　　　　　　　　　教师签字：　　　　　　　年　　月　　日

教师评价：实验成绩		学生签字	

知 识 与 技 能 评 价 标 准

优	良	中	差
1. 能轻松地创建站点并设置站点文件夹和文件 2. 能很好地理解绝对路径和相对路径的概念并说出它们的区别 3. 能说出 6 种常见超级链接的名称 4. 能按要求正确创建文档超级链接和电子邮件超级链接 5. 能按要求正确添加命名锚记和锚记链接 6. 能按要求独立完成导航条的制作	1. 在别人的提示下可以完成站点的创建和设置 2. 能理解绝对路径和相对路径的概念，知道它们的主要区别 3. 能说出 4 种常见超级链接的名称 4. 在别人的提示下可以完成文档超级链接和电子邮件超级链接的创建 5. 能在别人的提示下添加命名锚记和锚记链接 6. 能在别人的提示下完成导航条的制作	1. 在别人的指导和帮助下能完成站点的创建和设置 2. 知道绝对路径和相对路径，但不清楚有何区别 3. 能说出 2 种常见超级链接的名称 4. 在别人的指导和帮助下能创建文档超级链接和电子邮件超级链接 5. 需要别人的指导和帮助完成锚记链接 6. 需要别人的指导和帮助制作导航条	1. 无法完成站点创建和设置 2. 不知道什么是路径 3. 不知道超级链接名称 4. 不会相关的操作 5. 无法完成余下任务

课后练习

一、判断题

1. 路径描述方式有 3 种：绝对路径、文档相对路径和站点根目录相对路径。（　　　）

2. 文档相对路径提供了链接目标文档的完整的 URL 地址。（　　　）

3. 链接源所在文档与链接目标文档在同一文件夹中，描述相对路径时，只需要指明链接目标的文档名称即可。（　　　）

4. 链接目标文档位于链接源所在文档的上一级目录中，可直接指明目录名称和文档名称。（　　　）

5. 所有基于站点根目录的相对路径均以 "/" 开始。（　　　）

6. 命名锚记是链接目标。（　　　）

二、简答题

1. 简述相对路径和绝对路径的概念和主要区别。

2. 简述如何添加文档超级链接和电子邮件超级链接。

3. 简要说明如何制作锚记链接。

4. 简要说明在 Dreamweaver CS3 中如何制作导航条。

使用 Photoshop 制作网页界面

情境设计

　　　　学了前面的知识，你已经可以制作简单的网页了。但你千万不要以为，做网页就是先用表格进行网页布局，然后再向表格里添加网页元素。在实际工作中，我通常先利用图形图像软件制作出网页效果图，交给定制网页的客户认可后，再将效果图进行切片，然后在 Dreamweaver CS3 中布局实现网页最终效果，这才是现在网页设计的一般步骤和方法。

　　制作网页离不开图像处理，除了使用图像处理软件制作网页效果图外，我们还可以使用 Photoshop 来处理网页中需要的各种图片，如网页 Logo、导航图片、各种网页小图标等。本章我们将学习一款功能强大的图形图像处理软件——Photoshop。

学习目标

➢　掌握 Photoshop 软件的一般操作方法

➢　能运用 Photoshop 制作网页效果图

➢　能使用 Photoshop 制作网页中需要的各种图片

任务导入

Photoshop 有什么功能？它的基本操作是怎样的？如何使用 Photoshop 制作效果图？

　　　　　　　Photoshop 就是我们常说的 PS 吧？呵呵，等不及了，想快点学会，不过看上去好像挺复杂呀！

➢　学习 Photoshop 软件的一般操作方法

➢　使用 Photoshop 制作网页图片

➢　使用 Photoshop 制作网页效果图

➢　完成项目实训七

➢　完成本章课后作业

7.1 Photoshop 简介

一、Photoshop 概述

Photoshop 是 Adobe 公司开发的一款非常优秀的图形图像处理软件，它功能强大，操作简便，是专业级的图形图像制作与处理软件。

Photoshop 除了在专业图形图像的处理上有很大的用途之外，在网页界面设计、网页图像的处理上也可以大显身手。现在，人们一般先用 Photoshop 进行网页界面设计，制作出网页效果图，然后用切片工具将效果图进行切片处理，最后在 Dreamweaver 中实现网页最终效果。

Photoshop 从诞生到现在经历了很多版本，目前最高版本为 Photoshop CS5。为了与本书所采用的 Dreamweaver CS3 相对应，这里以 Photoshop CS3 为例进行讲解和应用。

二、Photoshop CS3 的工作界面

Photoshop CS3 的标准工作界面如图 7-1 所示。

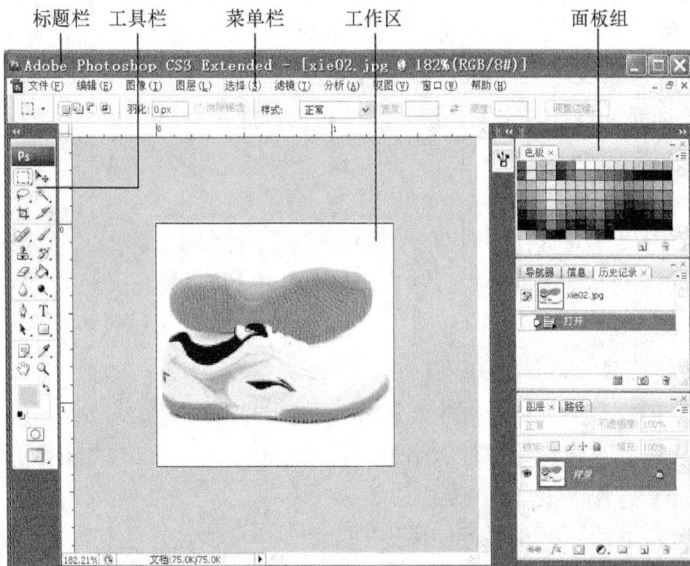

图 7-1 Photoshop CS3 的工作界面

1. 标题栏

Photoshop CS3 的标题栏由控制按钮、窗口名称、最小化按钮、最大化按钮和关闭按钮组成。其中窗口名称由两部分组成："Adobe Photoshop CS3 Extended" 和当前图像文件的名称、缩放比率、颜色模式信息。图 7-1 中所示标题栏的 "[xie02.jpg @ 182%(RGB/8#)]" 表示文件名为 xie02.jpg，缩放比率为 182%，颜色模式为 8 位 RGB 颜色模式。

2. 菜单栏

菜单栏提供了 Photoshop CS3 的所有功能菜单，包含 10 个选项，其功能分别如下所述。

➤ 文件：用于管理文件，如新建、打开、保存、另存为、导入、导出等。

➤ 编辑：用于编辑图像，如剪切、复制、粘贴、填充、描边、变换等。

➤ 图像：用于设置图像的颜色模式、调整图像的亮度对比度、修改图像和画布的大小、旋转角度等。

> ➤ 图层：用于对图层的各种操作，如新建、复制、删除图层，图层属性，图层蒙版等。
> ➤ 选择：用于选择图像的各种操作。
> ➤ 滤镜：用于实现图像的各种特殊效果，如模糊、扭曲、锐化、渲染等。
> ➤ 分析：用于对图像的分析测量。
> ➤ 视图：用于选择缩放比率以及显示或隐藏标尺、网格线等辅助视图功能。
> ➤ 窗口：用于显示或隐藏控制面板，以及改变工作区布局等。
> ➤ 帮助：联机帮助功能。

3．工具面板

一般情况下，工具面板会出现在 Photoshop CS3 的窗口中，如果在窗口中看不到工具面板，可以打开"窗口"菜单→"工具"，即可打开工具面板。

工具面板提供了各种图像处理的工具按钮，如移动工具、切片工具、画笔工具、油漆桶工具、钢笔工具等。工具面板的按钮中，大部分右下角带有黑色小箭头，表示该按钮是一个工具组，将鼠标置于其上，按下鼠标左键稍停，可以将工具组展开进行选择，也可以在按钮上单击鼠标右键将工具组展开。例如，右键单击画笔工具，可以在展开的菜单中看到"画笔工具"、"铅笔工具"和"颜色替换工具"，如图 7-2 所示。

4．面板组

面板是浮动的控件，使用它们可以处理颜色、图层、路径、历史记录等。每个面板都是可以拖动的，可以按自己喜欢的排列方式将面板组合到一起。

在设计网页界面时常用的面板功能如下。

图 7-2　工具面板

> ➤ "导航器"面板：提供正在编辑图像的导航，可以放大或缩小图像的比率，在图像比率很大超过屏幕大小时，可以定位到图像的任意部分。
> ➤ "动画"面板：用于制作 GIF 动画。
> ➤ "历史记录"面板：列出最近使用过的命令，以便快速撤销和恢复历史记录。
> ➤ "路径"面板：列出可编辑的路径供处理。
> ➤ "色板"面板：列出常用颜色供使用。
> ➤ "图层"面板：列出图像的各个图层信息，以及可对图层进行的操作。
> ➤ "信息"面板：提供有关所选对象的尺寸信息和指针在画布上移动时的精确坐标。
> ➤ "颜色"面板：用于设置颜色。

默认情况下，面板停放在工作区的右侧。若干面板停放在一起形成面板组。有些面板一开始不会显示出来，但可以从"窗口"菜单中将其打开。

5．工作区

用户可以自己设置工作区的显示方式，如显示或隐藏某些面板。在进行网页设计时可以使用"Web 设计"工作区。

选择"窗口"菜单→"工作区"→"Web 设计"，可将工作区设置成"Web 设计"工作区，这样，Photoshop CS3 在网页设计时常用的面板就会显示在工作区中，菜单中常用的功能也会以紫色高亮显示，如图 7-3 所示。

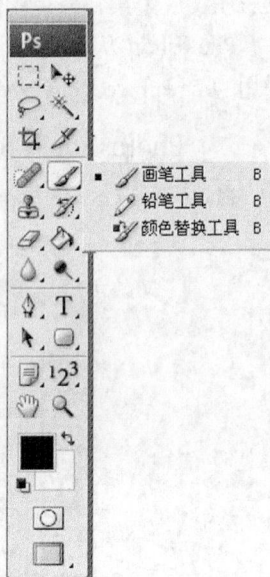

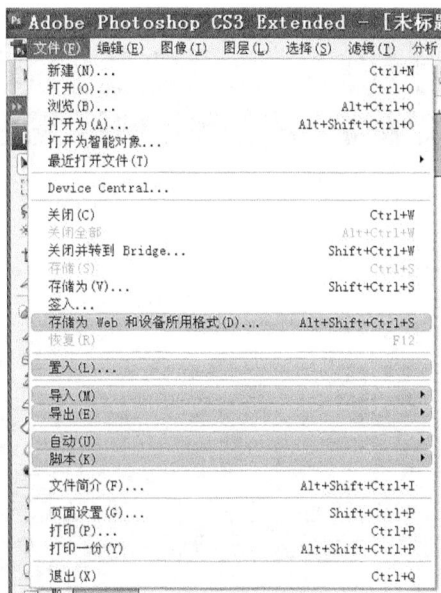

图 7-3　"Web 设计"工作区的菜单显示

三、Photoshop 的基本操作

1. 文件的新建、打开、保存与关闭

选择"文件"菜单→"新建",可以打开"新建"对话框,如图 7-4 所示。

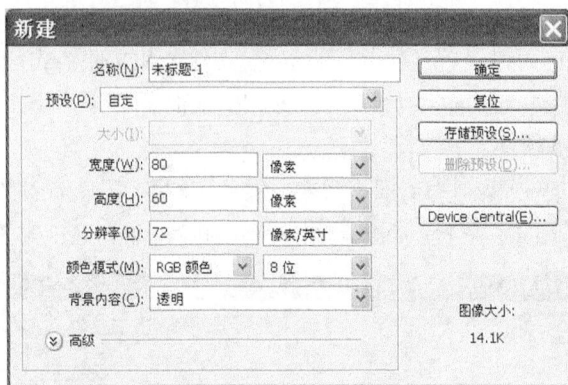

图 7-4　"新建"对话框

➢ 名称:新图像文件的名称。

➢ 预设:图像文件的样式,不同的预设中属性值会有所区别。

➢ 宽度:图像文件的水平尺寸,一般以像素为单位。

➢ 高度:图像文件的垂直尺寸,一般以像素为单位。

➢ 分辨率:图像文件的分辨率,分辨率越高图像越清晰,但同时图像文件的大小也越大。

➢ 颜色模式:设置图像文件的颜色模式,一般为 RGB 颜色。

➢ 背景内容:设置图像的背景,有"白色"、"背景色"、"透明" 3 种可选。

设置后,单击"确定"按钮,就可以开始进行图像编辑了。

Photoshop 也可以对现有图像进行编辑。选择"文件"菜单→"打开",在弹出的"打开"对话框中选择要打开的图像文件,可以将其在 Photoshop 中打开进行编辑。

编辑好图像后,可以选择"文件"菜单→"存储"或"存储为",在弹出的"存储为"对话框中将新图像保存,如图 7-5 所示。

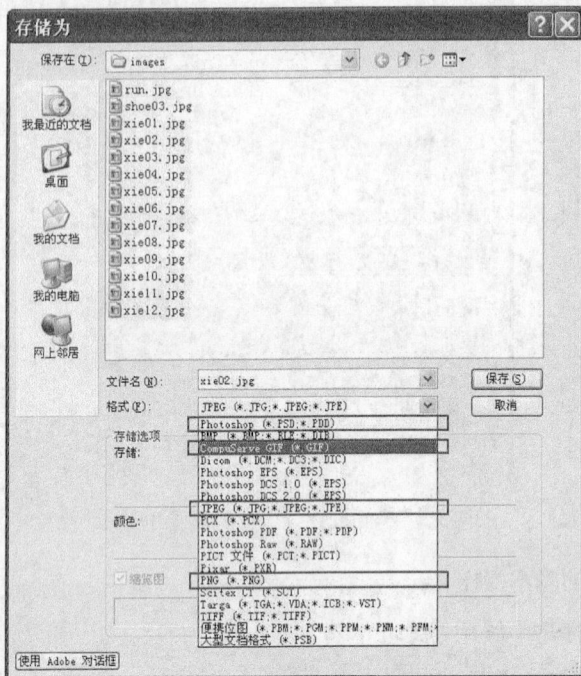

图 7-5 "存储为"对话框

在"存储为"对话框中可以设置文件保存的位置、文件名和文件格式,其中"Photoshop(*.psd)"为 Photoshop 默认的文档格式。Photoshop 软件支持的格式很多,在网页设计中常见的格式有 GIF、JPG 和 PNG,如前图 7-5 所示。

运用 Photoshop 进行网页设计时,通常选择"文件"菜单→"存储为 Web 和设备所用格式",在弹出的对话框中进行 Web 图像格式的设置和保存,如图 7-6 所示。

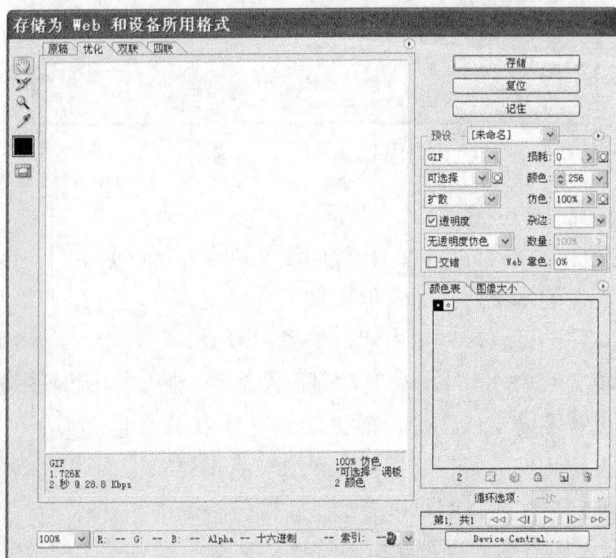

图 7-6 "存储为 Web 和设备所用格式"对话框

2. 选择对象

在画布上对任何对象执行操作之前，必须首先选中该对象。选择对象使用下列工具。

➤ "矩形选框工具" ⬚：在图像中选择一个矩形像素区域。

➤ "椭圆选框工具" ◯：在图像中选择一个椭圆/圆形像素区域。

➤ "套索工具" ⬭：在图像中选择一个自由形状的像素区域。

➤ "多边形套索工具" ⬚：在图像中选择一个多边形像素区域。

➤ "磁性套索工具" ⬚：在图像中选择时会沿着对象的边沿从而选择整个对象。

➤ "魔术棒工具" ⬚：在图像中选择一个像素颜色相似的区域。

用选择工具选择区域后，选区会有活动的虚线框包围。

四、Photoshop 的工具

在运用 Photoshop 处理图像时，需要使用工具面板中的各种工具，如图 7-7 所示。

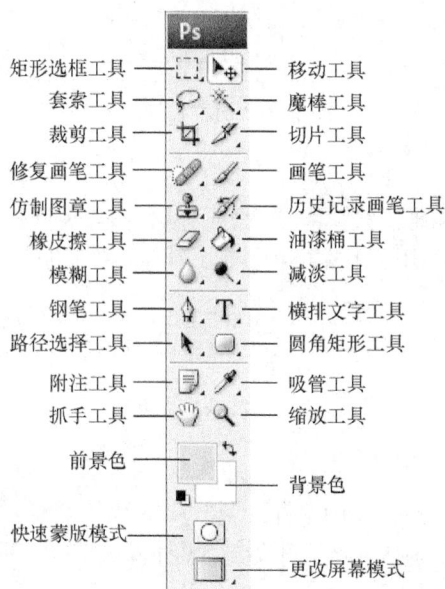

图 7-7　Photoshop 的工具

大部分工具右下角都有黑色小箭头，表示包含工具组，如果将所有工具组都展开的话，Photoshop 一共有 60 个工具。Photoshop 功能十分强大，在不同的应用场合所用到的工具也不同。这里只简单介绍一下 Photoshop 在 Web 设计时经常用到的一些工具。

1. 选框工具组

框选工具组包含"矩形选框工具"、"椭圆选框工具"、"单行选框工具"和"单列选框工具"，如图 7-8 所示。

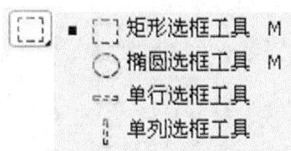

图 7-8　选框工具组

2．移动工具

移动工具用于移动所选区域内容或移动图层。

3．套索工具组

套索工具组包含"套索工具"、"多边形套索工具"和"磁性套索工具"，如图 7-9 所示。

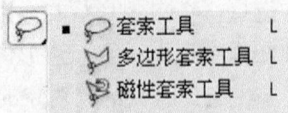

图 7-9　套索工具组

4．切片工具组

切片工具组包含"切片工具"和"切片选择工具"，如图 7-10 所示。该工具组用于对制作好的网页效果图进行切片，在网页设计时有很大作用，是必须要熟练使用的工具。

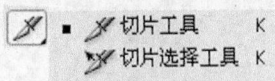

图 7-10　切片工具组

5．油漆桶工具组

油漆桶工具组包含"油漆桶工具"和"渐变工具"，如图 7-11 所示。该工具组用于对选择的区域填充颜色，"油漆桶工具"用于填充单种颜色（纯色），"渐变工具"用于填充多种渐变颜色。

图 7-11　油漆桶工具组

6．钢笔工具组

钢笔工具组包含"钢笔工具"、"自由钢笔工具"、"添加锚点工具"、"删除锚点工具"和"转换点工具"，如图 7-12 所示。钢笔工具主要用于绘制各种形状的路径，是网页设计常用的工具之一。

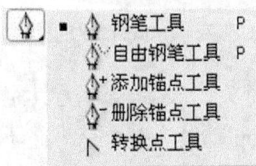

图 7-12　钢笔工具组

7．文字工具组

文字工具组包含"横排文字工具"、"直排文字工具"、"横排文字蒙版工具"和"直排文字蒙版工具"，如图 7-13 所示。文字工具用于在图像上添加各种文字，是网页设计常用的工具之一。

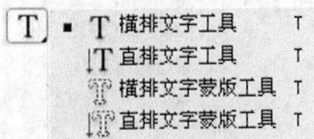

图 7-13　文字工具组

8．形状工具组

形状工具组包含"矩形工具"、"圆角矩形工具"、"椭圆工具"、"多边形工具"、"直线工具"和"自定形状工具"，如图 7-14 所示。该工具组用于在画布上绘制各种图形。

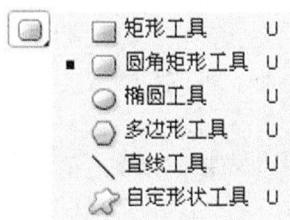

图 7-14　文字工具组

7.2　用 Photoshop 制作网页效果图

一、网页元素设计

网页界面包括网页中的各种元素，如 Logo、Icon、按钮、特效文字、导航、Banner 等，所以，网页界面设计需要先设计出网页中的各种元素，然后将这些元素按网页的布局要求合成在一个网页效果图中。

1．网站 Logo

Logo 的字面意义是指作为标志的语句、标识语。在实际生活中，Logo 就是标志、徽标的意思。例如，耐克公司的产品上都可以看见一个对勾形状的图形，这个图形就是耐克公司的 Logo。一般说来，Logo 就是一个企业的标志，代表着企业的形象。

Logo 的应用领域非常广泛，无论是平面媒体还是电视广告，无论是互联网内还是互联网外都可以看到它。它代表着企业的形象，起到宣传企业形象、加深人们对企业印象的作用。

在互联网上，各个网站都有自己的 Logo，那些大型网站的 Logo 更是深入人心，如新浪、搜狐、百度、腾讯等，如图 7-15 所示，一看见这些 Logo，我们就知道它代表的是什么。

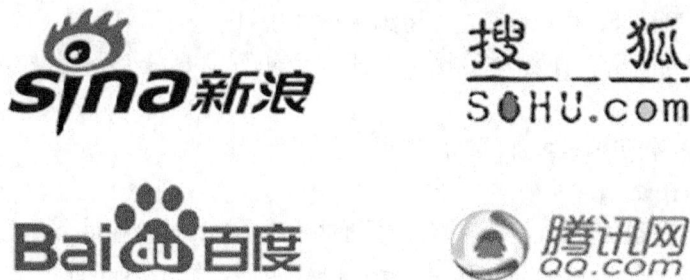

图 7-15　几大网站的 Logo

2．网页 Icon

Icon 的中文意思是图标，顾名思义，就是图形化的标志，即用图形来代表某种意义。例如，在 Windows 系统中看到一个放大镜样子的图标，不需要任何文字解释，我们都可以知道它代表着"搜索"或"查找"的含义。

在网页设计中也经常会看到各种 Icon 的身影，它们也是网页中重要的组成部分。设计优秀的 Icon 不仅可以吸引浏览者的注意力、突出重点，而且可以使网站整体效果锦上添花，起到画龙点睛的作用。

3．网页按钮

按钮在现代人们的生活中随处可见，而在计算机领域中按钮的应用就更为广泛——无论是硬件还是软件，操作系统还是应用程序，抑或是网站页面，按钮可以说是联系人和计算机的纽带，实现人机交互的重中之重。

按钮至少应该具备两个条件：①代表某种功能，并且通过某种形式将它所代表的功能表示出来；②人们通过这个按钮可以产生人机互动，来实现这个按钮所代表的功能。

一个制作精良的按钮一般是由几张有所区别的图片所组成的。每一张图片代表着按钮的一种状态。根据按钮的需求不同，按钮的状态也不尽相同，有的需要 4 种状态甚至更多。一般的按钮有 3 种状态，即正常状态、鼠标经过状态和按下状态。

4．特效文字

特效文字简称特效字，是指通过艺术手法，对文字进行一定修改与美化后产生特殊效果的文字。特效字的使用可以起到突出主题，吸引浏览者注意力，增强画面视觉冲击力等作用。因此，在日常生活中，无论是平面媒体、电视媒体还是网络媒体，只要有文字出现的地方，几乎都少不了特效字的身影。

在网页设计中，适当适量地使用特效字，不仅能够给网页增色不少，同时也能够有效地吸引人们的眼球。随着 Photoshop 软件的不断升级，制作特效字也变得更加快捷。

5．网站导航

网站导航是一个通称，凡是有助于浏览者浏览网站信息、获取网站服务，并且在整个过程中不至迷失、引导浏览者快速找到所需信息的所有形式都是网站导航的组成部分。

网站导航设计对提供丰富友好的用户体验有至关重要的作用，简单直观的导航不仅能提高网站的易用性，而且方便浏览者找到所需要的信息。如果把主页比作网站门面，那么导航就是通道，这些通道走向网站的每个角落。导航的具体作用如下。

（1）决定浏览者在网站中穿梭浏览的体验。

（2）设计合理的网站导航，可以将网站的内容和服务最大面积地展现在浏览者面前。

（3）合理的导航设计，可以提高浏览者浏览网站的深度。

（4）促进、引导浏览者消费，将浏览者真正需要的产品和服务展示出来，甚至还能呈现浏览者想不到的服务。

（5）提高网站广告价值，增加网站广告收益。

6．网页 Banner

Banner 是显示在网站首页以及其他各级页面的一个横幅，放置在每个页面最醒目的位置，可以对访问者起到很好的提示、宣传作用，是一种网络广告形式。Banner 广告在浏览者浏览网页信息的同时吸引浏览者对于广告信息的关注。

Banner 广告还有"横幅广告"、"条幅广告"、"旗帜广告"等几种叫法，通常在 Photoshop 或 Flash 环境中制作完成。Banner 广告的常用格式有 GIF、JPG、PNG、SWF 等，位图中 GIF 格式最常见。

利用 Photoshop CS3 可以轻松制作 GIF 动画，其动画原理是利用人眼睛的视觉暂留效应，将多张不同状态的图像一帧帧地播放出来形成动画效果。

二、设计页面效果图

使用 Photoshop 设计页面效果图一般分为以下 4 个步骤。

1. 设计页面前期准备

网站效果图设计是在前期工作充分准备好的情况下开始的,通过前期的规划和资料的准备,需要把握以下几个方面,之后再进入具体制作阶段。

(1)了解企业的业务特点。根据企业销售产品的类别确定 Logo 及配色。

(2)确定首页栏目。前期已经完成了内容的准备,包括首页的栏目,设计人员需要了解这些内容,把握"形式服从内容"的原则,完成页面栏目的优化,即形成了首页结构。

(3)确定功能架构。只有在了解功能架构的基础上才能更合理地进行内容布局。

(4)素材准备齐全。在结构和配色确定好后,需要准备一些素材,这些素材包括文字内容、新闻图像、设计所需图形和图标等。素材准备充分,可以大大提高后续环节的工作效率。

2. 使用参考线绘制大致结构

在制作网页效果图的过程中使用参考线布局是必不可少的步骤,它决定页面的最终布局效果。为了准确地划分制作结构,需要使用参考线作辅助,在具体的制作过程中要以参考线为基准。图 7-16 所示为"阳光运动商城"网站首页使用参考线布局后的效果。

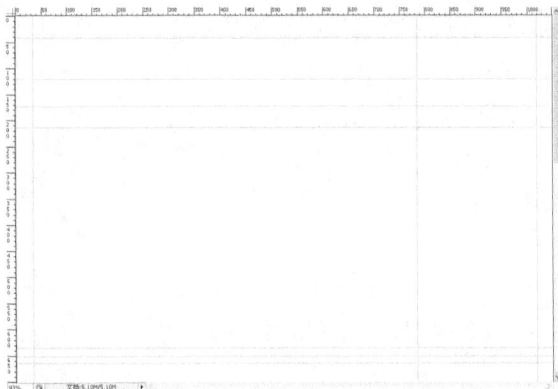

图 7-16　参考线划分首页布局结构

👉 **友情提示**

添加参考线的方法有两种。

方法一：选择"视图"菜单→"新建参考线",在弹出的对话框中设置参考线的位置,如图 7-17 所示。

方法二：将鼠标放在水平或垂直标尺上,按住鼠标左键拖动到画布中,可以直接创建水平或垂直参考线。

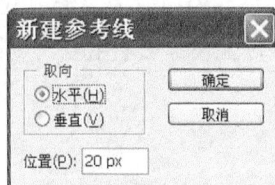

图 7-17　新建参考线

第一次使用参考线时需要设置标尺的单位为像素。选择"视图"菜单→"标尺",或按快捷键 Ctrl+R,可以显示或隐藏标尺。在标尺上单击鼠标右键,在弹出的快捷菜单中可以设置标尺的单位,如图 7-18 所示。

图 7-18 设置标尺单位

一些页面会有轮廓线或背景色贯穿于几个板块或者是整个页面的情况,这样可以将这些结构线在参考线的辅助下绘制出来,便于在制作过程中准确定位。

对于一些复杂的页面,因制作过程中使用了许多图层,导致秩序混乱,且不便于日后维护。为避免这种情况,可以在制作前根据页面的结构,设置出主要的图层结构,如图 7-19 所示。

3. 绘制内容

这一步是效果图设计的最主要内容,在绘制内容过程中,注意把握以下几点。

(1)要严格根据参考线或结构线给元素定位。

图 7-19 阳光运动商城首页的图层结构

(2)严格按照上一步设置的图层结构,将对应部分的图层及图层组放置到对应的结构组中,这样便于把握页面结构,方便后期调整。

(3)一些页面由很多部分组成,对于比较复杂的部分需要新建 PSD 文件单独组织内容,部分制作完成后保存为 JPG、GIF 图像,或者连同图层及图层组拖曳到对应图层组结构中。

(4)制作的顺序一般是由上到下,从头部的 Logo、导航到底部的版权。

(5)制作每一部分时注意实时调整位置,保证视觉的美观、整齐。

4. 输出切片

输出切片是网页制作的重要部分。切片输出是否合理,直接影响到网页的效果、反应速度等。在制作切片时需要根据情况,选择好输出方式。输出方式有两种,一种是为了浏览网页完成效果,另一种是为网页提供优化素材。在本书中主要采用第 2 种输出优化图像。

三、切片

1. 切片的概念和特点

在 Photoshop CS3 中可以使用切片工具将图像划分成切片。切片可以将图像分成若干个较小的图像文件，这将有助于节省图片文件所占空间的大小，提高网页文件在网络上的传输速度。一幅布局图片切分后生成的每个切片都是相对独立的，包含各自的设置和属性。

切片是根据图层、参考线、选区，使用切片工具自定义切分的一个个矩形图像区域。给一幅图片定义切片，就是创建可以用来在网页中创建链接、添加文本、制作按钮和动画效果的多个小图片。将图像分成切片有助于优化图像，使网页存储成一个灵活的 Web 页面。

Photoshop CS3 的切片工具用来切割图像以备网页制作时使用。用切片工具可以将完成的效果图按需要划分成区域，并进行相应设置，然后通过"存储为 Web 和设备所用格式"命令输出切片。

切片有以下几个特点。

（1）图像被切片后，可以用不同方式优化文档的各个部分。

（2）切片是添加交互功能的必要元素，可以使用切片来创建响应鼠标事件的区域。

（3）使用切片可以轻松地更新网页中经常更改的部分。

（4）将一整幅图片切割成多个小图片，这样既使用了大图片，又不会影响网页的下载速度。

（5）将切分后的图像保存为网页文件格式时，Photoshop CS3 将创建一个用来包含和排列这些切片的 HTML 表格，并且每个切片都被另存为一个单独的图形文件。

2. 切片工具与切片的相关命令

（1）工具介绍。

"切片工具"（K）：该工具用于将图像切分成若干个矩形部分，然后将它们保存为单独的文件，从而达到优化的目的。

"切片选择工具"（K）：一旦将图像分成多个切片，就可以使用"切片选择工具"选取切片。通过拖曳切片的轮廓线或直接设置切片尺寸，可对切片区域的大小进行调整。

（2）切片编辑。

右击某个切片，选择"编辑切片选项"或双击某个切片，会弹出"切片选项"对话框。当切片类型为"图像"时，对话框选项如图 7-20 所示；当切片类型为"无图像"时，对话框选项如图 7-21 所示。

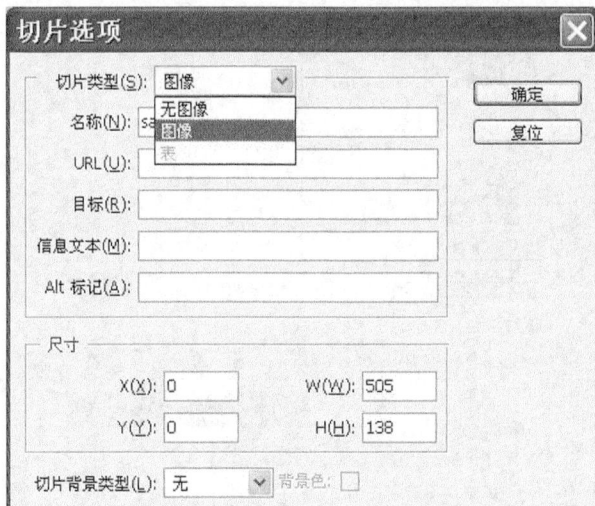

图 7-20　"图像"类型的"切片选项"对话框

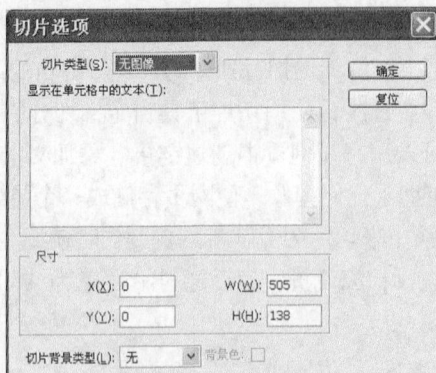

图 7-21　"无图像"类型的"切片选项"对话框

说明:

➢ 切片类型:"图像"指这个切片输出时会生成图像;"无图像"指切片输出时是空的。

➢ 名称:为切片定义一个名称。

➢ URL:为切片指定一个链接地址。

➢ 目标:将链接的文档加载到指定的窗口。

➢ 信息文本:出现在浏览器状态的文本。

➢ Alt 标记:指定切片图像的替换文本。

➢ X、Y:指切片的左上角的坐标。

➢ W、H:指切片的宽度和高度。

➢ 切片背景类型:用来设置切片的背景颜色。

➢ 显示在单元格中的文字:此切片所在位置显示的文本。

3. 显示或隐藏切片

Photoshop CS3 创建切片之后,可以临时隐藏(不需要时)或取消隐藏(需要时)已创建的切片,可以用两种方法显示或隐藏切片。

➢ 选择"视图"菜单→"显示额外内容"(Ctrl+H)。

➢ 选择"视图"菜单→"显示"→"切片",如图 7-22 所示。

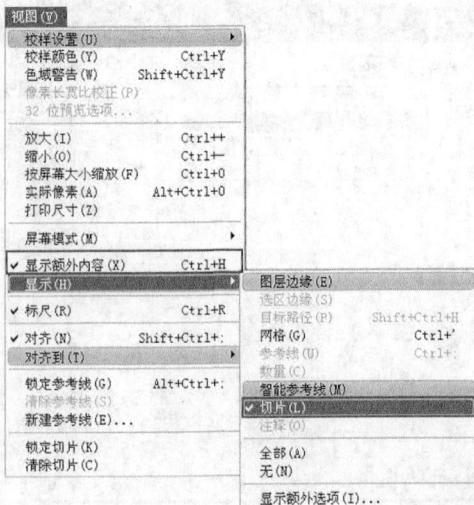

图 7-22　显示或隐藏切片

7.3 项目实训七：使用 Photoshop CS3 制作 "阳光运动商城" 首页效果图

使用 Photoshop 来制作网页效果图是每一个网页制作人员必备的本领，掌握这个方法对你来说至关重要哦

7.3.1 项目任务

个人任务	（1）使用 Photoshop CS3 制作 "阳光运动商城" 首页各种图片素材。 （2）使用 Photoshop CS3 制作 "阳光运动商城" 首页效果图。 （3）使用 Photoshop CS3 切片工具对 "阳光运动商城" 首页效果图切片。 （4）学生根据项目成果进行交流与互评，同时填写表 7-1 所示的项目成果一览表、表 7-2 所示的项目反思与小结和表 7-3 所示的项目自评、师评表。

7.3.2 项目过程

一、制作首页图片素材

首页所需的图片包括网站 Logo、网页 Icon、网页导航条、网页 Banner 等。

1. 制作网站 Logo

"阳光运动商城" Logo 由一个图形化的篮球构成，配以相应文字，简洁时尚，体现了 "运动" 的含义，给人一种清新、明快的感觉，如图 7-23 所示。

制作步骤如下。

（1）新建文件。打开 Photoshop CS3，选择 "文件" 菜单→ "新建"，新建文件，设置宽、高为 300×300 像素，白色背景，文件名称为 "Logo"，如图 7-24 所示。

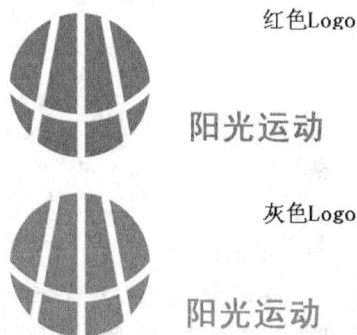

红色Logo

阳光运动

灰色Logo

阳光运动

图 7-23 网站 Logo

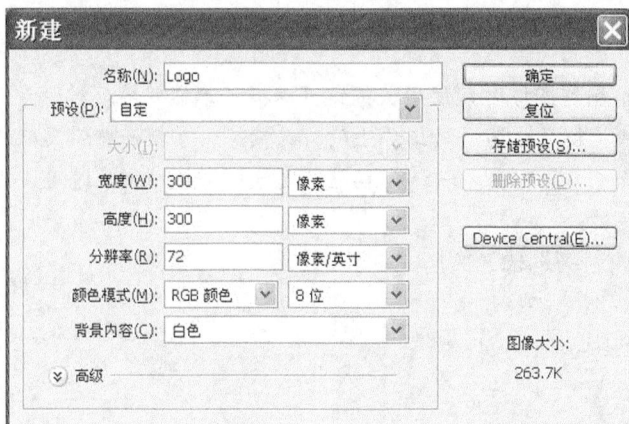

图 7-24 新建文件

（2）新建参考线。选择"视图"菜单→"新建参考线"，新建水平和垂直两条参考线，位置都为150px，如图7-25所示。

（3）绘制圆形背景。在图层面板中单击右下角的新建按钮，新建"图层1"。双击"图层1"，将图层名称改为"Logo图"。

选择"椭圆选框工具"，在属性栏中设置"样式"为固定大小，"宽度"和"高度"都为150px，如图7-26所示。

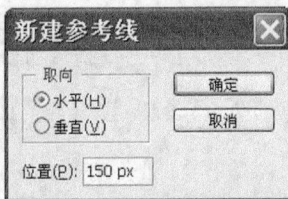

图7-25　新建参考线

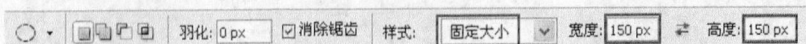

图7-26　设置椭圆选框属性

按住Alt键，把鼠标指针（此时鼠标指针为"+"形状）移至两条参考线交点处，单击鼠标左键，将建立以两条参考线交点为圆心、直径为150px的圆形选框，如图7-27所示。

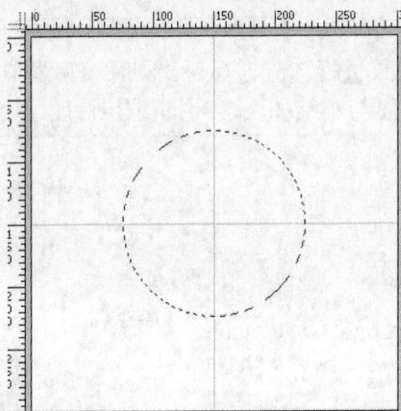

图7-27　建立圆形选框

友情提示

在这里，按住Alt键会以鼠标指针所在位置为圆心建立圆形选区。如不按Alt键，鼠标指针所在位置为圆形选区外接四边形的左顶点。

设置前景色为#EE2E25，按快捷键Alt+Del填充选区。

小贴士

用Photoshop制作图像时，使用快捷键可以提高工作效率。对于专业人员来说，舍弃菜单命令而使用快捷键已成为一种工作上的行为惯例。掌握一些常见操作的快捷键是很有必要的，除了Ctrl+C（复制）、Ctrl+V（粘贴）、Ctrl+Z（撤销）等通用快捷键外，Photoshop还有一些专用快捷键：

Alt+Del——用前景色填充选区；

Ctrl+Enter——将路径转换成选区；

Ctrl+T——自由变换；

Ctrl+A——全选；

Ctrl+D——取消选择。

（4）绘制纵向直线。在 80px 和 205px 的位置新建两条水平参考线。

选择"橡皮擦工具" ，在属性栏中设置"模式"为"画笔"，"主直径"为 8px，"不透明度"和"流量"都为 100%，如图 7-28 所示。

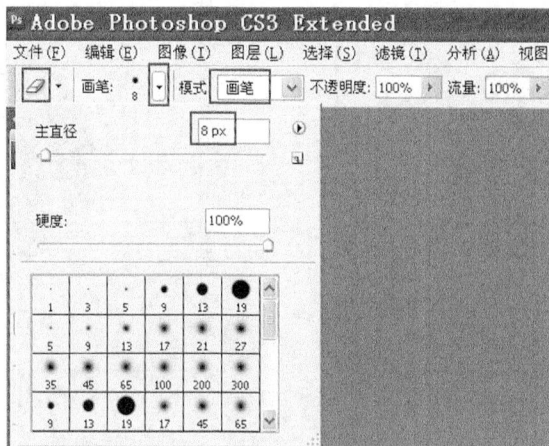

图 7-28　设置橡皮擦属性

用橡皮擦在如图 7-29（a）所示的标记上擦除 3 条直线，擦除后的效果如图 7-29（b）所示。

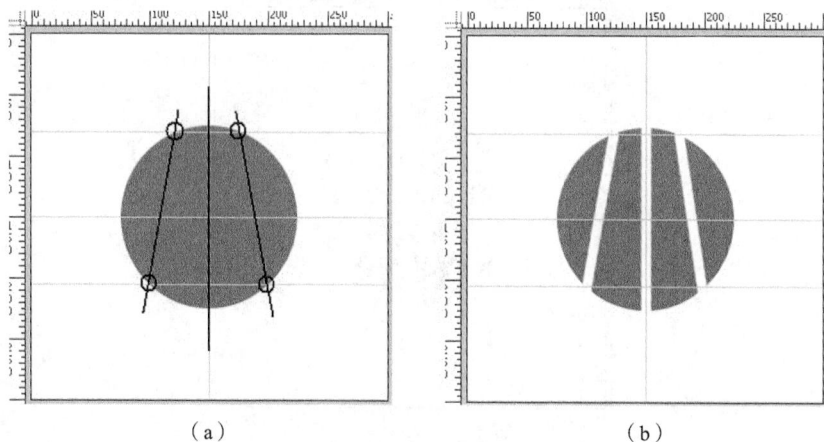

（a）　　　　　　　　　　　　　　　（b）

图 7-29　用橡皮擦绘制纵向直线

小贴士

使用橡皮擦工具擦除对象时，如果直接拖动鼠标擦除会很不好控制，很难擦除出直线效果。这时可以使用 Shift 键帮忙，先在起点处单击鼠标，然后按住 Shift 键不放，在终点处再单击鼠标，这样就可以在起点和终点擦除出一条笔直的线了。

（5）绘制横向弧线。选择"椭圆选框工具" ，在属性栏中设置"样式"为固定大小，"宽度"和"高度"都为 216px，按住 Alt 键，把鼠标指针移至中间两条参考线交点（圆心）处，单击鼠标左键，建立以两条参考线交点为圆心、直径为 216px 的圆形选框。

将属性栏中的"宽度"和"高度"都改为 200px，按住 Alt 键，从选框中减去直径为 200 px 的圆，使选区成为一个圆环，如图 7-30 所示。

将鼠标指针移至圆环选区中，按住鼠标左键移动选区至如图 7-31 所示的位置。

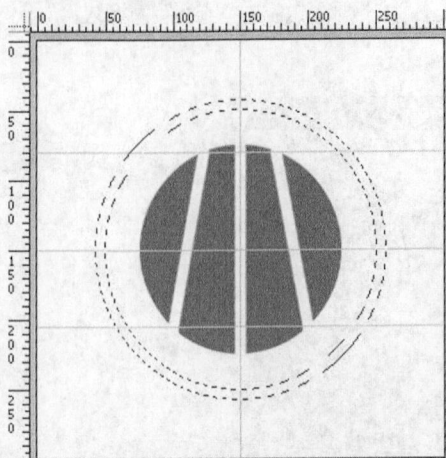

图 7-30　建立环形选区　　　　　　　　图 7-31　移动选区

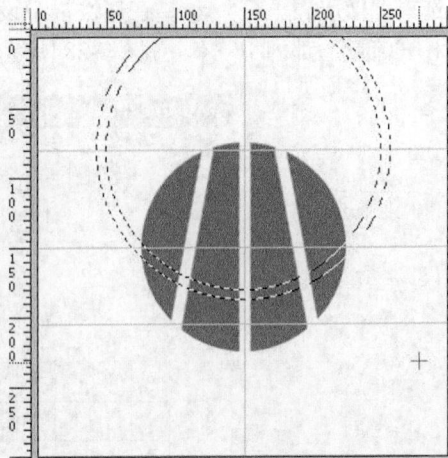

按 Del 键将选区中的红色删除。按快捷键 Ctrl+D 取消选区。选择"视图"菜单→"清除参考线"，形成最终效果，如图 7-32 所示。

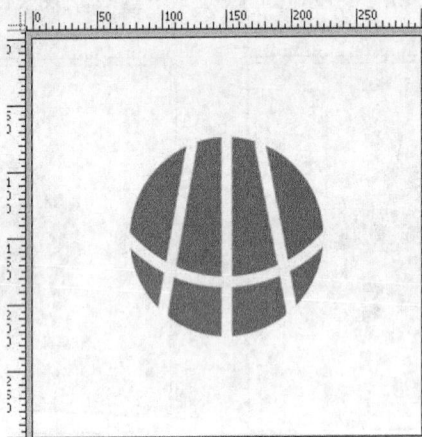

图 7-32　最终效果

（6）添加文字。选择"图像"菜单→"画布大小"，在弹出的"画布大小"对话框中将画布的宽度改为 600 像素，以便于添加文字。

选择"横排文字工具" **T**，在属性栏中设置字体为"黑体"，文字大小为 36px，文字样式为"锐利"，文字颜色为"#EE2E25"，在字符面板中设置文字加粗，如图 7-33 所示。

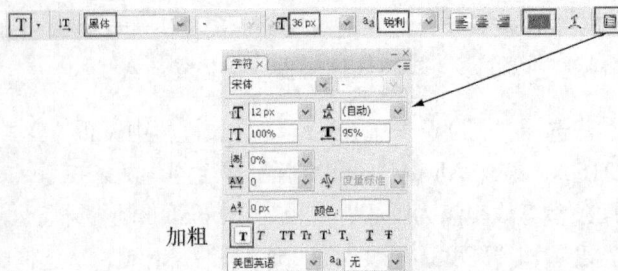

图 7-33　设置文字属性

在画布中单击鼠标后输入文字"阳光运动",调整文字位置与 Logo 图像对齐,如图 7-34 所示。

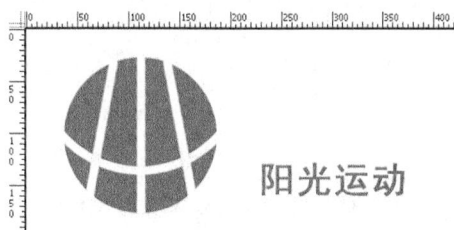

图 7-34 添加文字

(7)保存文件。选择"文件"菜单→"存储",将文件以源文件格式存储为"Logo.psd"。

2. 制作导航条图片

导航条由 5 个导航项组成,每个导航项有两种状态,即普通状态和鼠标经过状态,需要制作两种大小相同而颜色不同的小图片作为导航项背景图片。

操作步骤如下。

(1)新建文件。打开 Photoshop CS3,选择"文件"菜单→"新建",新建文件,设置宽、高为 200×100 像素,白色背景,文件名称为"nav",如图 7-35 所示。

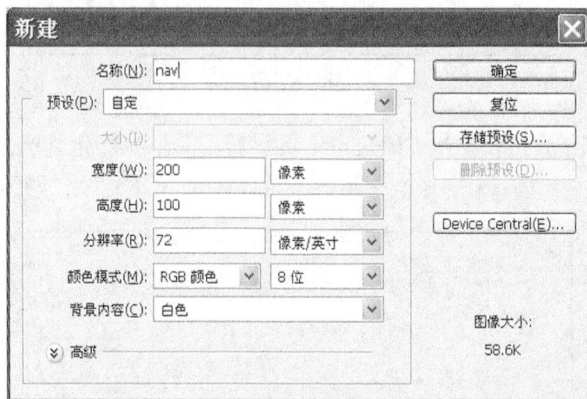

图 7-35 新建文件

(2)绘制圆角矩形。在图层面板中单击右下角的新建按钮 ,新建图层 1,选择"圆角矩形工具" ,在属性栏中设置圆角矩形选项的固定大小为 113×55 像素,半径为 5 像素,如图 7-36 所示。在画布上绘制固定大小的圆角矩形,如图 7-37 所示。

图 7-36 设置圆角矩形固定大小

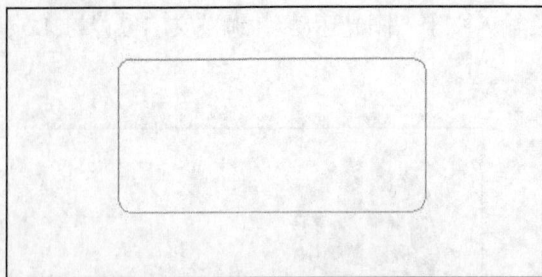

图 7-37　绘制固定大小的圆角矩形

（3）斜切圆角矩形。选择"编辑"菜单→"变换路径"→"斜切"，在圆角矩形四周会出现 8 个小方框。用鼠标将右下角的小方框往右拖动一点，如图 7-38 所示。完成后按回车键确定斜切结果。

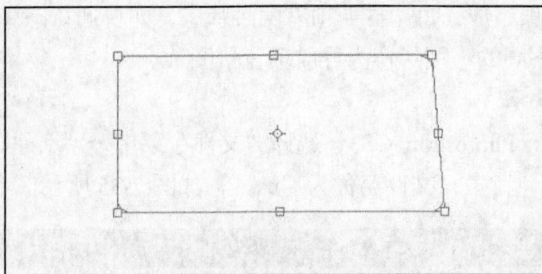

图 7-38　斜切对象

（4）建立并完善选区。按快捷键 Ctrl+Enter 将斜切后的形状转化为选区。选择"矩形选框工具"，按住 Alt 键不放，拖出一个矩形选框将选区底端的一小截减掉，如图 7-39 所示。

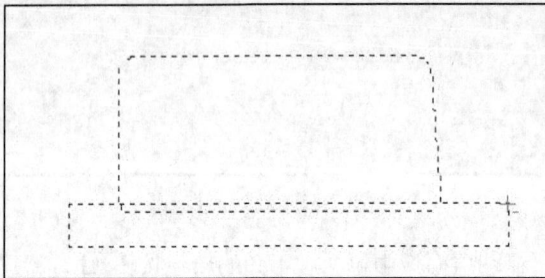

图 7-39　减掉部分选区

✍ 友情提示

　　按住 Shift 键不放可以在原来选区的基础上添加选区，按住 Alt 键不放则可以在原有选区上减掉选区。

（5）填充颜色。设置前景色为#CECECE，按快捷键 Alt+Del 填充选区。

（6）制作阴影。在图层面板中，右键单击"图层 1"，在弹出的快捷菜单中选择"复制图层"，将复制一个"图层 1 副本"。设置前景色为#EE2E25，按快捷键 Alt+Del 填充选区。

　　在图层面板中选中"图层 1"，选择"移动工具" ▶⁴，将图层 1 往右稍移动一点，使其作为阴影，如图 7-40 所示。

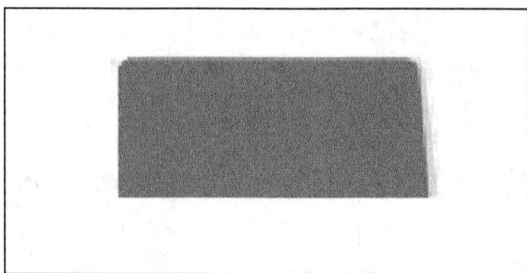

图 7-40 调整图层形成阴影

（7）重命名图层，新建 nav 图层。双击"图层 1"，将其重命名为"阴影"，双击"图层 1 副本"，将其重命名为"nav_hover 图"。右键单击"nav_hover 图"，选择"复制图层"，将复制的图层命名为"nav 图"。设置前景色为#BEBEBE，按快捷键 Alt+Del 填充选区。制作完成后的图层面板如图 7-41 所示。

（8）保存图像。这里需要保存两个图像和一个 PSD 源文件。在图层面板中，单击"nav_hover 图"图层前的眼睛按钮👁，将图层隐藏，选择"文件"菜单→"存储为"，将文件另存为 GIF 图像，名称为"nav.gif"。

图 7-41 制作完成后图层面板

显示"nav_hover 图"图层，隐藏"nav 图"图层，选择"文件"菜单→"存储为"，将文件另存为 GIF 图像，名称为"nav_hover.gif"。

另外，将文件保存为包含图层信息的"nav.psd"源文件，便于后面的维护和修改。

3．制作网页 Icon

• 数字序号 Icon 图标

首页"销售排行"板块每个项目前都要制作一个数字序号小图标，如图 7-42 所示。

操作步骤如下。

（1）新建文件。打开 Photoshop CS3，选择"文件"菜单→"新建"，新建文件，设置宽、高为 16×18 像素，白色背景，文件名称保存为"number.psd"。

（2）制作边框。由于图像尺寸很小，需要放大显示比例便于操作。在导航器面板中将图像显示比例设为"2000%"，如图 7-43 所示。

图 7-42 数字序号图标

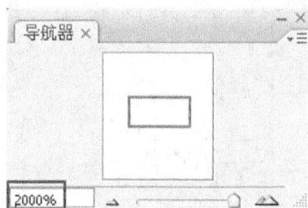

图 7-43 设置显示比例

按快捷键 Ctrl+A 选择全部画布，然后按住 Alt 键拖出一个稍小一点的矩形选区，减掉后剩下的选区为周围的边框，如图 7-44 所示。

设置前景色为#C60000，按快捷键 Alt+Del 填充选区，边框制作完成。

（3）填充颜色。选择"魔棒工具"，单击图像中央的白色区域，设置前景色为#ED2F23，按快捷键 Alt+Del 填充选区，这样整个背景就制作完成了，如图 7-45 所示。

图 7-44　建立边框选区　　　　　　　图 7-45　填充颜色

（4）添加数字。此图标将作为首页中"销售排行"板块中的序号图标，一共有 8 个。我们可以每添加一个数字保存一次，共保存 8 次，得到所有的图标。

选择"横排文字工具" T，在属性栏中设置字体为"Times New Roman"，文字大小为"12px"，文字样式为"无"，在画布中单击鼠标后输入数字"1"，如图 7-46 所示。

图 7-46　添加数字

（5）保存文件。选择"文件"菜单→"存储为"，将文件另存为 GIF 图像，名称为"number1.gif"。

（6）制作其他数字图标。选择"横排文字工具" T，选中前面输入的数字"1"，将其改成数字"2"，然后选择"文件"菜单→"存储为"，将文件另存为 GIF 图像，名称为"number2.gif"。按此方法分别制作"number3.gif"，"number4.gif"，…，"number8.gif"。

- 商品类别 Icon 图标

"阳光运动商城"网站的商品分为 4 大类：运动鞋、运动服装、运动配件和运动器材。首页中需要制作这 4 种商品类别的 Icon 图标，如图 7-47 所示。

图 7-47　商品类别图标

操作步骤如下。

（1）新建文件。打开 Photoshop CS3，选择"文件"菜单→"新建"，新建文件，设置宽、高为 100×40 像素，白色背景，文件名称保存为"commend.psd"。

（2）绘制运动鞋轮廓。在导航器面板中将图像显示比例设为"400%"以便于操作。

新建图层，将图层命名为"运动鞋"。选择"钢笔工具"，按照图 7-48 所示的形状和步骤绘制运动鞋的轮廓。

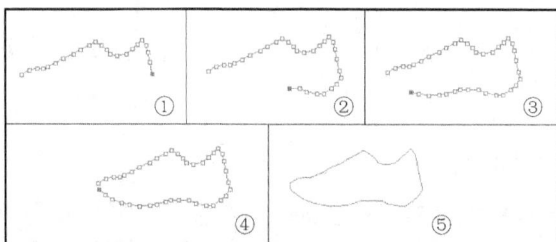

图 7-48　绘制运动鞋轮廓

友情提示

使用钢笔工具绘制图形时，只需确定各个锚点，Photoshop 会自动在锚点之间连线。利用钢笔工具绘制轮廓时，在轮廓上不断添加锚点，慢慢绘制出图像的外形。图形绘制完成后，需要在起点处再单击一下形成闭合路径。

（3）完成运动鞋图标。按快捷键 Ctrl+Enter 将运动鞋轮廓形状转化为选区，设置前景色为 #797A7A，按快捷键 Alt+Del 填充选区。选择"橡皮擦工具"，在属性栏中设置"模式"为"画笔"，"主直径"为"2px"，"不透明度"和"流量"都为"100%"，如图 7-49 所示。

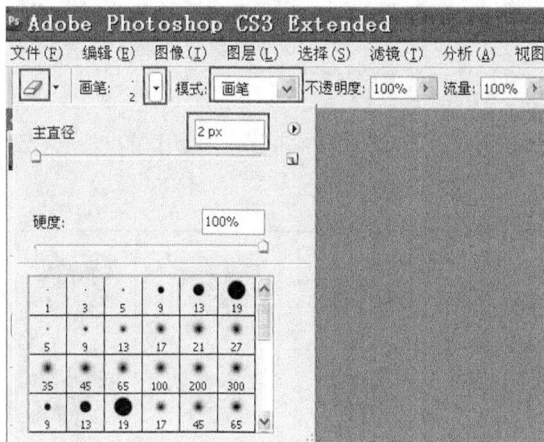

图 7-49　设置橡皮擦属性

用橡皮擦在运动鞋上擦掉部分区域，形成最终效果后按快捷键 Ctrl+D 取消选框，整个过程如图 7-50 所示。

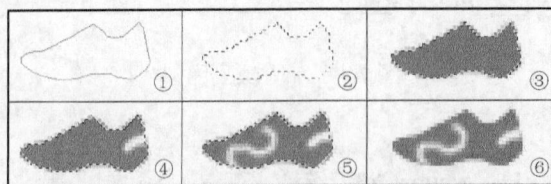

图 7-50 完成运动鞋图标

（4）绘制衣服轮廓。新建图层，将图层命名为"衣服"。选择"钢笔工具" 🖋️，按照图 7-51 所示绘制衣服的轮廓。

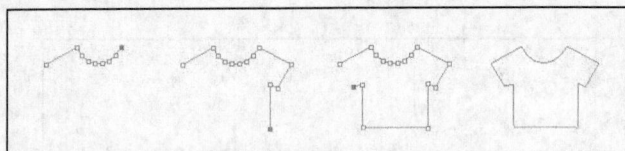

图 7-51 绘制衣服轮廓

（5）完成衣服图标。按快捷键 Ctrl+Enter 将衣服轮廓形状转化为选区，设置前景色为 #797A7A，按快捷键 Alt+Del 填充选区。

选择"画笔工具" 🖌️，在属性栏中设置"模式"为"正常"，"主直径"为"1px"，"不透明度"和"流量"都为"100%"，如图 7-52 所示。

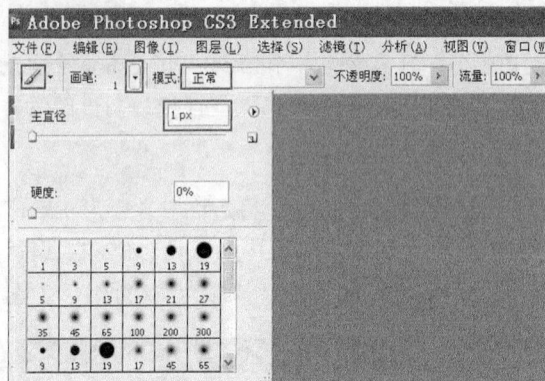

图 7-52 设置画笔属性

按快捷键 Ctrl+D 取消选框，用画笔在衣服底端、袖口和衣领部分绘制线条，完成衣服图标的制作，如图 7-53 所示。

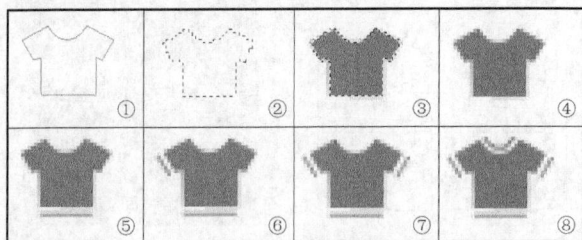

图 7-53 完成衣服图标

（6）制作运动配件图标。运动配件图标为一个帽子形状，制作方法与前面的运动鞋图标类似。

新建图层，将图层命名为"运动配件"。选择"钢笔工具" 🖊，绘制帽子的轮廓。

按快捷键 Ctrl+Enter 将帽子轮廓形状转化为选区，设置前景色为#797A7A，按快捷键 Alt+Del 填充选区，按快捷键 Ctrl+D 取消选框。

选择"橡皮擦工具" 🧽，在属性栏中设置"模式"为"画笔"，"主直径"为"1px"，"不透明度"和"流量"都为"100%"，用橡皮擦在帽子相应位置擦掉部分区域，形成最终效果。

整个帽子图标制作过程如图 7-54 所示。

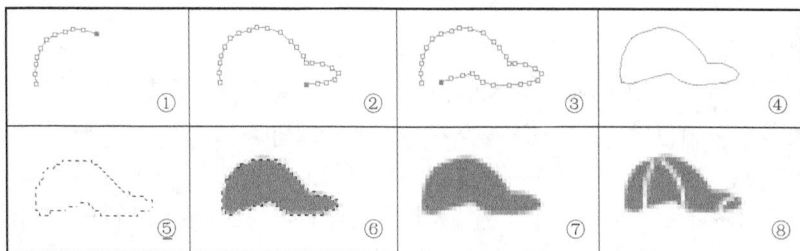

图 7-54　制作运动配件图标

（7）制作运动器材图标。运动器材图标为一个足球形状。新建"运动器材"图层，利用"钢笔工具" 🖊分别绘制足球的各个块，然后按快捷键 Ctrl+Enter 将足球轮廓形状转化为选区，设置前景色为#797A7A，按快捷键 Alt+Del 填充选区，完成足球的绘制。整个制作过程如图 7-55 所示。

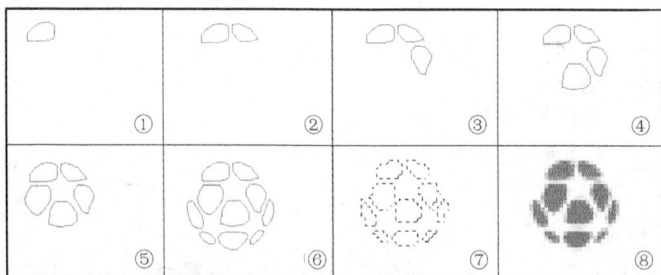

图 7-55　制作运动器材图标

（8）对齐图标，添加文字。4 个图标位于 4 个图层中，选择"移动工具" ⨁移动各图层，使 4 个图标位置对齐。选择"横排文字工具" T，设置字体为"宋体"，大小为"12px"，在每个图标后面添加相应文字，如图 7-56 所示。

图 7-56　对齐图标并添加文字

（9）保存文件。选择"文件"菜单→"存储"，以源文件格式保存为"commend.psd"，以便于以后使用。

- 留言 Icon 图标

在"用户评论"版块中需要使用留言小图标，如图 7-57 所示。

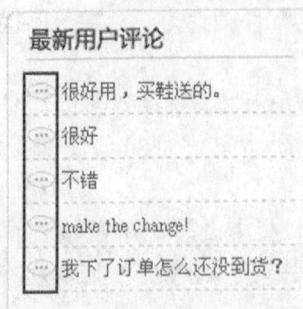

图 7-57 留言 Icon 图标

操作步骤如下。

（1）新建文件。打开 Photoshop CS3，选择"文件"菜单→"新建"，新建文件，设置宽、高为 100×80 像素，白色背景，文件名称保存为"message.psd"。

（2）绘制椭圆。在导航器面板中将图像显示比例设为"300%"，以便于操作。

新建图层，将图层命名为"椭圆"，选择"椭圆工具" ◯，在画布上绘制一个椭圆，如图 7-58 所示。

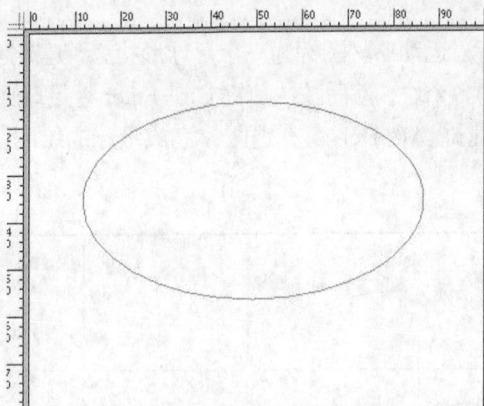

图 7-58 绘制椭圆

（3）添加锚点，改变形状。选择"钢笔"工具组中的"添加锚点工具" ♠⁺，在椭圆下方靠右一点的位置添加 3 个锚点，选择"直接选择工具" ♦，将中间的锚点往下移一些，然后将该锚点的两个控制点向中间移动，使用尖角锐利一点，整个过程如图 7-59 所示。

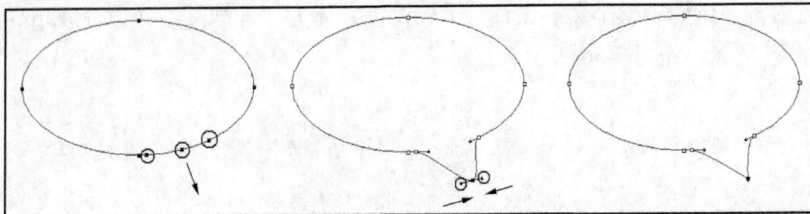

图 7-59 设置尖角形状

（4）填充颜色和描边。按快捷键 Ctrl+Enter 将形状转换成选区，设置前景色为#FFFFFF，背景色为#EDEDED，选择"渐变工具" ▧，前景到背景径向渐变，从选区中间到底端拖曳填充渐变颜色，如图 7-60 所示。

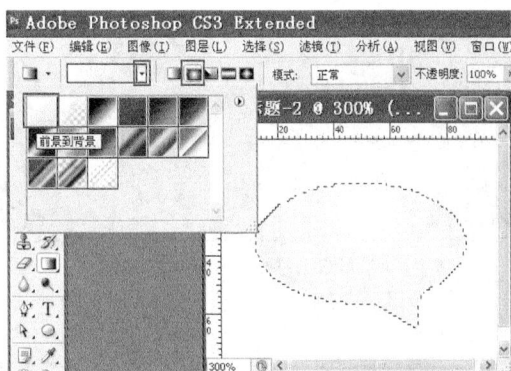

图 7-60 填充径向渐变颜色

选择"编辑"菜单→"描边",在打开的"描边"对话框中设置"宽度"为 2px,颜色为#BEBEBE, "位置"为居外,如图 7-61 所示,给选区添加描边。

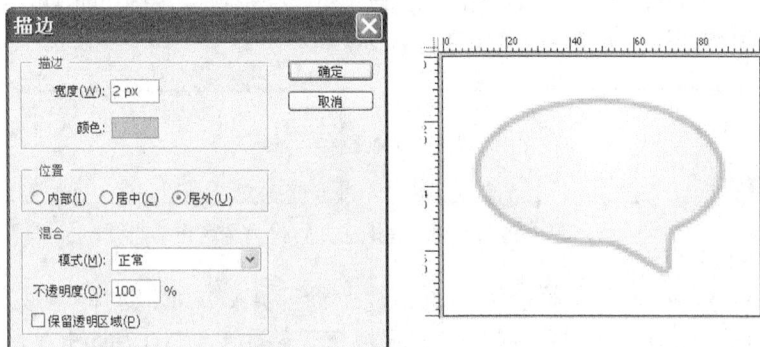

图 7-61 添加描边效果

（5）绘制中间圆点。选择"椭圆选框工具",在画布上创建一个小圆形选区,设置前景色为 #BEBEBE,按快捷键 Alt+Del 填充颜色。将圆形选框向右移一点,再次按快捷键 Alt+Del 填充 颜色。再将圆形选框向右移一点,按快捷键 Alt+Del 填充颜色。这样就在图标中间绘制了 3 个小 圆点,如图 7-62 所示。

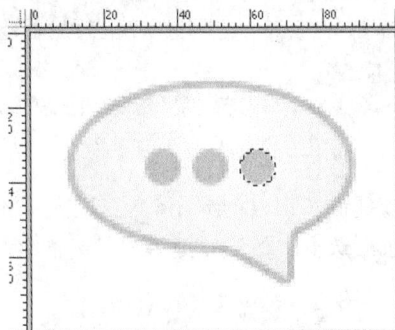

图 7-62 绘制圆点

（6）保存文件。选择"文件"菜单→"存储",以源文件格式保存为"message.psd",以便 于以后使用。

- 制作按钮

网站的注册页面和登录页面需要制作提交按钮,如图 7-63 所示。

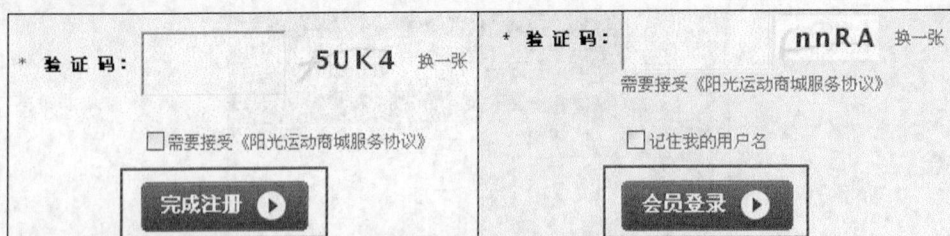

图 7-63 注册和登录按钮

操作步骤如下。

（1）新建文件。打开 Photoshop CS3，选择"文件"菜单→"新建"，新建文件，设置宽、高为 122×35 像素，白色背景，文件名称保存为"button.psd"。

（2）绘制圆角矩形，建立选区。在导航器面板中将图像显示比例设为"200%"，以便于操作。新建图层并修改名称为"红色背景"。选择"圆角矩形工具" □,，在属性栏中设置圆角矩形选项的固定大小为 122×35 像素，半径为 5 像素，在画布中心绘制固定大小的圆角矩形，按快捷键 Ctrl+Enter 将圆角矩形转化为选区，如图 7-64 所示。

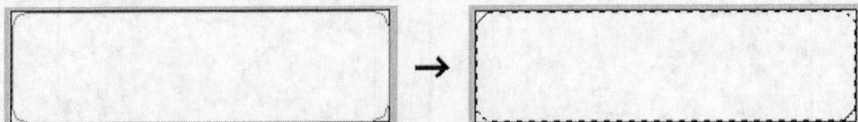

图 7-64 绘制圆角矩形并转化为选区

（3）填充背景颜色。设置前景色为#E83027，背景色为#A1140E，选择"渐变工具" ■,，前景到背景线性渐变，从选区顶端到底端垂直拖曳填充渐变颜色，如图 7-65 所示。

图 7-65 填充渐变颜色

（4）制作三角小箭头。按快捷键 Ctrl+D 取消选区。选择"椭圆选框工具" ○，按住 Shift 键不放，在画布右侧拖出一个圆形选框，按 Del 键将圆形选框中的红色删除，如图 7-66 所示。

图 7-66 删除圆形选框中的红色

选择"钢笔工具" ♦，在圆形区域中点依次单击三角形的三个顶点，绘制一个三角形，如图 7-67 所示。

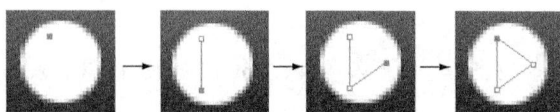

图 7-67 绘制三角小箭头

按快捷键 Ctrl+Enter 将刚绘制的小三角形转化为选区，设置前景色为# 9C120C，按快捷键 Alt+Del 填充三角形选区，如图 7-68 所示。

（5）添加文字。选择"横排文字工具"T，在属性栏中设置字体为"宋体"，文字大小为"15px"，文字样式为"无"，在字符面板中设置文字加粗，在画布左侧单击鼠标后输入文本"完成注册"，如图 7-69 所示。

图 7-68 绘制好的三角箭头

图 7-69 添加文字

（6）保存文件。选择"文件"菜单→"存储为"，将文件另存为 GIF 图像，名称为"regist.gif"。至此，注册按钮就制作完成了。

（7）修改文字制作登录按钮。选择"横排文字工具"T，选中前面输入的"完成注册"文本，将其改成文本"会员登录"，然后选择"文件"菜单→"存储为"，将文件另存为 GIF 图像，名称为"login.gif"，如图 7-70 所示，登录按钮制作完成。

图 7-70 修改文字并保存

二、制作首页效果图

首页的布局大小设为 986×1700 像素，符合一般的浏览分辨率要求。颜色主要以灰色和白色为主，简单自然。整个界面的设计从大致布局开始，模拟真实界面上的所有元素，最终完成效果图的设计。

1. 制作首页大致布局

（1）新建文件。打开 Photoshop CS3，选择"文件"菜单→"新建"，新建文件，设置宽、高为 986×1700 像素，白色背景，文件名称为"index"，如图 7-71 所示。

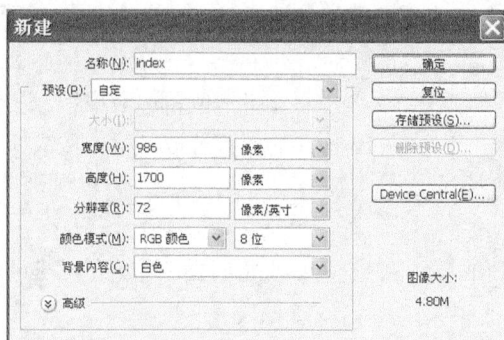

图 7-71 新建文件

（2）划分大致布局。打开标尺（按快捷键 Ctrl+R），新建 6 条水平参考线，位置分别为 45 像素、135 像素、185 像素、225 像素、645 像素、1500 像素；新建 1 条垂直参考线，位置为 760 像素。效果如图 7-72 所示。

图 7-72　新建参考线划分大致布局

（3）创建图层结构。单击图层面板右下方的"创建新组"按钮，新建图层组并重命名组，创建首页效果图的图层结构，如图 7-73 所示。

（4）制作灰色背景。新建图层，图层名称为"灰色背景"，设置前景色为"#EDEDED"，背景色为"#FFFFFF"。选择"渐变工具"，前景到背景线性渐变，从画布顶端向下垂直拖曳到大概 900 像素的位置，如图 7-74 所示。

图 7-73　创建图层结构

图 7-74　前景到背景的线性渐变

选择"矩形选框工具"，选择第 1 条水平参考线以上部分，在选区内由下到上拖曳填充渐变。再选择第 1 条和第 2 条水平参考线之间的部分，在选区内由下到上拖曳填充渐变，填充后的效果如图 7-75 所示。

选择"单行选框工具"，在第 2 条水平参考线位置选取单行，设置前景色为"#DFDFDF"，按快捷键 Alt+Del 填充选区。然后在 10 像素的位置选取单行，按快捷键 Alt+Del 填充选区。这样，整个网页背景就制作完成了。

2. 制作 Logo 区

前面已经制作好网站的 Logo 了，这里只需将前面制作好的 Logo 复制到效果图中，进行大小处理和对齐操作即可。

（1）打开 Logo 源文件并复制图层。用 Photoshop 同时打开"index.psd"和"Logo.psd"两

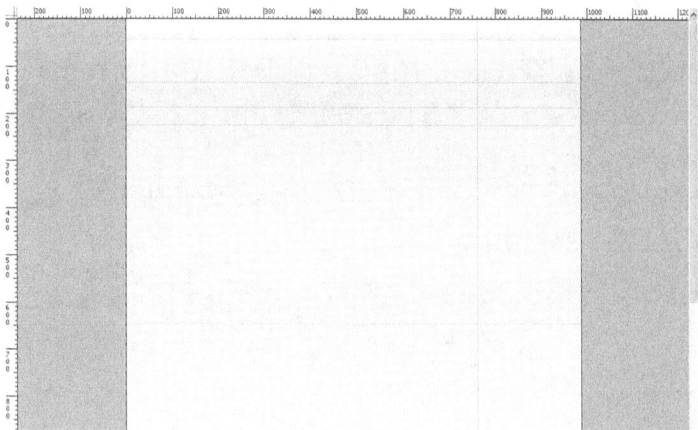

图 7-75 填充线性渐变

个文件。在 "Logo.psd" 的图层面板中，按住 Ctrl 键同时选择 "圆" 图层和 "阳光运动" 文字图层，在图层上单击鼠标右键，在弹出的快捷菜单中选择 "复制图层"，将打开 "复制图层" 对话框，在 "文档" 下拉菜单中选择 "index.psd"，如图 7-76 所示，将两个图层复制到 index.psd 文件中。

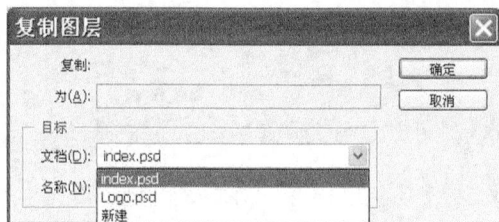

图 7-76 "复制图层" 对话框

（2）调整图像大小并对齐位置。在 "index.psd" 的图层面板中，将复制过来的两个图层移到 "Logo 区" 组中，选择 "Logo 区" 组，按快捷键 Ctrl+T 进入自由变换图像状态，拖曳图像调整其大小并对齐位置，完成后按回车键确认，如图 7-77 所示。

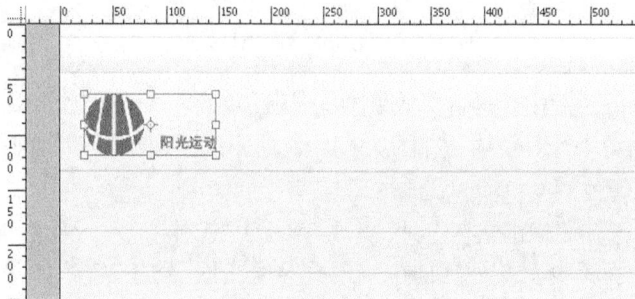

图 7-77 调整图像大小并对齐位置

3. 制作导航区

前面已经制作好了导航条的导航项图片，这里需要将其复制过来并作相应设置。

（1）打开 nav 源文件并复制图层。用 Photoshop 同时打开 "index.psd" 和 "nav.psd" 两个文件。将 "nav.psd" 中的 "nav 图" 图层和 "阴影" 图层复制到 "index.psd" 中，将复制过来的这两个图层合并成一个图层，并将其移到 "导航区" 组中。

（2）添加背景素材。用 Photoshop 打开"第七章素材"文件夹中的"nav 背景.gif"，按快捷键 Ctrl+A 将图像全选，按快捷键 Ctrl+C 将图像复制到剪贴板中，然后选择"index.psd"，新建"nav 背景"图层，按快捷键 Ctrl+V 将图像粘贴到图层中，选择"移动工具"调整图像到相应位置。

（3）复制图层制作导航条。将"导航区"组中的"nav 图"图层复制 4 遍，得到导航条的 5 个导航项，图层关系如图 7-78 所示。

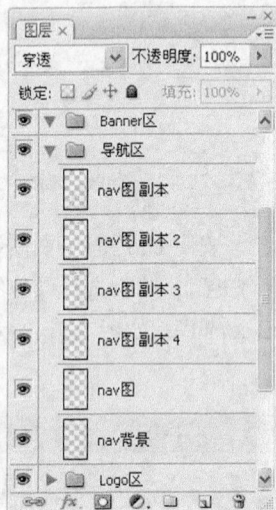

图 7-78　复制图层后的图层关系

选择"移动工具"，将这 5 个图层中的导航项水平均匀地放置在导航区位置，如图 7-79 所示。

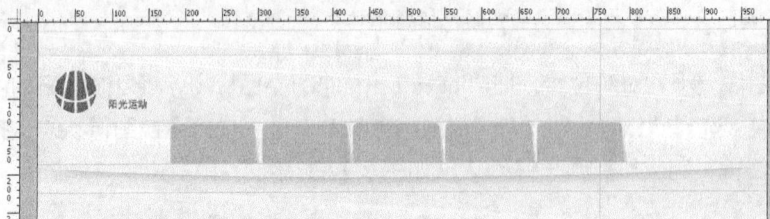

图 7-79　对齐导航条位置

（4）设置导航条颜色。由于是首页效果图，导航条的第一个导航项应设置为红色。

按住 Ctrl 键单击第一个导航项所在图层的图标，将其载入选区，设置前景色为#EE2E25，按快捷键 Alt+Del 填充颜色。

（5）添加文字。选择"横排文字工具" **T**，字体为"宋体"，大小为"16px"，样式为"无"，颜色为黑色，在字符面板中设置文字加粗，在每个导航项上添加文字，如图 7-80 所示。

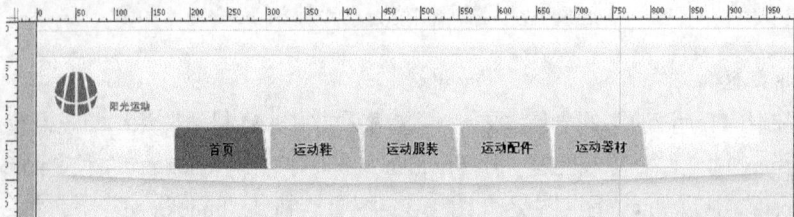

图 7-80　添加导航文字

4. 制作 Banner 区

在首页效果图中可以用一幅广告图片作为 Banner 区内容。

在"index.psd"的"Banner 区"组中新建"Banner 图"图层。打开"第七章素材"文件夹中的"Banner.jpg"图像，将图像复制到"index.psd"的"Banner 图"图层中，如图 7-81 所示。

图 7-81 添加 Banner 图片

5. 制作商品区

商品区由商品导航和一系列商品图片构成。

- 制作商品导航

商品导航中的图标前面已经制作完成，我们在前面的基础上继续制作商品导航。

（1）打开文件，创建选区。打开前面制作的"commend.psd"文件，在最上面新建一个图层，名字改为"精品推荐背景"。

选择"圆角矩形工具"，在属性栏中设置固定大小，宽为 155px，高为 60px，半径为 5px。在"精品推荐背景"图层中绘制一个圆角矩形，如图 7-82 所示。

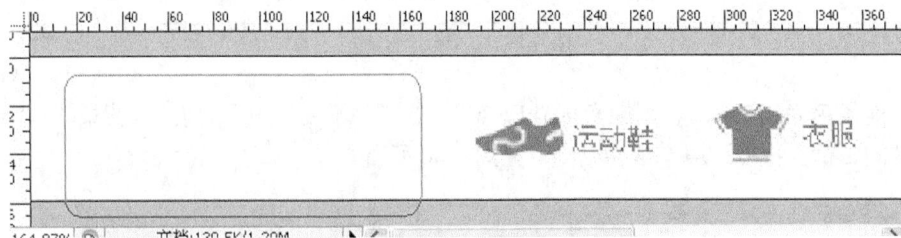

图 7-82 绘制圆角矩形

按快捷键 Ctrl+Enter 将圆角矩形转换为选区，设置前景色为#FFFFFF，按快捷键 Alt+Del 填充选区。

（2）添加图层样式。选择图层面板下方的"添加图层样式"按钮 *fx*，在弹出的菜单中选择"外发光"，将打开"图层选项"对话框。在对话框中设置"混合模式"为"正常"，"发光颜色"为#D5D5D5，"大小"为"16"像素，如图 7-83 所示。

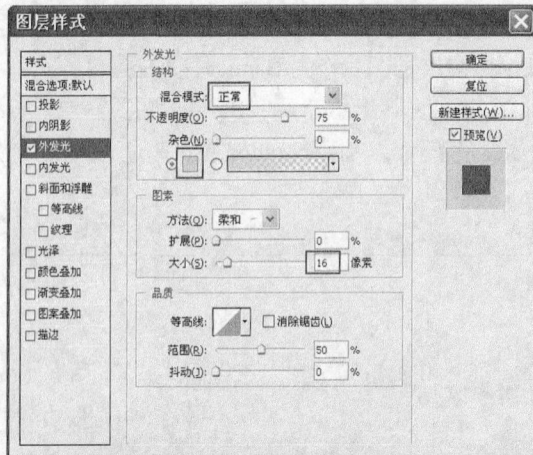

图 7-83 添加图层样式

单击"确定"按钮后，将给圆角矩形周围添加发光效果。

（3）添加文字。选择"横排文字工具" T ，设置字体为"宋体"，大小为"14px"，样式为"无"，文本颜色为#3B3B3B，添加文字"精品推荐"。

设置字体为"Arial Narrow"，大小为"18px"，文本颜色为#DBDBDB，添加文字"Commended"，选中字母"C"，将其大小改为42px。添加文字后的效果如图 7-84 所示。

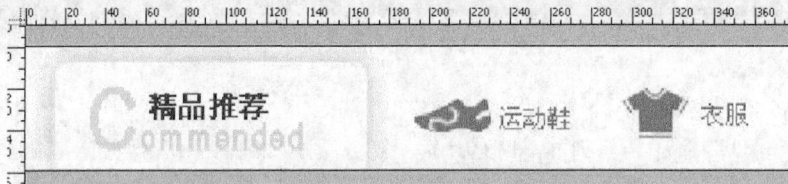

图 7-84 添加文字

（4）制作图标背景。在图标所在图层的下面新建一个图层，将名字改为"图标背景"。选择"矩形选框工具"，创建一个矩形选框，将后 3 个图标都包括进去，如图 7-85 所示。

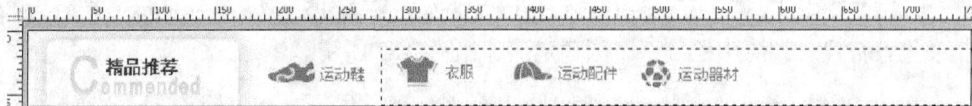

图 7-85 创建矩形选框

设置前景色为#E5E5E5，背景色为#FFFFFF，选择"渐变工具"，前景到背景线性渐变，从选区顶端向下垂直拖曳，填充线性渐变，如图 7-86 所示。

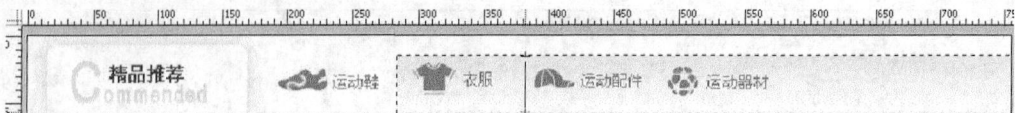

图 7-86 填充线性渐变

（5）绘制直线。在 10px 位置新建一条水平参考线，在 280px 位置新建一条垂直参考线，作为绘制直线的参考。选择"画笔工具"，设置主直径为 2px，前景色为#E5E5E5，在"图标背景"图层上，参照两条参考线绘制一条水平的直线和一条垂直的直线，绘制直线后的效果如图 7-87 所示。

图 7-87　绘制水平和垂直线

（6）在效果图中添加商品导航。打开"index.psd"，在图层面板的"商品区"组中新建一个图层"商品导航"，将制作好的商品导航复制到此图层中，调整图像到相应位置。

- 添加商品图片

我们需要将准备好的商品图片放置在商品区并排列整齐。

（1）新建图层，添加商品图片。在"index.psd"的"商品区"组中新建图层"商品 1"，将"第七章素材"中的"xie01.jpg"复制到此图层中，调整图像到合适的位置。

（2）添加商品文字说明。在商品 1 图片的下方添加相应说明文字，字体为"宋体"，大小为"12px"，样式为"无"，居中对齐，颜色为#666666，如图 7-88 所示。

图 7-88　添加商品图片和文字

（3）继续添加商品图片和文字。重复（1）、（2）步骤，继续添加其他商品图片和文字说明，直至所有 12 件商品添加完毕。由于商品件数比较多，为了使各个商品能够对齐，可以再添加几条水平和垂直参考线以辅助对齐，如图 7-89 所示。

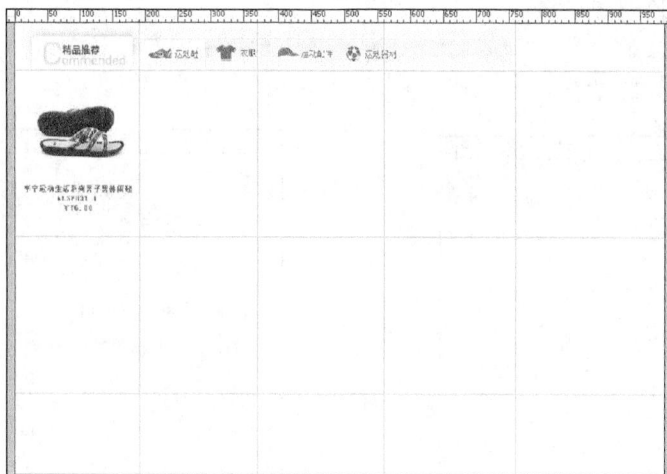

图 7-89　建立参考线辅助对齐

6. 制作最新公告区

最新公告区用于显示网站的最新公告信息，由矩形框背景和公告文字组成。

（1）制作背景。在"index.psd"的"最新公告区"组中新建图层"公告背景"。选择"圆角矩形工具"，在属性栏中设置固定大小，宽为 192px、高为 165px、半径为 8px，在"公告背景"图层右侧绘制圆角矩形。

按快捷键 Ctrl+Enter 将圆角矩形转换成选区，设置前景色为#FFFFFF，按快捷键 Alt+Del 填充颜色。

选择"编辑"菜单→"描边"，在打开的"描边"对话框中设置"宽度"为1px，颜色为#BEBEBE，"位置"为居外，如图 7-90 所示。

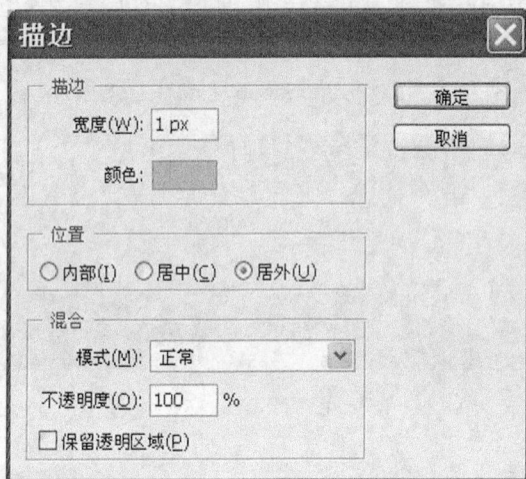

图 7-90　描边对话框

单击"确定"按钮后，按 Del 键删掉中间的白色填充，只留下描边形状，完成圆角矩形背景的制作。

（2）添加标题文字。选择"横排文字工具" T，设置字体为"黑体"，大小为"16px"，样式为"锐利"，文本颜色为#3B3B3B，在字符面板中设置文字加粗，添加标题文字"最新公告 NEWS"。选择其中的"NEWS"文字，将其字体修改为"Arial Italic"，大小为"14px"，文本颜色为# BEBEBE。制作好的标题文字如图 7-91 所示。

（3）添加公告文字。选择"横排文字工具" T，设置字体为"宋体"，大小为"12px"，样式为"无"，文本颜色为#666666，添加如图 7-92 所示的公告文字。

图 7-91　添加标题文字

图 7-92　添加公告文字

（4）制作虚线。新建文件，大小为 170×1 像素，背景为透明。在导航器面板中设置显示比例为 1000%，新建图层 1，选择"铅笔工具"，设置主直径为 4px，前景色为#BEBEBE，在画布中从左至右每隔 4 像素绘制一条 4 像素的小线段，直到绘制完整条虚线为止。

（5）添加文字下画线。回到"index.psd"文件中，选择"铅笔工具"，设置主直径为 1px，在"公告背景"图层中，"最新公告 NEWS"标题下的位置绘制一条直线。

将步骤（4）中绘制的虚线复制 4 条到"最新公告"组中，调整虚线的位置，最终效果如图 7-93 所示。

图 7-93　添加下画线

7. 制作销售排行区

销售排行区的制作方法与最新公告区类似，先制作圆角矩形背景，然后添加标题文字和具体文字内容。

- 制作背景

在"index.psd"的"销售排行区"组中新建图层"销售排行背景"。选择"圆角矩形工具"，在属性栏中设置固定大小，宽为 192px、高为 420px、半径为 8px，在"销售排行背景"图层中绘制圆角矩形，调整图像到相应位置。

按快捷键 Ctrl+Enter 将圆角矩形转换成选区，设置前景色为#FFFFFF，按快捷键 Alt+Del 填充颜色。对选区进行"描边"操作，具体设置和操作与制作最新公告背景相同。

- 添加标题文字和内容文字

这里的标题文字和"最新公告区"中的标题文字设置和操作都一样。我们可以将"最新公告区"中的标题文字图层复制过来，将文字内容改"销售排行"即可。

内容文字使用"横排文字工具"直接添加。由于效果图中的内容文字并不能用到最后的网页，故不需要按实际情况输入全部内容，这里可以将同样的内容复制 8 行。

- 制作销售排行类别图像

（1）在"最新公告区"组中新建图层"红色矩形"，选择"矩形选框工具"，在属性栏中设置"样式"为固定大小，"宽度"为 35px，"高度"为 18px，如图 7-94 所示。

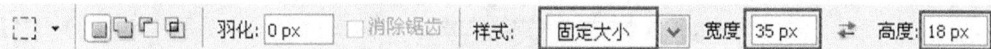

图 7-94　设置矩形选框大小

在图层中建立矩形选框，设置前景色为#EA3027，背景色为#A2140D，选择"渐变工具"，从前景到背景线性渐变，在选框中从上到下填充线性渐变，如图 7-95 所示。

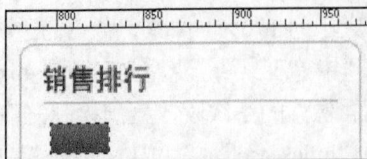

图 7-95　绘制红色矩形

（2）选择"编辑"菜单→"描边"，在打开的"描边"对话框中设置"宽度"为 1px，颜色为# 9E150D，"位置"为居外，单击"确定"添加描边效果。

（3）新建图层"灰色矩形"，选择"矩形选框工具"，将矩形选框向右移动 35px，设置前景色为#FEFEFE，背景色为#ECECEC，选择"渐变工具"，从前景到背景线性渐变，在选框中从上到下填充线性渐变。在红色矩形右边绘制出灰色矩形，设置描边颜色为#D4D4D4，给灰色矩形添加描边效果，如图 7-96 所示。

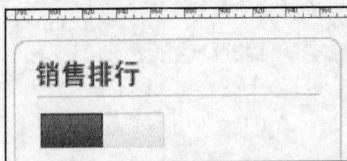

图 7-96　绘制灰色矩形

（4）将"灰色矩形"图层复制两遍，调整图像位置如图 7-97 所示。

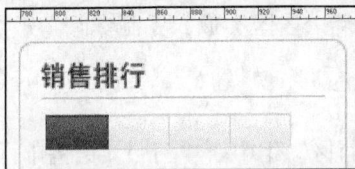

图 7-97　复制灰色矩形

（5）设置前景色为#9E150D，使用"铅笔工具"在矩形底端绘制一条宽为 1px 的直线。将红色矩形和灰色矩形所在的 4 个图层合并成一个图层，图层名称改为"销售排行类别背景"，如图 7-98 所示。

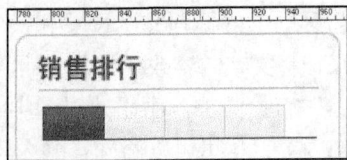

图 7-98　合并图层并绘制直线

（6）选择"横排文字工具" T，设置字体为"宋体"，大小为 12px，样式为"无"，文本颜色分别为白色和黑色，在每个矩形上添加文字，如图 7-99 所示。

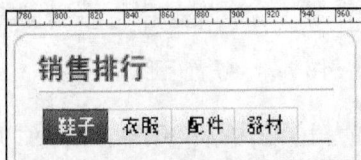

图 7-99　添加文字

- 添加文字下画线

将"最新公告区"中的虚线复制过来作为文字下画线。

- 添加文字前的数字图标

将前面制作好的数字序号图标添加到每行文字内容前。

最终效果如图 7-100 所示。

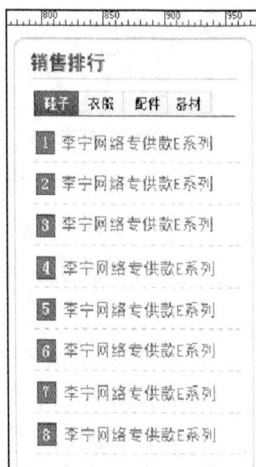

图 7-100 销售排行区最终效果

8. 制作最新用户评论区

最新用户评论区的制作方法与最新公告区类似，先制作圆角矩形背景，然后添加标题文字和具体文字内容。

（1）制作背景。在"最新用户评论"组中新建"用户评论背景"图层，绘制 192×185 像素的圆角矩形，将其转换为选区，填充白色，描边，制作出背景。具体操作方法与"最新公告区"背景一样。

（2）添加标题文字和内容文字。标题文字和"最新公告区"中的标题文字设置和操作一样。将"最新公告区"中的标题文字图层复制过来，将文字内容改为"最新用户评论"，操作时要注意图层结构。

使用"横排文字工具"添加内容文字。

（3）添加文字下画线。将"最新公告区"中的虚线复制过来作为文字下画线。

（4）添加留言小图标。将前面制作好的留言小图标复制到"最新公告区"组中。由于前面制作的留言图标尺寸较大，可以按快捷键 **Ctrl+T** 进入自由变换状态，然后调整图标至合适大小。

制作好的"最新用户评论"效果如图 7-101 所示。

图 7-101 用户评论区最终效果

9. 制作版权信息区

版权信息区主要由文字构成，使用"横排文字工具"可以轻松制作出来，制作时还是要注意图层结构的问题。这里就不详细讲解制作步骤了。

10. 完成效果图

经过前面的步骤，整个效果图就制作完成了。选择"视图"菜单→"清除参考线"，将参考线隐藏，选择"文件"菜单→"存储"，保存文件为"index.psd"

三、切分布局、输出页面

首页效果图设计制作完成后，要根据页面上不同区块及要实现的具体功能，切分布局、输出网页。

小贴士

切分布局时要注意以下几个方面。

➤ 切片时作为背景图片的部分，如果有文字，可以将其隐藏，后期在 Dreamweaver 中整合时再添加文字。

➤ 一些圆角图片输出时可能需要保持背景透明，除了需要储存成 GIF 或 PNG 格式的图像外，在输出时先隐藏背景也是必须的。

➤ 在切分渐变背景时，为了减少图像大小，只切出 1 像素宽（高）的图片即可，后期在 Dreamweaver 中可以将背景水平（垂直）重复来实现全部背景。

➤ 一些表单元素可以在 Dreamweaver 中直接插入，不用切出。一些有现成的素材图片的区域也可以直接使用，不用切出。

➤ 图片输出时，可以根据图片的用途单独优化设置不同切片的输出属性，如切片的图片格式、颜色的数量等。

1. 切出页面背景

首页的页面背景为纵向线性渐变的图像，可以只切出 1 像素宽的背景即可。

2. 切分 Logo 区

Logo 的切分很简单，只需用"切片工具"直接将其切出即可，如图 7-102 所示。

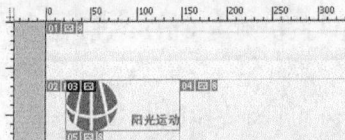

图 7-102　切分 Logo

3. 切分导航区

由于导航区中的导航图片已经制作出素材了，这里只需切出导航背景即可，输出时先隐藏导航图片和文字，如图 7-103 所示。

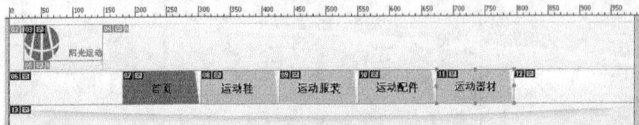

图 7-103　切分导航区

4. 切分 Banner 区

首页的 Banner 区是一幅广告图片，只需沿边缘切出即可，如图 7-104 所示。

图 7-104　切分 Banner 区

5．切分商品区

商品区由商品导航和商品图片组成，将它们分别切出，如图 7-105 所示。

图 7-105 切分商品区

6．切分最新公告区

最新公告区从上到下切成 4 块，顶部和底部的圆角要单独切出，输出时要隐藏页面的"灰色背景"图层，如图 7-106 所示。

7．切分销售排行区

销售排行区按内容切出 5 块，其中的销售排行类别图像要单独切出，在输出时也要隐藏页面的"灰色背景"图层，如图 7-107 所示。

图 7-106 切分最新公告区

图 7-107 切分最新公告区

8．切分最新用户评论区

最新用户评论区的切分和最新公告区类似，从上到下切成 4 块，顶部和底部的圆角要单独切出，在输出时隐藏页面的"灰色背景"图层，如图 7-108 所示。

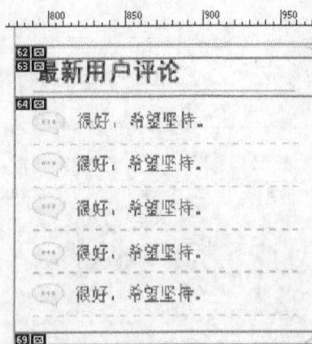

图 7-108　切分最新用户评论区

9. 切分版权信息区

版权信息区的内容将在后期用 Dreamweaver 制作，这里直接将版权信息区切成一个版块即可，如图 7-109 所示。

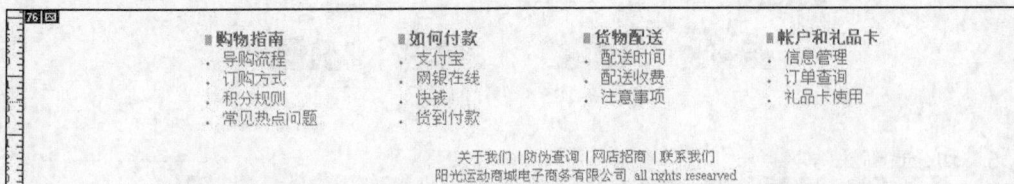

图 7-109　切分版权信息区

10. 输出图像

选择"文件"菜单→"存储为 Web 和设备所用格式"，在对话框中使用默认设置，如图 7-110 所示。

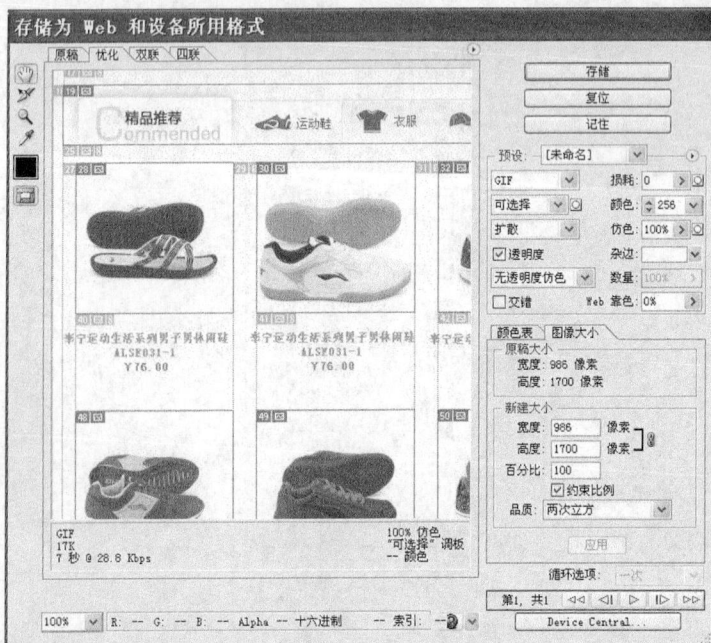

图 7-110　存储为 Web 和设备所用格式

单击"存储"按钮，将切好的图片输出成网页和图像格式，如图 7-111 所示。

图 7-111 输出网页和图像

7.3.3 项目评价

表 7-1   项目成果一览表

序号	项目任务	项目成果
1	你了解的界面组成了吗?	
2	你掌握了 Photoshop CS3 的哪些基本操作?	
3	你会使用 Photoshop CS3 的常用工具吗?	
4	你知道使用 Photoshop CS3 设计网页效果图的一般步骤吗?	
5	制作网页效果图需要设计哪些网页元素?	
6	你能按要求制作出本项目中的首页效果图吗?	
7	你会使用 Photoshop CS3 的切片工具切分制作好的首页效果图吗?	
8	你会将切片好的效果图输出成网页和图片吗?	

表 7-2   项目反思与小结

实验反思	请谈一谈如何运用 Photoshop CS3 制作网页效果图:
小　　结	请谈一谈你完成本项目后的收获: 请谈一谈在本项目中你的困惑:

7.4　学习评价

表 7-3　　　　　　　　　　　　　　　　项目自评、师评表

	序号	知识、技能、实践活动	优	良	中	差	备　　注
自 评	1	熟悉 Photoshop CS3 的界面					
	2	掌握 Photoshop CS3 的基本操作					
	3	使用 Photoshop CS3 的常用工具					
	4	熟悉使用 Photoshop CS3 设计网页效果图的一般步骤					
	5	能说出制作网页效果图需要设计哪些网页元素及其各自的特点					
	6	能按要求制作出本项目中的首页效果图					
	7	会使用 Photoshop CS3 的切片工具切分制作好的首页效果图					
	8	会将切片好的效果图输出成网页和图片					

教师评语：

教师签字：　　　　　　　　　　　年　　月　　日

教师评价：实验成绩		学生签字	

知 识 与 技 能 评 价 标 准

优	良	中	差
1. 非常熟悉 Photoshop CS3 的界面，能快速说出界面各部分的名称和作用 2. 很好地掌握了 Photoshop CS3 的基本操作 3. 能正确使用 Photoshop CS3 的常用工具 4. 熟悉使用 Photoshop CS3 设计网页效果图的一般步骤 5. 能说出制作网页效果图需要设计的各种网页元素及其各自的特点 6. 能按要求独立地制作出本项目中首页效果图 7. 能正确合理地使用切片工具切分制作好的首页效果图 8. 能独立地将切片好的效果图输出成网页和图片	1. 比较熟悉 Photoshop CS3 的界面，能说出界面各部分的名称 2. 掌握了 Photoshop CS3 的基本操作 3. 会使用 Photoshop CS3 的常用工具 4. 了解使用 Photoshop CS3 设计网页效果图的一般步骤 5. 能说出制作网页效果图需要设计的各种网页元素 6. 能在提示下完成本项目中首页效果图的制作 7. 能在提示下使用切片工具切分制作好的首页效果图 8. 能在提示下完成效果图的输出操作	1. 认识 Photoshop CS3 的界面，知道界面各部分的名称 2. 能在提示下进行 Photoshop 的基本操作 3. 能在帮助下使用 Photoshop CS3 的常用工具 4. 知道使用 Photoshop CS3 设计网页效果图的一般步骤 5. 知道制作网页效果图需要设计哪些网页元素 6. 能在指导和帮助下完成本项目效果图的制作 7. 在指导和帮助下使用切片工具切分制作好的首页效果图 8. 在指导和帮助下完成效果图的输出操作	1. 很 不 熟 悉 Photoshop CS3 的界面 2. 不会基本操作 3. 不会使用任何工具 4. 不知道怎样设计网页效果图 5. 无法完成余下任务

课后练习

一、简答题

简述使用 Photoshop CS3 设计网页效果图的一般步骤。

二、操作题

参考本章项目实训七中的设计和制作步骤，使用 Photoshop CS3 制作出用户注册页的效果图，如图 7-112 所示。

图 7-112 用户注册页效果图

第八章

框架网页与 CSS 样式表

　　在你学会使用图像处理软件进行网页布局设计后，你一定想进一步提高网页制作效率，框架网页和 CSS 样式表是我经常使用的技术。

　　在同一个站点中往往有许多网页具有相同的导航栏、标题栏等，如果在制作每个网页时都要重复制作这些相同的内容显得效率较低，框架能够很好地解决这个问题。

　　在工作中，我经常使用 CSS 样式表，将样式表与网页相关联，关联的网页将自动套用样式表中的格式，使所有网页中都可以应用相同的样式，这样既保证了站点风格的一致性，又提高了工作效率。

　　在学完这一章后，我们将运用 CSS 样式表进一步完善"阳光运动商城"网站各页面的格式设置，你就可以体会 CSS 样式表的奇妙的功能和作用了！

学习目标

➢ 理解和掌握框架网页的基本概念
➢ 会进行框架网页的创建、调整、删除等基本操作
➢ 能运用框架知识制作相关网页
➢ 理解 CSS 样式表的概念和功能
➢ 会创建和编辑 CSS 样式表
➢ 会运用 CSS 样式表丰富网页页面设置

任务导入

框架网页和 CSS 样式表有什么功能？如何使用它们呢？

　　在学习网页制作过程中，我经常听说人们到 CSS，听说它很神奇，除了可以提高网页制作效率外，还可以制作很多奇妙的特效呢！

➢ 学习框架网页的基本知识
➢ 学习 CSS 样式表的相关知识
➢ 掌握框架网页的创建、调整、删除等基本操作
➢ 掌握创建和编辑 CSS 样式表的方法
➢ 完成项目实训八
➢ 完成本章课后作业

8.1　框架网页

一、框架简介

框架是一种布局技术，它是将浏览器窗口划分为若干个独立的区域，每个区域中都有各自的内容，这些区域称为"框架"。框架本身并不包含具体的网页元素，它只是存放文档的容器，每个框架显示不同的页面，并且可以互不干扰地变化。这样的一组框架就构成了框架集。框架集本身不包含任何内容，它只是一个 HTML 文件，告诉浏览器如何显示一组框架。

框架常用于站点导航系统，如网页的导航按钮、网页 Logo 和标题等，对于一个网站而言，其中的许多网页一般都具有相同的导航、Logo 等部分，这时我们可以将这些相同的部分做成框架网页，这样就可以在每个页面中重复使用，从而大大提高网页制作的效率。

二、创建框架和框架集

在 Dreamweaver 中可以通过两种方法插入框架集。

1. 通过"插入"栏，在现有网页中直接插入框架

选择"插入"工具栏的"布局"选项中的"框架"选项，可以随意选择自己需要的框架集类型，如图 8-1 所示。

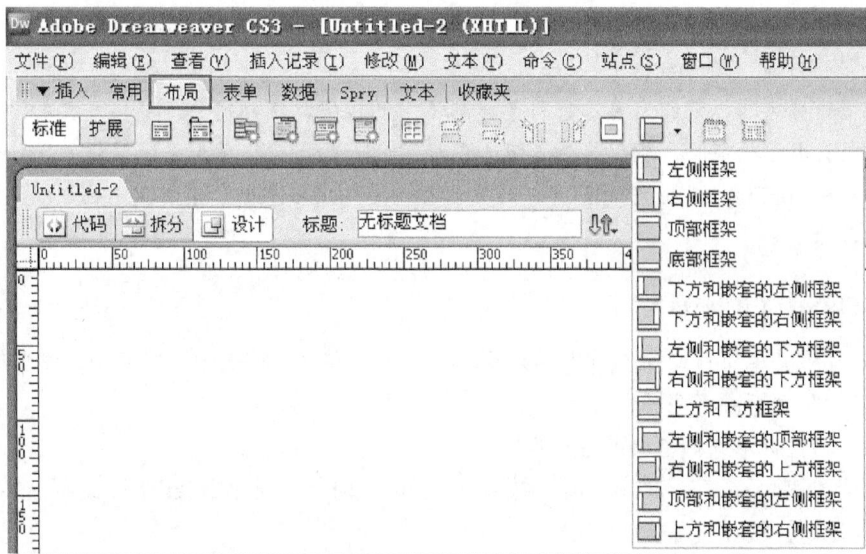

图 8-1　框架类型

2. 使用"新建文档"对话框创建新的空框架集

使用"新建文档"对话框创建新框架集的一般步骤如下。

（1）选择"文件"菜单→"新建"，打开"新建文档"对话框，在"示例中的页"类别中选择"框架集"，如图 8-2 所示。

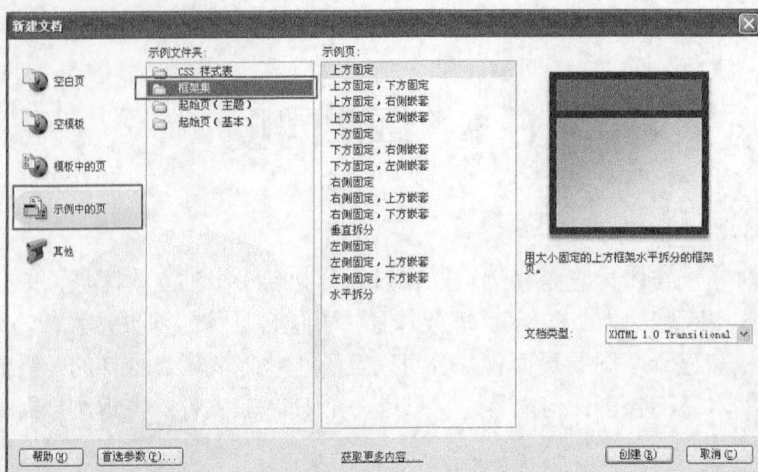

图 8-2　"新建文档"对话框

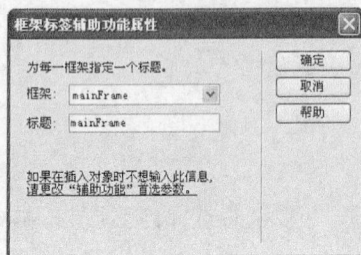

图 8-3　"框架标签辅助功能属性"对话框

（2）在"示例页"列表框中选择框架集类型，可以在对话框右端看到该框架集的预览效果和相关描述。

（3）单击"创建"按钮，在文档窗口可以看到新创建的框架集，同时 Dreamweaver CS3 会打开一个"框架标签辅助功能属性"对话框，如图 8-3 所示。

（4）为每个框架输入恰当的名称，然后单击"确定"按钮。

![友情提示]

　　框架的标题即框架的名称，它用于识别不同的框架，在指定打开链接目标的目标框架或脚本在引用该框架时，框架名称就派上用场了。一般情况下使用系统提供的默认值，如 mainFrame，topFrame，leftFrame 等，这些名称都是约定俗成的。当然，你也可以使用自己定义的名称。

三、选择框架和框架集

　　对框架和框架集进行操作，首先必须选中它。可以在文档窗口中选择框架或框架集，也可以通过"框架"面板进行选择。

　　1. 在文档窗口中选择框架或框架集

　　（1）选择框架。在"设计"视图中，按住 Alt 键的同时单击某个框架内部，即可选中该框架，此时该框架的边框被虚线环绕。

　　（2）选择框架集。单击框架集的某一内部框架边框即可选中该框架集，此时该框架集的所有边框被虚线环绕。

![友情提示]

　　要执行这一操作，框架边框必须是可见的。如果看不到框架边框，可以通过选择"查看"菜单→"框架边框"使框架边框可见。

2. 在"框架"面板中选择框架或框架集

在文档窗口中选择框架和框架集有时候不是很方便，Dreamweaver CS3 提供了"框架"面板，便于对框架和框架集进行选择操作。选择"窗口"菜单→"框架"，或按快捷键 Shift+F2，可以打开"框架"面板，如图 8-4 所示。

（1）选择框架。在"框架"面板中单击框架即可选中该框架，此时在文档窗口中该框架的边框被虚线环绕，在"框架"面板中该框架周围会显示一个选择轮廓。

（2）选择框架集。在"框架"面板中单击环绕框架集的边框，即可选中该框架集，此时该框架集的所有边框被虚线环绕，在"框架"面板中该框架集周围会显示一个选择轮廓。

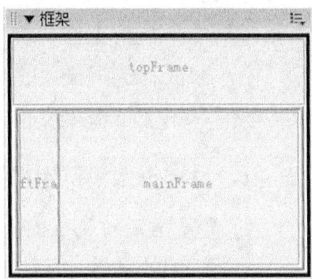

图 8-4 "框架"面板

四、保存框架和框架集

对于初学者来说，为了避免出现混乱，在创建完框架和框架集后，最好立刻保存框架和框架集。使用了框架的页面包含若干个文件，用户在保存网页时不仅需要保存框架中的网页，还要保存框架集文件。在具体操作中可以分别保存或者一次保存所有文件。

1. 分别保存

将光标定位在要保存的框架中，选择"文件"菜单→"保存框架"，将打开"另存为"对话框，输入要保存的文件名，单击"保存"按钮即可。按此方法依次保存其他框架。

友情提示

如果要将框架另存为新文件，可以选择"文件"菜单→"框架另存为"。如果是第一次保存该框架文件，则"保存框架"和"框架另存为"命令是等效的。

在保存了所有的框架后，还需要保存框架集。在"框架"面板或文档窗口中选中框架集，选择"文件"菜单→"保存框架页"，单击"保存"按钮，将保存该框架集。

2. 一次保存

选择"文件"菜单→"保存全部"，Dreamweaver 将打开"另存为"对话框，依次提示要保存的内容。首先要保存的是主框架集，在文档窗口中会以斜线框包围整个框架，并同时弹出"另存为"对话框，如图 8-5 所示。

图 8-5 "另存为"对话框

输入要保存的框架集名，单击"保存"按钮后，将打开第 2 个"另存为"对话框，提示将要保存第 1 个框架文件，在文档窗口中也会以斜线框包围要保存的框架。

输入要保存的框架文件名称，单击"保存"按钮后，将打开第 3 个"另存为"对话框，提示将要保存第 2 个框架文件。就这样，依次保存所有的框架文件。

五、设置框架和框架集属性

1. 设置框架的属性

设置框架的属性主要是通过设置框架"属性"面板中的相应参数实现的，当选择某个框架时，"属性"面板中将显示该框架的属性，如图 8-6 所示。

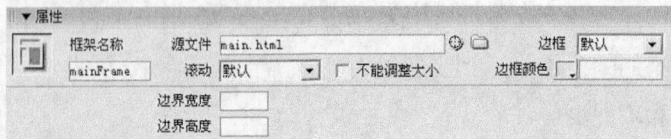

图 8-6　框架的"属性"面板

框架的"属性"面板参数如下。

➢ 框架名称：决定用来作为超级链接目标和脚本引用的当前框架名称。

➢ 源文件：设置框架的源文档。

➢ 滚动：设置在没有足够空间显示当前框架中的内容时是否使用滚动条。

➢ 不能调整大小：使浏览者不能调整框架大小。

➢ 边框：设置控制当前框架的边框是否显示。

➢ 边框颜色：设置所有和当前框架相邻的边框颜色。

➢ 边界宽度：设置框架左右边框和内容之间的距离（单位为像素）。

➢ 边界高度：设置框架上下边框和内容之间的距离（单位为像素）

友情提示

在默认情况下，Dreamweaver 设置的框架边界宽度和高度值为空，但这样会使网页内容和框架边框之间存在距离，要想消除间距，可以将"边界宽度"和"边界高度"两个值设为 0。

2. 设置框架集的属性

要设置框架集的属性，可以选择该框架集，在"属性"面板里设置相应的属性，如图 8-7 所示。

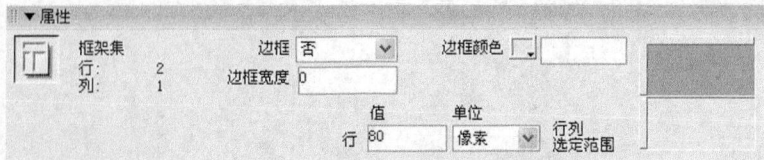

图 8-7　框架集的"属性"面板

框架集的"属性"面板参数如下。

➢ 边框：控制当前框架集内框架的边框。

选择"是"，可以显示三维灰色的边框；

选择"否"，可以显示扁平灰色的边框；

选择"默认"，可以由浏览器确定如何显示边框。

> ➤ 边框宽度：设置当前框架集中边框的宽度。
> ➤ 边框颜色：设置当前框架集中所有边框的颜色。
> ➤ 值：指所选择的行或列的大小。
> ➤ 单位：指所选择的行或列大小的单位。
> ➤ 行列选定范围：选取框架集的行或列。

8.2　应用 CSS 样式表

8.2.1　初识 CSS 样式表

一、CSS 样式表的含义

文本的外观是由格式来控制的，但是，每次改变文本外观时，都需要逐项选择字体、字号、颜色等。如果要对站点中的各个网页进行格式设置，那将会出现大量的重复工作。Dreamweaver 中的样式表解决了这个问题。

CSS（Cascading Style Sheet）是层叠样式表的英文缩写。CSS 样式表具有非常高的工作效率，它可以生成独立的样式表文件，扩展名为 ".CSS"。样式表文件可以包含文档中的所有样式。将样式表文件与站点中的网页联系起来，关联的网页将自动套用样式表中的格式。样式表可以一次控制多张网页的格式，而且对整个站点中的所有网页有效。站点中的网页使用相同的格式，这样既保证了站点风格的一致性，又提高了工作效率。

CSS 样式表的 3 种定义途径

1. 外部样式表

将样式信息定义在一个单独的外部文件里，整个站点内的所有网页文件都可以链接此文件，并使用其中定义的样式。

2. 内部样式表

将样式信息定义在当前网页的头部分，和网页文件一起保存，只对当前网页文件起作用。

3. 内联样式表

将样式信息直接定义在网页中特定的标记和元素上，只对该标记和元素起作用。

二、CSS 样式的分类

CSS 样式包括 3 种：自定义样式、HTML 标签样式和高级样式。这 3 种样式的定义方法基本一致，但是在应用上有所区别，具体区别如下。

（1）自定义样式也称类样式，需要选定应用对象，然后进行应用。使用自定义 CSS 样式可以控制各种网页元素的外观，其中包括文本的字体变化、字间距和行间距变化、边框效果等多重属性。

（2）HTML 标签样式用于重新定义标签的外观，在定义某种 HTML 标签样式后，网页中的所有该类标签都将自动生效。

（3）高级样式也称选择器样式，用于定义网页特定元素的格式设置。

三、CSS 样式的功能

使用 CSS 样式表时，内容与表现形式分开。页面内容（即 HTML 代码）存放在 HTML 文件自身中，而用于定义代码表现形式的 CSS 规则存放在另一个文件或 HTML 的另一部分（通常是文件头部分）中。

一般说来，CSS 样式表有如下功能。

（1）对布局、字体、颜色、背景和其他图文效果实现更加精确的控制。

（2）可以方便地为网页中的任何元素设置不同的背景颜色和背景图片。

（3）可以与脚本语言相结合，使网页中的元素产生各种动态效果。

（4）只需通过修改一个文件就可以改变多个网页的外观和格式。

（5）由于 CSS 样式内容是直接的 HTML 格式的代码，因此网页打开速度非常快。

8.2.2 CSS 样式表的创建

一、新建 CSS 样式表

在 Dreamweaver CS3 中，选择"文本"菜单→"CSS 样式"→"新建"，或者右键单击窗口右侧的"CSS"面板的空白处，在弹出的快捷菜单中选择"新建"，可以打开"新建 CSS 规则"对话框，如图 8-8 所示。

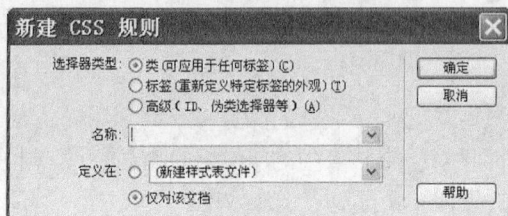

图 8-8 "新建 CSS 规则"对话框

在该对话框中，可以设定 CSS 样式表选择器的类型和 CSS 样式表的定义位置。"选择器类型"对应着前文所述的 3 种 CSS 样式；"名称"文本框指定新建 CSS 样式表的名称；"定义在"单选按钮则指定 CSS 样式定义的位置，如选择第一项则将新建外部样式表，选择第二项"仅对该文档"则新建内部样式表。

二、CSS 样式表的内容

在"新建 CSS 规则"对话框中选择并填写 CSS 名称后，单击"确定"按钮，将会弹出"×××的 CSS 规则定义"对话框（"×××"即为新建 CSS 的名称），如图 8-9 所示。

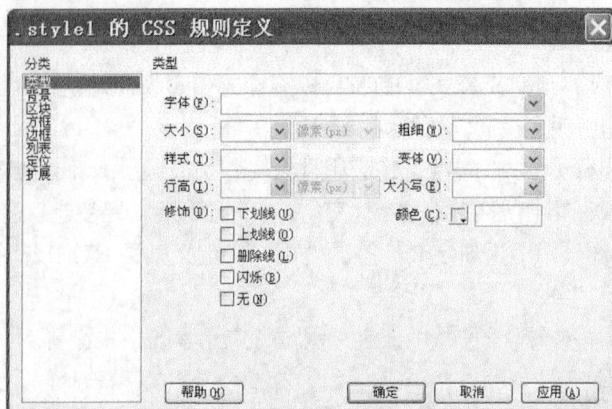

图 8-9 "CSS 规则定义"对话框

在该对话框左侧的"分类"列表框中有 8 大类别：类型、背景、区块、方框、边框、列表、定位、扩展，每个类别在右侧都有相应的参数设置。

（1）选择"类型"类别，该类别中有如下参数可以定义。

➤ 字体：设置样式字体。

➤ 大小：定义文本大小。

➤ 样式：为字体设置样式，包括"正常"、"斜体"和"偏斜体"。

➤ 行高：设置文本所在行的高度。

➤ 修饰：向文本添加下划线、上划线、删除线和闪烁效果。

➤ 粗细：对字体应用特定或相对的粗体量。

➤ 变体：设置文本的小型大写字母变量。

➤ 小大写：设置文本的大小写属性。

➤ 颜色：设置文本的颜色。

（2）选择"背景"类别，如图 8-10 所示，该类别中有如下参数可以定义。

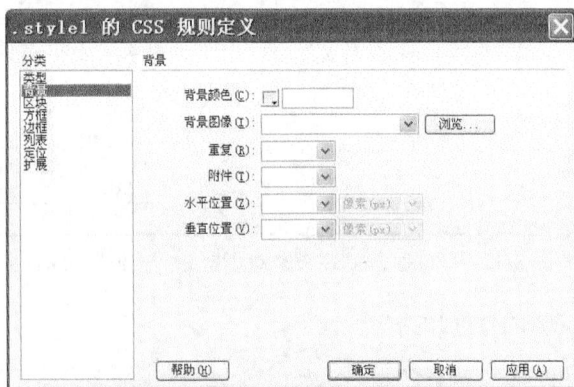

图 8-10　"CSS 规则定义"对话框的"背景"类别

➤ 背景颜色：设置元素的背景颜色。

➤ 背景图像：设置元素的背景图像。

➤ 重复：确定是否以及如何重复背景图像。

➤ 附件：确定背景图像是固定在它的原始位置还是随内容一起滚动。

➤ 水平位置和垂直位置：指定背景图像相对于元素的初始位置。

（3）选择"区块"类别，如图 8-11 所示，该类别中有如下参数可以定义。

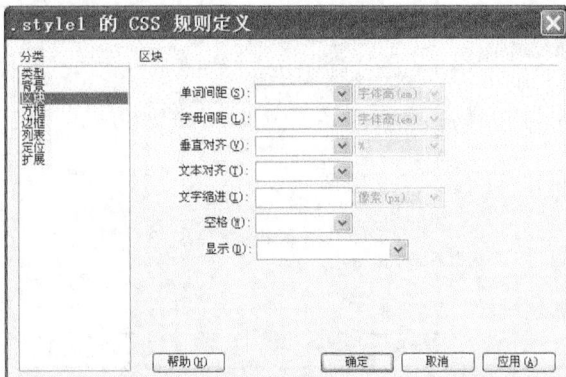

图 8-11　"CSS 规则定义"对话框的"区块"类别

➤ 单词间距：设置单词的间距。

➤ 字母间距：设置字母或字符的间距。增大间距设为正值，减小间距设为负值。

➤ 垂直对齐：指定对象的垂直对齐方式。

➤ 文本对齐：设置对象文本的水平对齐方式。

➤ 文字缩进：指定第一行文本缩进的程度。

➤ 空格：确定如何处理元素中的空白。

➤ 显示：指定是否显示以及如何显示元素。

（4）选择"方框"类别，如图 8-12 所示，该类别中有如下参数可以定义。

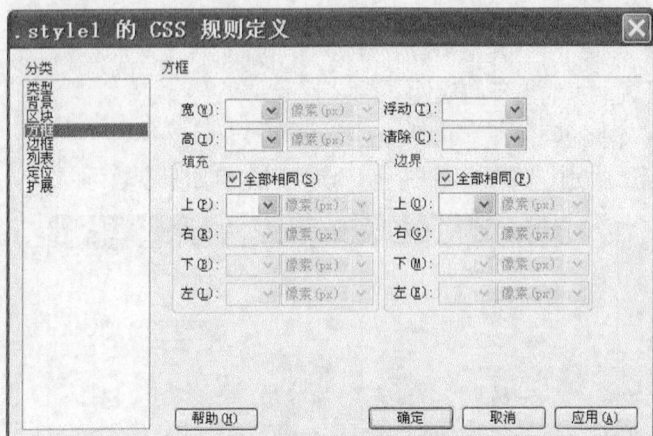

图 8-12 "CSS 规则定义"对话框的"方框"类别

➤ 宽和高：设置元素的宽度和高度。

➤ 浮动：设置其他元素（如文本、层、表格等）在哪个边围绕元素浮动。

➤ 清除：清除不允许层的边。

➤ 填充：指定元素内容与元素边框之间的间距。选择"全部相同"可设置相同，取消选择"全部相同"可分别设置上、下、左、右各边的填充间距。

➤ 边界：指定一个元素的边框与另一个元素之间的间距。

（5）选择"边框"类别，如图 8-13 所示，该类别中有如下参数可以定义。

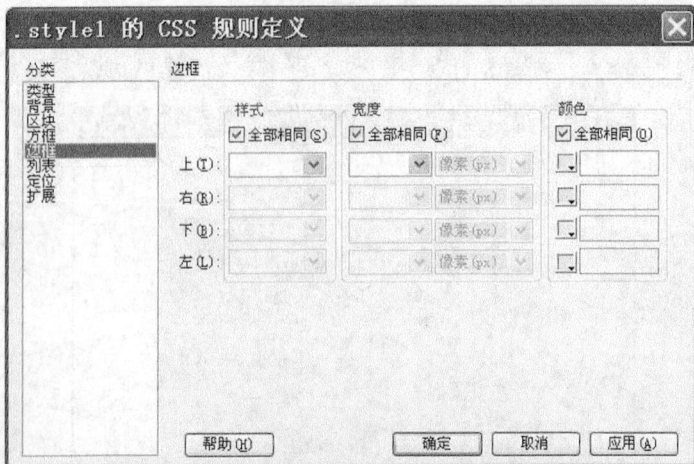

图 8-13 "CSS 规则定义"对话框的"边框"类别

- ➤ 样式：设置边框的样式外观。
- ➤ 宽度：设置边框的精细。
- ➤ 颜色：设置边框的颜色。

其余 3 个类别由于应用较少，这里就不做介绍了。

8.2.3　CSS 样式表的应用

一、CSS 样式表代码

在前文的"CSS 规则定义"对话框中设置的 CSS 样式参数会被 Dreamweaver CS3 以 CSS 代码的形式记录到网页或 CSS 文件中。

例如，新建一个类样式，名称为"mystyle"，选择"仅对该文档"，如图 8-14 所示。

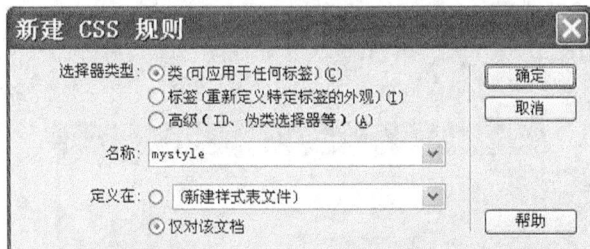

图 8-14　新建"mystyle"类的 CSS 规则

单击"确定"按钮后，在"CSS 规则定义"对话框的"类型"类别中设置"大小"为 12 像素，"颜色"为#666666，"修饰"为"无"，单击"确定"按钮。切换到"代码"视图，在代码头部可以看到如图 8-15 所示的 CSS 代码。

可以看到，刚才新建的"mystyle"类名被记录成".mystyle"，而"大小"、"颜色"、"修饰"则分别记为"font-size"、"color"、"text-decoration"。

```
<style type="text/css">
<!--
.mystyle {
    font-size: 12px;
    color: #666666;
    text-decoration: none;
}
-->
</style>
```

图 8-15　"代码"视图中的 CSS 代码

实际上，网页文件本质上是由 HTML 代码和其他各种代码组成的文档，在编辑器中的各种设置都会被记录成代码形成网页文档。我们也可以直接在"代码"视图中输入 CSS 代码，这与在对话框中设置的结果是一样的。

友情提示

在实际工作中，如果对于代码设置 CSS 样式很熟练的话，对网页设计会更加有利，效率也更高。当然，对代码的掌握相对来说也较难一些，要对各种常用设置的代码单词比较熟悉才行。

Dreamweaver CS3 的代码编辑功能很实用，在"代码"视图中编辑代码时，经常会有弹出菜单提示，可以利用这些弹出菜单快速地编辑 CSS 代码。以前面的"mystyle"设置为例，在代码中找到<style></style>标记对，在其中输入".style{"后就会弹出菜单，菜单中列出了所有可编辑的 CSS 代码项，在菜单中选择"font-size"后按回车键即可输入这段代码（输入"f"可快速定位到以"f"开头的项），如图 8-16 所示。

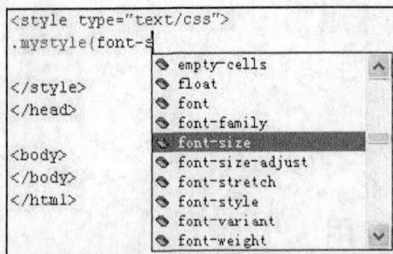

图 8-16　利用弹出菜单快速编辑 CSS 代码

二、外部 CSS 样式表

前面的样式表是定义在网页内部的，属于内部样式表，它只对该网页起作用。在制作网站时，使用更多的是外部样式表。

1. 新建外部样式表文件

在前文的图 8-14 中，选择了"类"和输入了"名称"后，选择"定义在"的第一个选项，单击"确定"按钮，可以打开"保存样式表文件为"对话框，如图 8-17 所示。

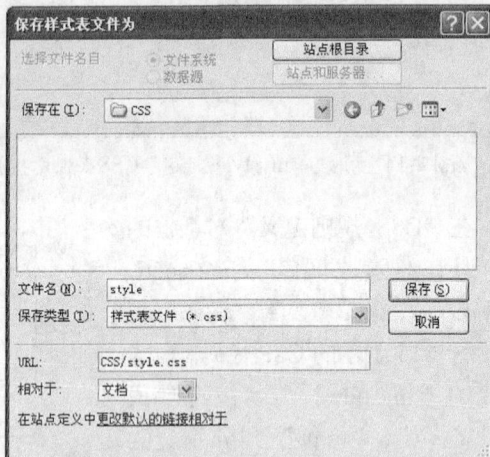

图 8-17　"保存样式表文件为"对话框

选择保存位置后，将新建的 CSS 文件单独以文档的形式存储在站点中，可以将后面要设置的各种 CSS 样式都保存在该 CSS 文件内。

2. 链接外部 CSS 样式表文件

创建了外部 CSS 样式表后，必须将网页链接到样式表文件，才能让样式表文件中的样式设置应用到网页中。链接外部样式表方法如下。

（1）首先打开要链接外部样式表的网页文件。

（2）选择"文本"菜单→"CSS 样式"→"附加样式表"，将打开"链接外部样式表"对话框，如图 8-18 所示。

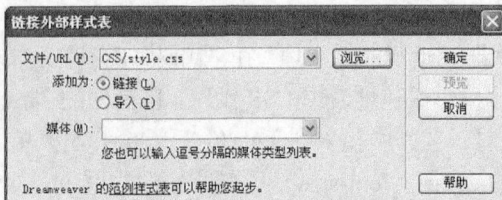

图 8-18　"链接外部样式表"对话框

在“文本/URL”中输入要链接的外部样式表文件的 URL，或单击“浏览”查找并指定外部样式表文件；在“添加为”选项中选择“链接”，如果要嵌套样式表则要选择“导入”。

（3）单击“确定”按钮后，即可将外部样式表链接到网页中，从而使该外部样式表中的样式设置对当前网页起作用。

三、修改 CSS 样式表

无论网页应用的是内部样式表还是外部样式表，当样式表中的样式设置能够对网页起作用时，就可以在 Dreamweaver CS3 窗口的“CSS”面板中看到该网页已经设置过的 CSS 样式，如图 8-19 所示。

要想修改已经设置过的 CSS 样式，可以直接双击要修改的样式名称，将打开如前文图 8-9 所示的“CSS 规则定义”对话框，在里面可以对样式属性进行修改。

当然，也可以在“代码”视图中找到要修改的样式，直接在代码里修改。

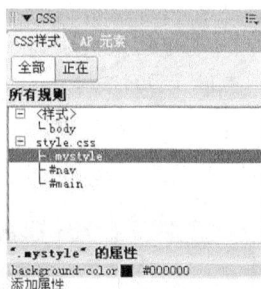

图 8-19　“CSS”面板中可以
看到已经设置过的样式

8.3　项目实训八：制作“阳光运动商城”商品列表框架网页、运用 CSS 样式表完善“阳光运动商城”网站各页面

8.3.1　项目任务

	（1）运用框架网页技术制作“阳光运动商城”商品列表页面。 （2）运用 CSS 完善“阳光运动商城”主页。 （3）运用 CSS 完善“阳光运动商城”其他页面。
个人任务	（4）学生根据项目成果进行交流与互评，同时填空表 8-1 所示的项目成果一览表、表 8-2 所示的项目反思与小结和表 8-3 所示的项目自评、师评表。

8.3.2　项目过程

一、制作商品列表框架网页

（一）创建框架网页

“阳光运动商城”中的商品种类很多，我们需要将这些商品按类别放置在不同的页面中，形成该类别商品的商品列表页面，如篮球鞋商品列表页、运动 T 恤商品列表页、运动包商品列表页、羽毛球拍商品列表页等。

这些商品列表页面的结构都差不多，页面的头部、右侧和底部甚至一模一样，只是页面主体部分的商品内容不同。对于这种页面结构相同而某一部分内容不同的情况，可采用框架网页技术来制作。

1. 建立站点，设置站点文件

在本地 D 盘（或者其他盘）中新建一个名为"yg_sports"的文件夹，将"第八章素材\素材"中的文件和文件夹复制到"yg_sports"文件夹中。打开 Dreamweaver CS3，新建站点，设置站点名称为"阳光运动商城"。将"yg_sports"文件夹设为站点的本地文件夹。

2. 创建框架集

选择"文件"菜单→"新建"，将打开"新建文档"对话框，在左侧列表中选择"示例中的页"，在"示例文件夹"列表中选择"框架集"，在"示例页"列表框中选择"上方固定，下方固定"，如图 8-20 所示。

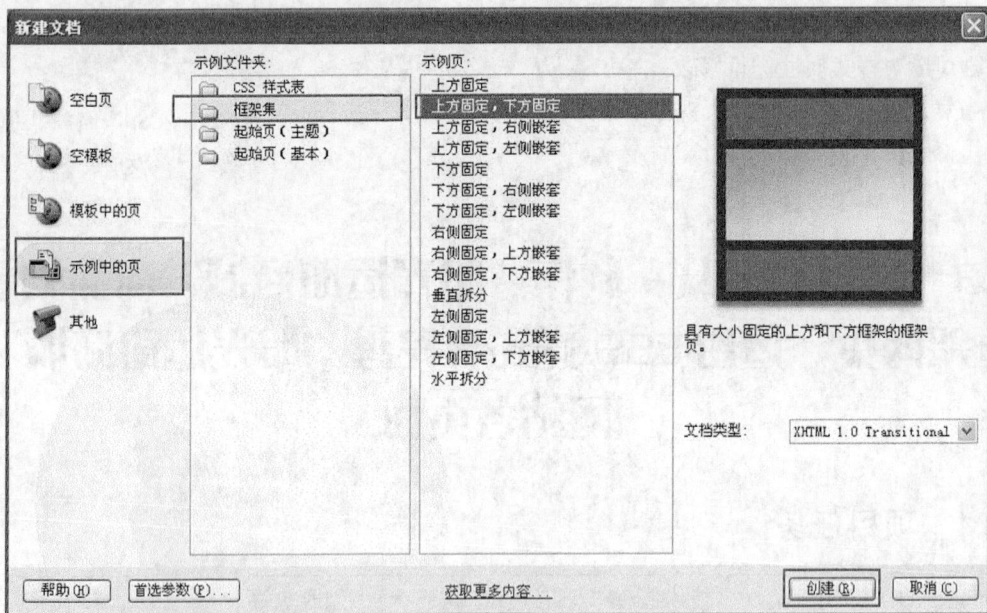

图 8-20 新建框架集

单击"创建"按钮后，将弹出"框架标签辅助功能属性"对话框，提示为每个框架指定标题，如图 8-21 所示。这里直接单击"确定"按钮，将采用系统默认的标题。

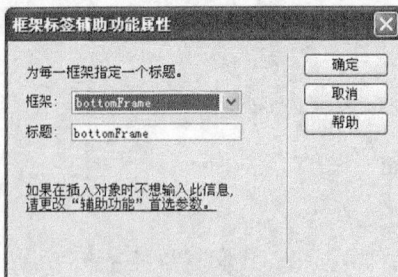

图 8-21 为框架指定标题

框架集创建完成后，在 Dreamweaver 文档窗口中可以看到创建好的框架集由两条框线分成 3 个框架页，如图 8-22 所示。

图 8-22 创建好的框架集

3. 保存框架和框架集

选择"文件"菜单→"保存全部"，Dreamweaver 将依次提示要保存的内容。

首先要保存的是主框架集，Dreamweaver 会以斜线框包围整个框架，表示正在保存的是整个主框架集。在弹出的"另存为"对话框中，输入框架集名称为"index_list.html"，保存在站点的"product_list"文件夹中，如图 8-23 所示。

图 8-23 保存主框架集

在保存了主框架集之后，接下来仍会弹出"另存为"对话框，提示保存其他框架页，斜线框包围的范围也会变化。此时包围的是底部的框架，在该"另存为"对话框中输入保存的框架名称为"bottom.html"也保存在"product_list"文件夹中。

后面仍会弹出"另存为"对话框，根据斜线框包围的范围，依次保存框架页名称为"main.html"、"top.html"，且都保存在"product_list"文件夹中。

友情提示

在这里一共包含 3 个框架网页，因此需要保存 4 次，其中包括 1 个框架集和 3 个框架页面。

如果要保存单个框架页面，只需将光标定位在该框架页中，选择"文件"菜单→"保存框架"即可。

4. 设置框架属性

选择框架集，在属性面板中设置边框为"否"，边框宽度为"0"，在行列选择器中设置第 1 行为 225 像素，第 2 行为"相对"，第 3 行为 230 像素，如图 8-24 所示。

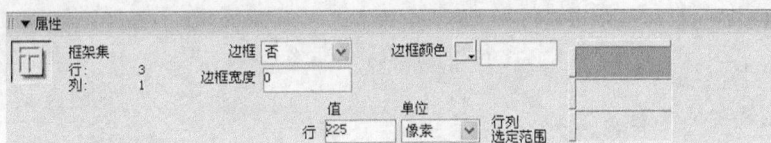

图 8-24 设置框架属性

（二）制作框架页内容

创建了框架和框架集后，需要依次完成各框架页中内容的制作。

1. 制作顶部框架页面

（1）打开 top.html 文件，选择"修改"菜单→"页面属性"，在弹出的"页面属性"对话框中的"外观"分类中设置字体大小为 10 点，文本颜色为#666666，背景图像为 images 文件夹中的 bg.gif；在该对话框的"链接"分类中设置字体大小为 9 点，链接颜色和已访问链接颜色都为#666666，变换图像链接颜色为#333333，下划线样式为"始终无下划线"，如图 8-25 所示。

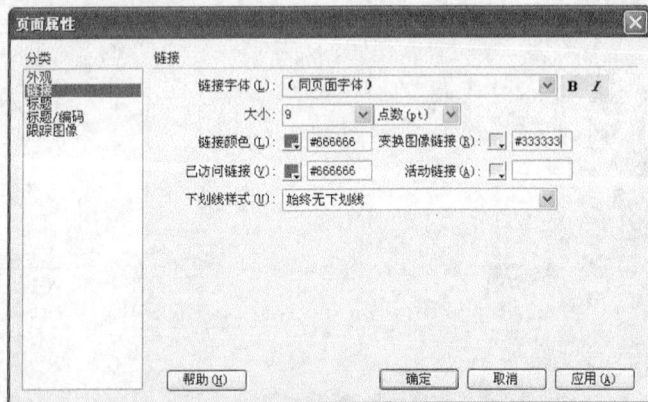

图 8-25 设置页面属性

（2）按照前文书中制作首页中头部内容的步骤，完成 top.html 的制作，完成效果如图 8-26 所示。

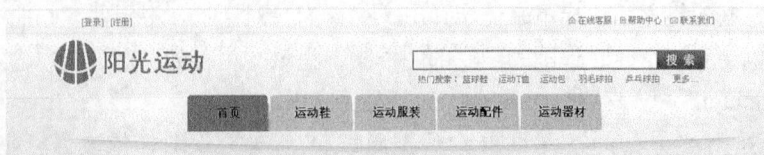

图 8-26 制作顶部框架页 top.html 的内容

2. 制作底部框架页面

（1）打开 bottom.html 文件，选择"修改"菜单→"页面属性"，在该对话框中设置与 top.html 相同的参数。

（2）按照前文书中制作首页中底部内容的步骤，完成 top.html 的制作，完成效果如图 8-27 所示。

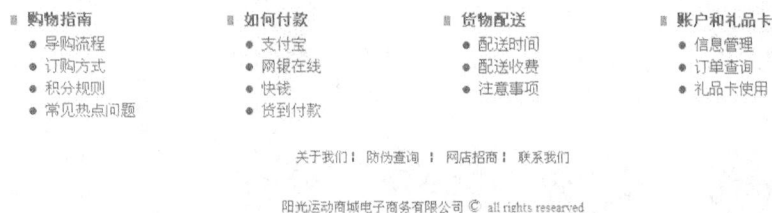

图 8-27　制作底部框架页 bottom.html 的内容

3. 制作中间主框架页面

（1）打开 main.html 文件，选择"修改"菜单→"页面属性"，在"页面属性"对话框中设置与 top.html 相同的参数。

（2）按照前文书中制作首页中主体内容的步骤，完成 main.html 的制作，完成效果如图 8-28 所示。

图 8-28　制作主体框架页 main.html 的内容

（3）选择"文件"菜单→"另存为"，在弹出的"另存为"对话框中将文件名改为"main_Tshirt.html"，保存在"product_list"文件夹中。将页面中的球鞋图片和文字更换成 T 恤图像，即完成了 T 恤商品列表框架页的制作，如图 8-29 所示。

图 8-29　制作主体框架页 main_Tshirt.html 的内容

友情提示

　　由于商品列表主体框架页的结构都相同，只是商品图片和文字不同，因此，可以使用"另存为"后再修改页面内容的方法，避免从头做起，从而提高了制作网页的效率。

　　（4）使用上述"另存为"后再修改页面内容的方法，依次制作运动包商品列表页和羽毛球拍商品列表页，文件名分别为 main_bag.html 和 main_badminton.html。

（三）制作框架链接

1. 设置首页链接

　　选取 "top.html" 里导航条中的 "首页"，在 "属性" 面板中设置链接属性，将其链接至 main. html，目标设置为 "mainFrame"，如图 8-30 所示。

图 8-30　设置首页链接

2. 设置其他页链接

　　依次选取 "top.html" 里导航条中的 "运动服装"、"运动配件"、"运动器材"，分别链接至 main_Tshirt.html、main_bag.html、main_badminton.html，目标都设置为 "mainFrame"。

3. 保存文件，测试效果

　　选择 "文件" 菜单→ "保存全部"，按 F12 键预览效果。当单击导航条的相应导航项时，中间主体框架 mainFrame 中会显示相应的内容，而顶部和底部框架内容则保持不变。

二、运用 CSS 样式表完善 "阳光运动商城" 网站各页面

（一）制作导航条

　　我们在第四章曾经使用 Dreamweaver CS3 的插入导航条功能制作过导航条，使用那种方法制作的导航条产生的代码过于复杂，而且对图片要求较多。实际上，使用 CSS 也可以轻松制作出漂亮实用的导航条。

1. 建立站点，设置站点文件

在本地 D 盘（或者其他盘）中新建一个名为"yg_sports"的文件夹，将"第八章素材\素材"中的文件和文件夹复制到"yg_sports"文件夹中。打开 Dreamweaver CS3，新建站点，站点名称为"阳光运动商城"。将"yg_sports"文件夹设为站点的本地文件夹。

2. 定位光标，插入表格

用 Dreamweaver CS3 打开站点中的"index.html"文件，在页面上方找到"此处添加导航条"标记字样，将标记文字删除后，在该处定位光标。选择"插入记录"菜单→"表格"，在弹出的"表格"对话框中，设置行数为 1，列数为 5，其余为空。

3. 输入文字，设置链接

在新插入表格的 5 个单元格中依次输入导航项文字"首页"、"运动服装"、"运动鞋"、"运动装备"、"关于我们"。

将"首页"文字选中，在窗口底端的属性面板里的"链接"文本框中输入"#"，即将文字设置为空链接。其他几个导航项文字也分别设置为空链接。

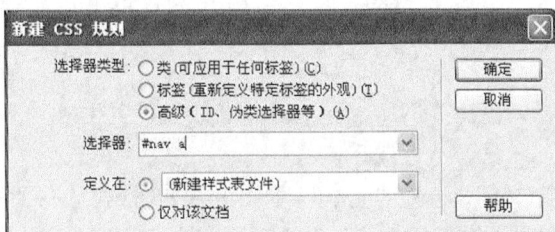

```
<table>
  <tr id="nav">
    <td><a href="#">首页</a></td>
    <td><a href="#">运动服装</a></td>
    <td><a href="#">运动鞋</a></td>
    <td><a href="#">运动装备</a></td>
    <td><a href="#">关于我们</a></td>
  </tr>
</table>
```

图 8-31　添加了 id 的表格代码

4. 设置导航 id

切换到"代码"视图，在新插入的表格 html 代码的<tr>标签中添加 ID 名为"nav"，即<tr id="nav">，添加 id 后的表格代码如图 8-31 所示。

5. 添加 CSS 样式

选择"文本"菜单→"CSS 样式"→"新建"，在弹出的"新建 CSS 规则"对话框中按图 8-32 所示进行设置。

图 8-32　新建 CSS 样式

友情提示

在这里，"选择器类型"为高级，故选择器名称前面要加"#"，"nav"是 id 名称，"a"表示链接，"#nav a"表示此 CSS 设置对网页中 id 名称为"nav"的区域中的所有链接起作用。

"定义在"选择"新建样式表文件"，将新建一个独立的样式表文件，后面的 CSS 设置可以保存在该 CSS 文件中，便于 CSS 代码重复利用。

单击"确定"按钮后，弹出如前图 8-17 所示的"保存样式表文件为"对话框，保存在站点内的"CSS"文件夹中，输入"文件名"为"style"，单击"保存"按钮，在弹出的对话框中进行设置，完成后将会在"CSS"文件夹中新建一个名为"style.css"的 CSS 样式文件。

"#nav a"的样式设置如表 8-1 所示。

表 8-1　　　　　　　　　　　　　　　"#nav a"的样式设置

分类	设置项目	设置值	说明
类型	大小	16 像素	设置文本字体大小为 16 像素
	粗细	粗体	文字设置为粗体（加粗）
	行高	50 像素	行高设置为 50 像素
	颜色	#000000	文字颜色设为黑色
	修饰	无	去掉链接下面的下画线
背景	背景图像	images/nav.gif	将 images 文件夹中的 nav.gif 作为单个导航项的背景图像
区块	文本对齐	居中	将文本居中对齐
	显示	块	将每个链接对象设置"块"状显示
方框	宽	117 像素	设置链接对象"块"的宽为 117 像素
	高	50 像素	设置链接对象"块"的高为 50 像素

打开"style.css"文件，可以看到刚才所做的设置生成的 CSS 代码，如图 8-33 所示。

```
#nav a {
    font-size: 16px;
    font-weight: bold;
    line-height: 50px;
    color: #000000;
    text-decoration: none;
    background-image: url(images/nav.gif);
    text-align: center;
    display: block;
    width: 117px;
    height: 50px;
}
```

图 8-33　"style.css"文件中生成的 CSS 代码

6. 附加样式表

刚才所做的样式设置保存在"style.css"文件中，要使设置生效，还需要将样式表文件附加到网页文件中。

切换到"index.html"文档，选择"文本"菜单→"CSS 样式"→"附加样式表"，在打开的"链接外部样式表"对话框中将"style.css"附加到本文档（见图 8-18）。

按 F12 键预览，可以看到设置后的效果。设置前后效果对比如图 8-34 所示。

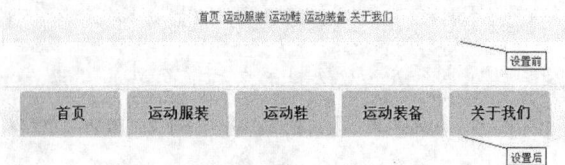

图 8-34　CSS 设置前后效果对比

7. 添加鼠标经过效果

一般的导航条都有鼠标经过效果，即鼠标移到导航项上时，导航项会产生某些变化（如背景颜色变化、字体颜色变化），利用 CSS 能轻松实现鼠标经过效果。

选择"文本"菜单→"CSS 样式"→"新建"，在弹出的"新建 CSS 规则"对话框中按图 8-35 所示进行设置。

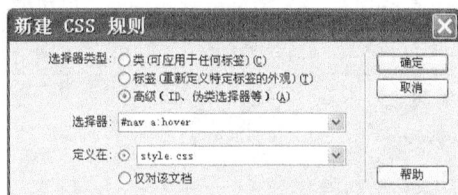

图 8-35　新建 CSS 样式"#nav a:hover"

单击"确定"按钮后，在弹出的对话框中按表 8-2 所示对"#nav a:hover"进行设置。

表 8-2　　　　　　　　　　　　　　"#nav a：hover"的样式设置

分类	设置项目	设置值	说明
类型	颜色	#FFFFFF	文字颜色设为白色
背景	背景图像	images/nav_hover.gif	将 images 文件夹中的 nav_hover.gif 作为单个导航项的背景图像

按 F12 键预览，可以看到设置完成后，当鼠标移入导航条的每个项目时，导航项背景变成红色，导航项中的文字则变成白色；当鼠标移出导航项时，导航条又还原成原来的灰色背景和黑色文字。

8. 设置导航条的当前页效果

导航条应该有指示当前页的作用，即指示当前页面的导航项应与其他项不同。例如，当前页面是首页，则导航条中的"首页"项可以设置为红色背景以示区别。

我们可以用内联样式表来设置当前页效果。

在"设计"视图中将光标定位到导航条的"首页"项位置，切换到"代码"视图，在首页的链接标记<a href="#">中添加如下 CSS 代码：

style="background-image:url(images/nav_hover.gif)"

添加后的代码如图 8-36 所示。

图 8-36　添加内联样式表

👉 **友情提示**

这里的 CSS 代码直接添加在标记<a>中，为内联样式表，只对这个链接对象起作用。内联样式表一般用于对网页中某些单独的元素进行样式设置，使用起来非常方便，只需在要设置的元素标记中添加相应的 CSS 代码即可。

添加内联样式表代码一般在"代码"视图中进行，可以充分利用 Dreamweaver CS3 的代码编辑功能，将光标定位后按空格会弹出提示菜单，输入要添加代码单词的前若干个字母后就会出现完整单词代码，用上下光标键选择要添加的代码后按回车键，这样就可以又快又好地添加 CSS 代码了，如图 8-37 所示。

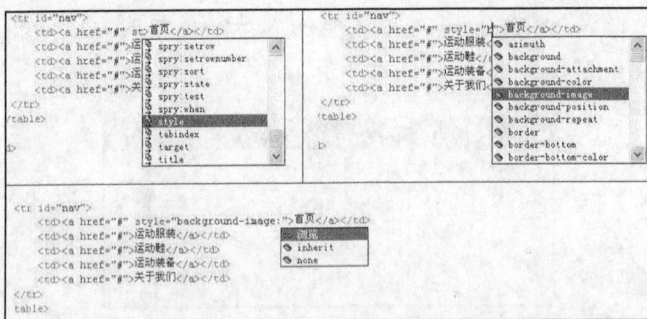

图 8-37　利用提示菜单快速输入内联样式表代码

9. 测试效果，完成制作

按 F12 键预览网页，可以看到制作好的导航条如图 8-38 所示。

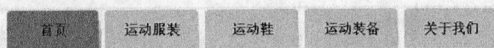

图 8-38　导航条预览效果

至此，利用 CSS 样式表制作导航条制作完成。

（二）运用 CSS 样式表完善首页

1. 运用 CSS 设置首页文字

在第四章中，我们曾经使用属性面板设置首页的各部分文字格式，那样设置虽然也能实现最终效果，但是一个一个地设置十分烦琐。现在可以使用 CSS 进行设置，不但能实现效果，而且十分便捷，产生的代码也很少。

为了统一的风格，网页中大部分文字格式应该是一致的，可以采用页面属性设置整体文字风格。个别部分的文字设置可以创建 CSS 类，然后将类应用到文字上。

（1）页面整体字体风格设置。打开 index.html 文档，选择"修改"菜单→"页面属性"，在弹出的"页面属性"对话框中设置文字大小和颜色，如图 8-39 所示。

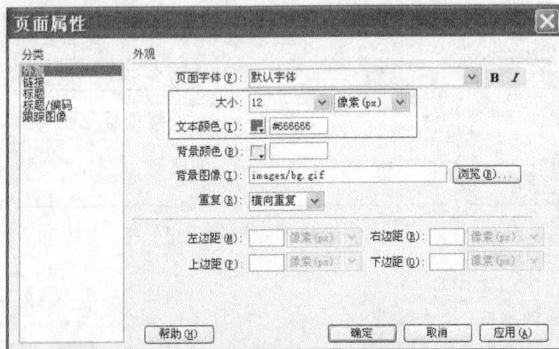

图 8-39　利用"页面属性"设置页面文字格式

友情提示

用"页面属性"设置页面文字格式和 CSS 有什么关系呢？

实际上，Dreamweaver 会将在"页面属性"中设置的格式用 CSS 代码记录下来并应用到网页中。切换到代码视图，在网页头部可以看到生成的 CSS 代码，如图 8-40 所示。

所以，"页面属性"对话框从本质上来说也是一种 CSS 设置工具。

```
25  <style type="text/css">
26  <!--
27  body {
28      background-image: url(images/bg.gif);
29      background-repeat: repeat-x;
30  }
31  body,td,th {
32      font-size: 12px;
33      color: #666666;
34  }
35  -->
36  </style>
37  </head>
```

图 8-40 "页面属性"设置生成的 CSS 代码

这样，页面的整体文字风格就确定为"大小 12 像素，颜色为#666666"。

（2）商品价格文本的设置。选择"文本"菜单→"CSS 样式"→"新建"，新建一个名为"price"的 CSS 类规则，如图 8-41 所示。

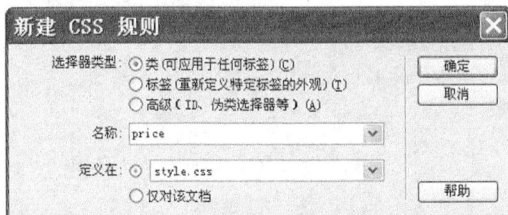

图 8-41 新建"price"类规则

对"price"类规则进行如图 8-42 所示的设置。

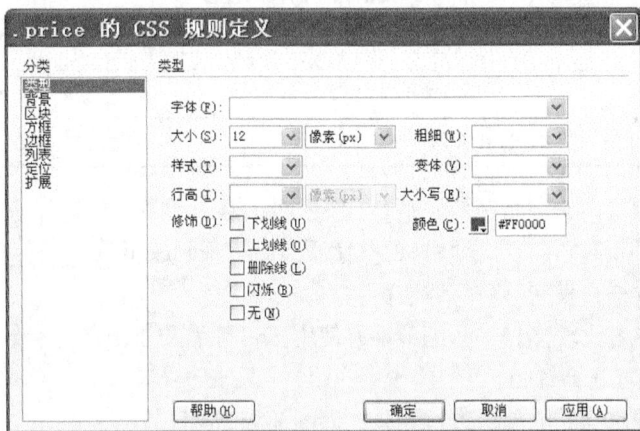

图 8-42 "price"类规则的设置

依次选中页面中的价格文本，在属性面板的"样式"中选择"price"。这样，页面中商品的价格就都应用了"price"类，变成 12px、红色的文字了。

（3）页脚部分文本的设置。页脚的导购部分文本的大小比其他部分稍大一点，可以利用 CSS 进行设置。

新建一个名为".footer"的 CSS 类，在类中设置文本大小为 14 像素。

选中页脚导购部分文本，在属性面板的"样式"中选择"footer"。这样，页脚导购部分文字应用"footer"类，大小变成 14 像素了。

2. 运用 CSS 设置首页右部文本的下画线

首页右部的"最新公告"、"销售排行"、"用户评论"3 个版块中的文字下面都有下画线，如

图 8-43 所示，且下画线的样式一致，可以用 CSS 统一设置。

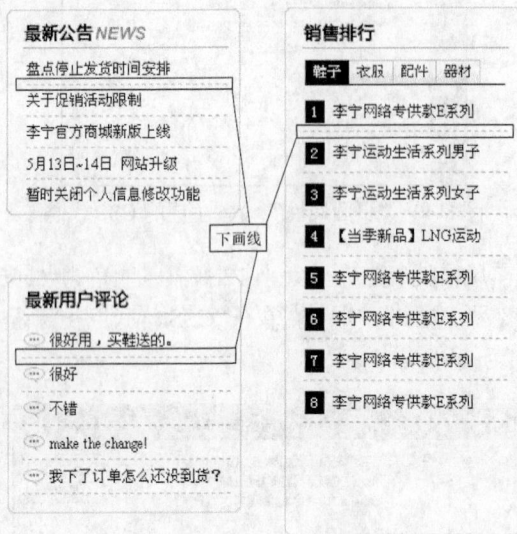

图 8-43　文字下画线

由于文字是位于表格中的，我们只需给文字所在单元格设置下边框即可实现文字下画线效果。新建一个名为 ".td_bottom" 的 CSS 类，对类进行如表 8-3 所示的设置。

表 8-3　　　　　　　　　　　　　　　 ".td_bottom" 的样式设置

分类	设置项目	设置值	说明
区块	文本对齐	左对齐	设置文本左对齐
边框	下	虚线，1 像素，#CCCCCC	设置下边框的线形、粗细和颜色

依次选择 3 个版块中文字所在单元格（可按住 Ctrl 键选择多个对象），在属性面板的 "样式" 中选择 ".td_bottom"，这样，3 个版块中的文字下方就有下画线了。

（三）运用 CSS 样式表完善商品详情页

商品详情页面内容比较多，一些细节地方使用 CSS 设置更加方便、有效。

1. 运用 CSS 设置商品评论

商品评论由用户对商品的星级进行评分，如图 8-44 所示。

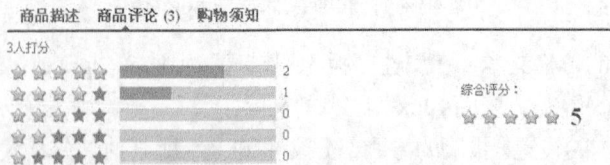

图 8-44　商品评论效果图

在这里，需要添加很多星星和横条，如果直接插入图片的话，不但不好控制，而且会产生不少冗余代码。我们可以使用 CSS 进行设置。

（1）创建表格。将光标定位在商品评论位置，插入一个 5 行 8 列的表格，如图 8-45 所示。

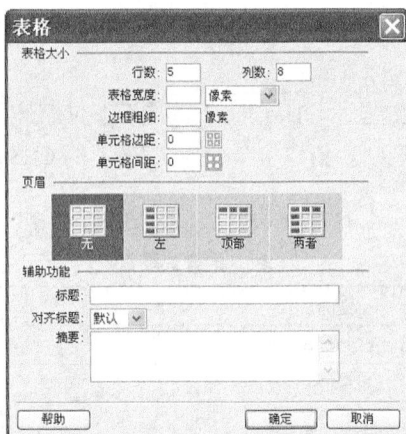

图 8-45　插入 5×8 的表格

（2）新建".td_star"类规则。新建一个名为".td_star"的 CSS 类规则，用于设置黄色星星。对类进行如表 8-4 所示的设置。

表 8-4　　　　　　　　　　　　　　　".td_star"的样式设置

分类	设置项目	设置值	说明
背景	背景图像	images/star.gif	设置背景图像为黄色星星
	重复	不重复	设置背景不重复
	水平位置	居中	设置背景水平居中
	垂直位置	居中	设置背景垂直居中
区块	显示	块	将对象设置为块显示
方框	宽	20	设置对象宽为 20 像素
	高	20	设置对象高为 20 像素

（3）新建".td_star2"类规则。新建一个名为".td_star2"的 CSS 类规则，用于设置灰色星星。对类进行和".td_star"相同的设置，除了要将背景图像换成"images/star2.gif"。

（4）对表格应用类规则。如图 8-44 所示，将要设置为黄色星星的单元格选中（可按住 Ctrl 键选择多个单元格），在属性面板的"样式"中选择"td_star"；再将要设置为灰色星星的单元格选中，在属性面板的"样式"中选择"td_star2"。这样，黄色和灰色星星就制作完成了。

（5）插入 Div 层。将光标定位到第 1 行第 7 列，在属性面板中设置单元格"水平"为"左对齐"。然后选择"插入记录"→"布局对象"→"Div 标签"，在弹出的"插入 Div 标签"对话框中设置类名称为"bar"，如图 8-46 所示。

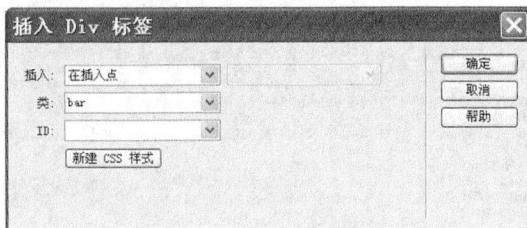

图 8-46　插入 Div 标签

继续将第 7 列的第 2、3、4、5 行单元格"水平"设置为"左对齐"，然后分别插入 4 个类名称为"bar"的 Div。

将 Div 里自动生成的"此处显示 class "bar" 的内容"文字删除。

（6）设置".bar"的 CSS 规则。新建一个名为".bar"的 CSS 类规则，对类进行如表 8-5 所示的设置。

表 8-5 ".bar"的样式设置

分类	设置项目	设置值	说明
背景	背景图像	images/greybar.gif	设置背景图像为灰色横条
	重复	不重复	设置背景不重复
	水平位置	居中	设置背景水平居中
	垂直位置	居中	设置背景垂直居中
区块	显示	块	将对象设置为块显示
方框	宽	150	设置对象宽为 150 像素
	高	12	设置对象高为 12 像素

这样，前面添加的 5 个 Div 就应用了该样式，如图 8-47 所示。

（7）插入红色横条图片。将光标定位在第 1 个 Div 中，插入图片"images/redbar.gif"，在属性面板中设置图片的宽为 100。

在第 2 个 Div 中也插入图片"images/redbar.gif"，在属性面板中设置图片的宽为 50，如图 8-48 所示。

（8）添加评论数量文字。将表格第 8 列所有单元格选中，在属性面板中设置宽度为 20，水平为"居中对齐"。然后在各单元格内添加评论数量文字，如图 8-48 所示。

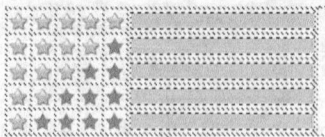

图 8-47　设置好的 Div 层　　　　图 8-48　插入红色横条图片，添加评论数量文字

2. 运用 CSS 完成"购物须知"文本的段落设置

"购物须知"部分文本默认的段落设置不够美观，需要运用 CSS 进行重新设置。

打开"第八章素材/素材"中的"文字素材.txt"文档，将里面的"退换货声明"、"配送须知"、"付款方式"3 段文本分别复制并粘贴到页面的相应位置，如图 8-49 所示。

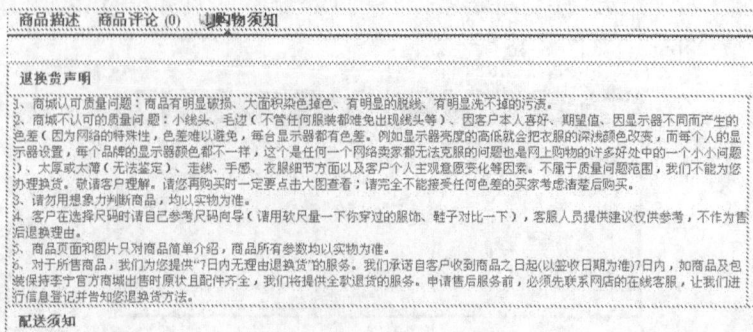

图 8-49　粘贴插入文本

从图 8-49 中可以看到插入的文本段落行距过小，文字过于紧密，不够美观。但是，在属性面板中又无法进行设置，这时可以运用 CSS 进行设置。

选择"文本"菜单→"CSS 样式"→"新建"，新建标签样式，名称为"p"，如图 8-50 所示。

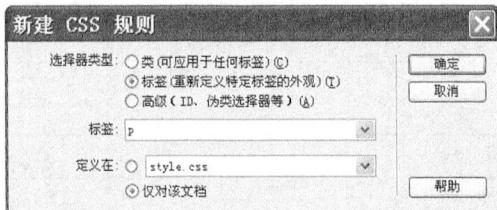

图 8-50　新建标签"p"CSS 规则

在该规则定义的"类型"分类中设置"行高"为 30。

这样，前面添加的文本段落的行距就增大了，文本看起来就美观了。

友情提示

在这里，"p"是一种 HTML 标签，用于设置页面中的段落。位于<p>和</p>标签对之间的内容属于一个段落。<p>具有默认的样式，如果想要修改其默认样式，可以运用 CSS 样式表重新设置。

8.3.3　项目评价

表 8-6　　　　　　　　　　　　　　　项目成果一览表

序号	项目任务	项目成果
1	你知道框架网页和 CSS 样式表的概念了吗？	
2	你了解框架网页和 CSS 样式表的功能了吗？	
3	你知道怎样创建和保存框架和框架集吗？	
4	你知道怎样创建 CSS 样式表吗？	
5	你知道 CSS 样式表可以设置哪些样式吗？	
6	你熟悉 CSS 样式表的常用设置吗？	
7	你能说出 3 种 CSS 样式表类型的用法吗？	
8	你能运用框架网页和 CSS 样式表的知识完成项目实训八吗？	

表 8-7　　　　　　　　　　　　　　　项目反思与小结

实验反思	请说一说框架网页和普通网页的区别： 请谈一谈可以通过哪些方法创建 CSS 样式表：
小结	请谈一谈你完成本项目后的收获： 请谈一谈在本项目中你的困惑：

8.4 学习评价

表 8-8   项目自评、互评表

	序号	知识、技能、实践活动	优	良	中	差	备注
自 评	1	创建"阳光运动商城"站点,并按要求设置站点文件夹					
	2	会创建和保存框架网页					
	3	会设置框架和框架集的属性					
	4	能运用框架网页的知识完成商品列表框架网页的制作					
	5	理解 CSS 样式表的概念					
	6	能说出三种 CSS 样式表的类型和用法					
	7	会通过三种不同途径定义 CSS 样式表					
	8	熟悉 CSS 样式表的设置方法					
	9	运用 CSS 样式表完成首页相关部分的设置					
	10	运用 CSS 样式表完成商品详情页相关部分的设置					

同伴评语:

同伴签字: 年   月   日

同伴评价:实验成绩		学生签字	

知 识 与 技 能 评 价 标 准

优	良	中	差
1. 能轻松地创建站点并设置站点文件夹和文件	1. 能完成站点的创建和设置	1. 在别人的提示下能完成站点的创建和设置	1. 无法完成站点创建和设置
2. 会熟练地创建和保存框架网页	2. 会创建和保存框架网页	2. 在别人的提示下能创建和保存框架网页	2. 不会创建和保存框架网页
3. 会熟练地设置框架和框架集的属性	3. 会设置框架和框架集的属性	3. 能在别人的提示下设置框架和框架集的属性	3. 不会设置框架和框架集的属性
4. 能正确并快速地完成商品列表框架网页的制作	4. 能完成商品列表框架网页的制作	4. 能在别人的帮助下完成商品列表框架网页的制作	4. 不知道何为 CSS
5. 能很好地理解 CSS 样式表的概念	5. 能理解 CSS 样式表的概念	5. 知道 CSS 样式表的概念	5. 不知道 CSS 的类型
6. 能说出全部三种 CSS 样式表的类型和用法	6. 能说出两种 CSS 样式表的类型和用法	6. 能说出一种 CSS 样式表的类型和用法	6. 不会定义 CSS 样式表
7. 能通过三种不同途径定义 CSS 样式表	7. 能在提示下定义三种不同途径的 CSS 样式表	7. 能在别人的帮助下完成 CSS 样式表的定义	7. 无法完成余下任务
8. 熟悉 CSS 样式表的设置方法	8. 能在提示下完成 CSS 样式表的设置	8. 需要别人的指导和帮助完成 CSS 样式表的设置	
9. 能独立运用框架网页知识完成商品列表框架网页的制作	9. 能在提示下运用框架网页知识完成商品列表框架网页的制作	9. 能在指导和帮助下运用框架网页知识完成商品列表框架网页的制作	
10. 能独立地运用 CSS 样式表完成商品详情页相关部分的设置	10. 能在提示下运用 CSS 样式表完成商品详情页相关部分的设置	10. 能在指导和帮助下运用 CSS 样式表完成商品详情页相关部分的设置	

续表

同 伴 互 评 活 动 评 价 标 准			
优	良	中	差
1. 有较强的自控能力，不断探索、独立思考 2. 对于不懂的问题勇于寻求帮助，但不过分依赖他人 3. 能积极主动帮助他人 4. 能公正客观评价他人 5. 懂得尊重、欣赏和激励他人	1. 能思考问题 2. 能向他人请教，但有时会依赖他人 3. 能帮助他人 4. 基本能客观地评价他人 5. 没有冒犯他人的言语	1. 在他人督促下完成部分任务 2. 能回应他人的请求 3. 过分依赖他人帮助 4. 评价欠公正客观 5. 偶有冒犯他人的言语	不能完成任务，不愿思考问题，不能评价他人，有冒犯他人的言语或行为

课后练习

一、判断题

1. 框架本身并不包含可视内容，它只是一个展示页面内容的容器。（　　　）

2. 框架的名称用于识别不同框架，在指定打开链接目标的目标框架或脚本引用该框架时使用。（　　　）

3. 选择"文件"菜单→"保存全部"，可依次保存一组框架关联的所有文件。（　　　）

4. 将一些样式信息定义在一个单独的外部文件中，其扩展名为.CSS。整个网站所有文件都可以链接此文件，并使用其中定义的样式。（　　　）

5. 内联样式表可在当前网站中的所有文件中起作用。（　　　）

6. 内联样式表称不上表，它仅仅是一条 HTML 标记而已。（　　　）

7. 3 种 CSS 样式表中内联样式表最优先，其次是内部样式表，最后是外部样式表。（　　　）

8. 使用样式表技术，可以只修改一个文件就能够改变页数不计的网页外观和格式。（　　　）

9. 类样式是唯一可以应用于文档中任何文本的 CSS 样式类型。（　　　）

二、简答题

1. 什么是框架？什么是框架集？

2. 简述样式表的概念。

3. 简要叙述 3 种定义 CSS 样式表的途径。

4. 请简要说明 3 种类型 CSS 样式表的用法。

第九章

应用表单

情境设计

你在上网购物或浏览网页时，经常会遇到需要登录或注册、填写个人信息、选择类别等的操作，这些都是网站和浏览者之间进行的交互。衡量电子商务网页的一个重要标准就是网页的交互性。表单是实现网页与浏览者交互的重要手段之一，通过表单可以从浏览者那里收集信息，服务器对这些信息进行处理后再将结果反馈给浏览者。在这一章里，我们将共同学习怎样在网页添加表单和表单元素，对表单的处理和功能实现这样相对较难的内容就不作介绍了，那需要学习与动态网站知识相关的课程，如果感兴趣，你可以在课外学习 ASP、数据库等相关知识。

学习目标

➤ 理解表单和表单对象的概念和功能
➤ 了解表单的工作原理和设计原则
➤ 会在网页中创建表单，并添加所需的表单对象

任务导入

什么是表单？它是怎样工作的？如何在网页中放置表单？

原来我在网上注册邮箱或者 QQ 号的时候就使用过表单啊！看来，表单真是电子商务网页少不了的元素呢！人们购物下订单、对商品进行评价的时候都要用到它。

➤ 学习表单相关的知识
➤ 掌握在网页中创建和设置表单的方法
➤ 完成项目实训九
➤ 完成本章课后作业

9.1　表单和表单对象

一、表单的含义

表单可以实现浏览者与 Web 服务器之间信息的交互传递，它是网页信息收集处理的一种重

要方式。表单可以收集浏览者输入的信息，数据的接收、传递、处理以及反馈工作则由通过网关接口（Common Gateway Interface）的 CGI 程序来完成。

表单的工作流程如下。

（1）浏览者在表单中填写相关信息，然后提交，将填写的表单内容上传到服务器，

（2）服务器中的表单处理程序对接收到的信息进行处理。

（3）服务器将处理结果发送给浏览者的浏览器。

可见，必须依赖于服务器端的脚本程序表单才能真正发挥其功能。

小贴士

虽然没有添加后台处理程序的表单不能实现其交互的功能，但不要认为你的工作没有意义。网站的开发需要团队协作，前台的页面设计和后台的程序开发往往各有分工。作为页面制作人员把页面设计好，可以给浏览者呈现出友好的界面，也能给后台程序开发人员良好的接口，便于后台的开发。

二、常用表单对象

一个表单中往往会包含一些表单对象，它们共同来完成表单收集信息的任务。可以在表单中添加以下表单对象。

1. 文本字段和文本区域

文本字段和文本区域用于接收浏览者的文本输入内容。文本字段和文本区域可以显示单行或多行文本，还能以密码域的方式显示，其中密码域显示时，输入文本将被替换成星号，以免其他人看到密码，如图 9-1 所示。

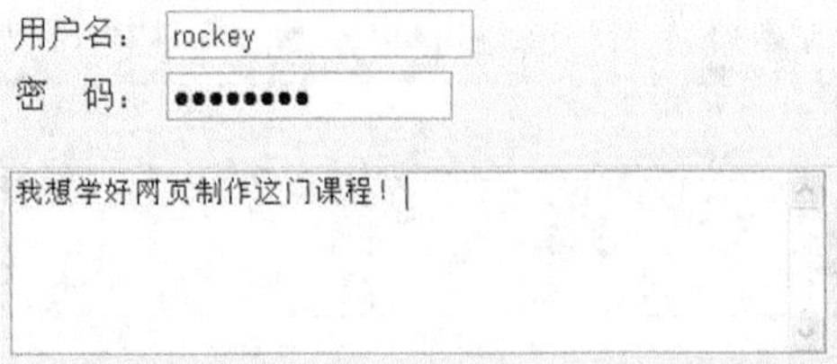

图 9-1　文本字段和文本区域

2. 按钮

在单击时执行某种操作，通常这些操作包括"重置"和"提交"。

3. 单选按钮

由两个或两上以上的一组按钮组成，浏览者只能选择其中的一个选项，如图 9-2 所示。

图 9-2　单选按钮

4. 复选框

由一组按钮组成，浏览者可以选择其中的任意多个合适的项，如图 9-2 所示。

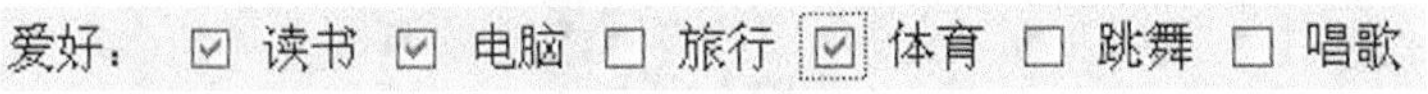

图 9-3　复选框

5. 列表/菜单

在表单中可以插入两种类型的菜单,一种是浏览者单击对象的下拉菜单,如图9-4所示,另一种是一列有项目的可滚动的列表。

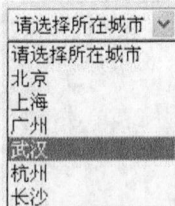

图9-4 下拉菜单

6. 其他表单对象

除了以上几种常见的表单对象外,还有隐藏域、文件域、图像域、跳转菜单等,本书项目中没有使用的,在这里就不做详细介绍了。

9.2 创建表单

一、创建表单

(1)将光标定位在要插入表单的位置,选择"插入记录"菜单→"表单"→"表单",或选择插入栏上的"表单"类别,然后单击"表单"按钮 ,将插入一个空的表单,在设计图像中可以看到,红色的虚轮廓线指示表单,如图9-5所示。

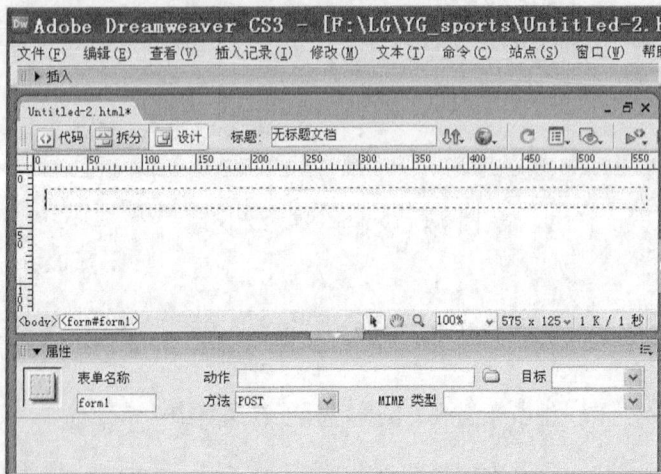

图9-5 插入表单

(2)指定将表单数据传输到服务器所使用的方法。其中GET方法将值附加到请求该页面的URL中,POST方法将在HTTP请求中嵌入表单数据。

(3)插入表单对象。将插入点放置在希望表单对象在表单中出现的位置,然后在"插入记录"→"表单"菜单中,或者在插入栏的"表单"类别中选择对象。将表单对象插入页面后可以设置其属性。

二、添加表单对象

1. 添加文本域

将插入点定位到表单中的相应位置，选择"插入记录"菜单→"表单"→"文本域"，或者单击插入栏"表单"类别中的"文本字段"按钮 ⬚，即可插入一个文本域。

文本域的属性如图 9-6 所示，可根据需要设置文字域的属性。

图 9-6　文本域的属性

其中各项参数说明如下。

➤ **文本域**：为该文本域指定一个名称。

✍ **友情提示**

　　每个文本域都必须有一个唯一名称，此名称必须在表单内唯一标识该文本域。表单对象名称可以使用字母、数字、下画线的任意组合，但不能包含空格或特殊符号。为文本域指定的名称是存储该域的值（用户输入的数据）的变量名。

➤ **字符宽度**：最多可显示的字符数。例如，如果"字符宽度"设置为 20，而浏览者输入了 30 个字符，则在该文本域中只能看到前 20 个字符。请注意，虽然无法看到其余的字符，但文本域可以识别它们，而且它们会被发送到服务器进行处理。

➤ **最多字符数**：设置文本域中最多可输入的字符数。例如，可以使用"最多字符数"将邮政编码限制为 6 位数，浏览者在输入时就无法输入 6 位以上的数字了。如果"最多字符数"设为空白，则浏览者可以输入任意数量的文本而不受限制。

➤ **类型**：可以设置文本域为单行、多行或密码。当设置为密码时，浏览者输入的内容显示为星号，以免被其他人看到。

➤ **初始值**：指定在首次载入表单时文本域中显示的值。例如，通过说明或示例值，可以提示浏览者在文本域中输入正确的信息。

➤ **类**：将 CSS 规则应用于对象。

2. 添加复选框

将插入点定位到表单中的相应位置，选择"插入记录"菜单→"表单"→"复选框"，或者单击插入栏"表单"类别中的"复选框"按钮 ☑，即可插入一个复选框。

复选框的属性如图 9-7 所示，可根据需要设置复选框的属性。

图 9-7　复选框的属性

其中各项参数说明如下。

➢ **复选框名称：** 为该复选框指定一个名称。每个复选框都必须有一个唯一名称，所用名称必须在表单内唯一标识该复选框。

➢ **选定值：** 设置在该复选框被选中时发送给服务器的值。

➢ **初始状态：** 确定在浏览器中载入表单时该复选框是否被选中。

➢ **类：** 将 CSS 规则应用于对象。

一般需要在复选框前添加说明性文字作为复选框的标签，然后继续添加复选框直至所有复选框添加完成。

3. 添加按钮

按钮常用于控制表单的操作，使用按钮可将表单数据提交到服务器，或者重置该表单。标准表单按钮通常带有"提交"、"重置"标签。使用按钮还可以执行相关事件，如单击事件、提交表单事件等。

将插入点定位到表单中的相应位置，选择"插入记录"菜单→"表单"→"按钮"，或者单击插入栏"表单"类别中的"按钮"按钮□，即可插入一个按钮。

按钮的属性如图 9-8 所示，可根据需要设置按钮的属性。

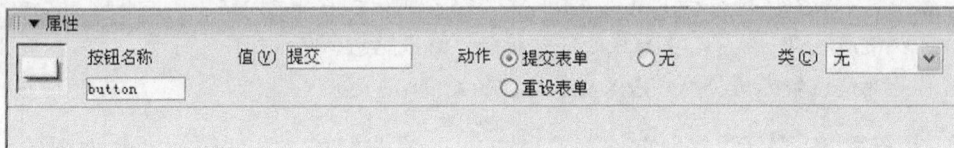

图 9-8　按钮的属性

其中各项参数说明如下。

➢ **按钮名称：** 为该按钮指定一个名称。

➢ **值：** 设置按钮上显示的文本。

➢ **动作：** 确定单击按钮时发生的操作。如果选中了"提交表单"选项，当单击该按钮时，将提交表单数据进行处理。如果选中了"重设表单"选项，当单击该按钮时，将清除该表单的内容。选择"无"选项，指定单击该按钮时要执行的操作，例如，可以添加一个 JavaScript 脚本，当浏览者单击该按钮时打开另一个页面。

➢ **类：** 将 CSS 规则应用于对象。

9.3　项目实训九：制作"阳光运动商城"
用户注册页面

商务网站的目的在于吸引浏览者购买商品，那么收集浏览者的信息是商务网站必须要实现的功能。通常网站会制作一个用户注册页面供浏览者填写，提交后，浏览者的信息就会被传送到服务器中保存起来供以后使用。

9.3.1 项目任务

 个人 任务	（1）制作用户注册页面框架。 （2）添加注册页面的表单。 （3）添加注册页面表单对象。 （4）美化注册页面。 （5）学生根据项目成果进行交流与互评，同时填写表 9-1 所示的项目成果一览表、表 9-2 所示的项目反思与小结和表 9-3 所示的项目自评、师评表。

9.3.2 项目过程

用户注册页面内容不多，整体框架和首页类似，分为 header 区、main 区和 footer 区，其中 header 区和 footer 区与首页完全一样。main 区则放置实现注册功能的表单。

我们可以直接将首页复制，删除掉其中的 main 区内容，然后添加表单及表单对象并对其进行设置。

注册页面 main 部分效果如图 9-9 所示。

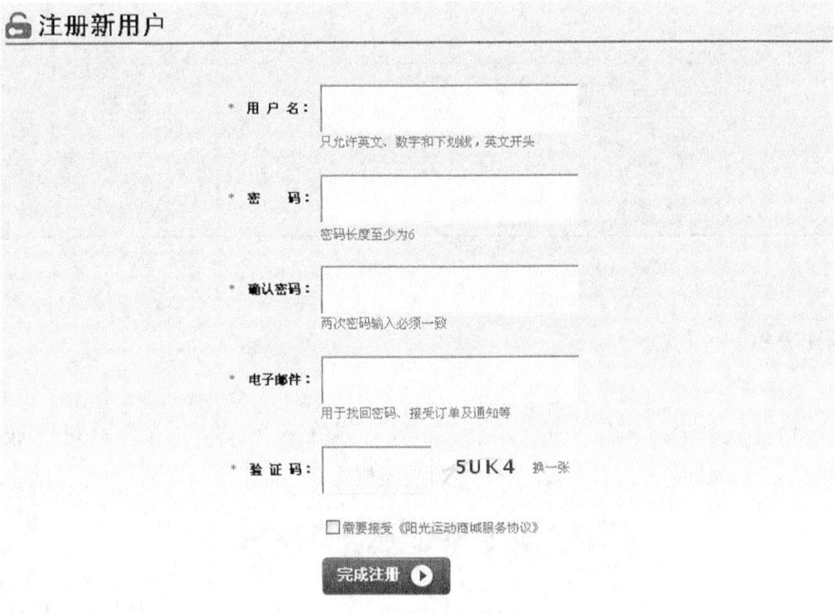

图 9-9　注册页面 main 部分效果图

一、制作注册页面框架

1. 新建、设置站点

在本地 D 盘（或者其他盘）中新建一个名为"yg_sports"的文件夹，将"第九章素材\素材"中的文件和文件夹复制到"yg_sports"文件夹中。打开 Dreamweaver CS3，新建站点，设置站点名称为"阳光运动商城"。将"yg_sports"文件夹设为站点的本地文件夹。

2. 复制首页文档

打开站点文件夹，将 index.html 文档复制一遍，修改文件名为"regist.html"。用 Dreamweaver CS3 打开 regist.html。

3. 删除不需要的部分

切换到代码视图，将 main 区内容的代码删除。另外，将页面中的 banner 区删除，如图 9-10 所示。

小贴士

为了便于操作，素材中 index.html 各部分区块内容用注释标记出来了，你可以根据注释找到相应内容，将其选中并删除。删除 main 部分后的代码如图 9-10 所示。

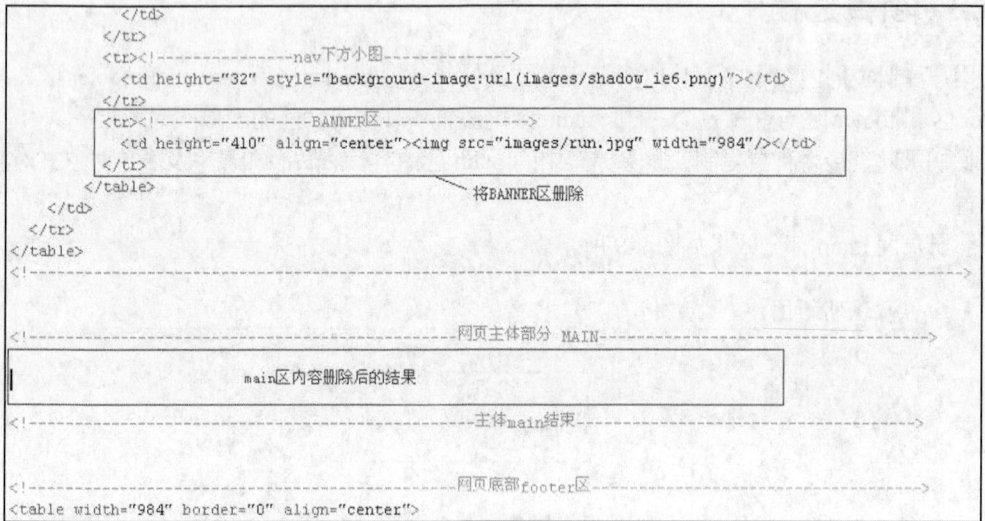

图 9-10　删除不需要部分后的代码

二、制作表单

1. 插入表格

将光标定位在网页主体部分，选择"插入记录"菜单→"表格"，在弹出的"表格"对话框中按图 9-11 所示进行设置，插入一个 3 行 1 列的表格。

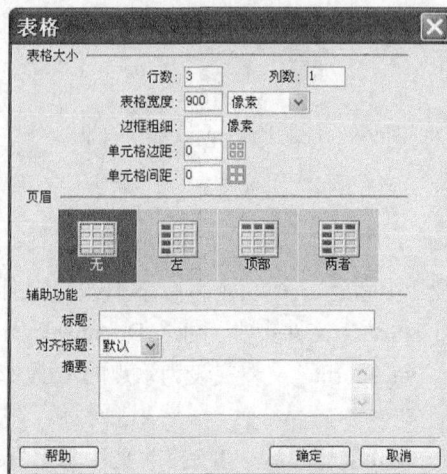

图 9-11　插入表格

2. 表格居中对齐

选中表格，在属性面板中将其设置为"居中对齐"，如图 9-12 所示。

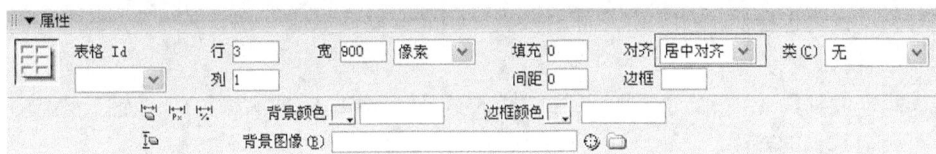

图 9-12　设置表格居中对齐

3. 插入图片和文字

将光标定位在表格的第 1 行，插入站点 images 文件夹中的图片"lock.gif"，输入文字"注册新用户"，并设置文字格式为"黑体，24 像素（px），黑色（#000000）"。

4. 插入红色分隔线

将光标定位在表格的第 2 行，插入站点 images 文件夹中的图片"line_redbar.gif"。

5. 插入表单

将光标定位在表格的第 3 行，选择"插入记录"菜单→"表单"→"表单"，插入一个表单。

三、添加表单对象

所有的表单对象都要位于表单内部，为了使各个表单对象整齐合理地排列，可使用表格对表单对象进行排版。

1. 插入表格

将光标定位在表单内，选择"插入记录"菜单→"表格"，插入一个 18 行 2 列、宽度为 500 像素的表格。

2. 添加"用户名"文本域及标签文字

将光标定位到第 2 行第 1 列，在单元格内添加文本"* 用户名："将文本选中，设置为粗体，将星号设为红色。

将光标定位到第 2 行第 2 列，选择"插入记录"菜单→"表单"→"文本域"，插入一个文本域对象。

在第 3 行第 2 列的单元格内添加文本"只允许英文、数字和下划线，英文开头"。

3. 添加其他文本域及标签文字

在表格的第 5 行和第 6 行，第 8 行和第 9 行，第 11 行和第 12 行，第 14 行分别插入其他 4 个文本域及相应的标签文字，如图 9-13 所示。

图 9-13　添加文本域及标签文字

4. 添加复选框及标签文字

将光标定位到第 16 行第 2 列，选择"插入记录"菜单→"表单"→"复选框"，插入一个复选框对象。在复选框后添加文本"需要接受《阳光运动商城服务协议》"。

5. 添加按钮

将光标定位到第 18 行第 2 列，选择"插入记录"菜单→"表单"→"按钮"，插入一个按钮对象，如图 9-14 所示。

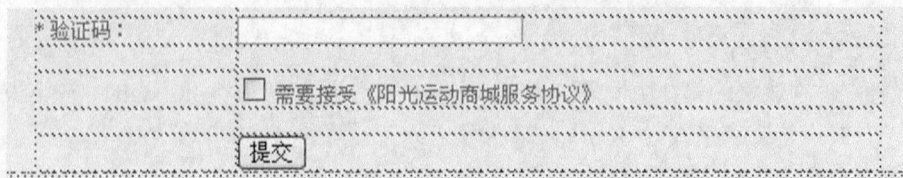

图 9-14　添加复选框和按钮

6. 添加验证码图片和文字

选中验证码文本域所在的单元格（第 14 行第 2 列），在单元格内单击鼠标右键，在弹出的快捷菜单中选择"表格"→"拆分单元格"，弹出"拆分单元格"对话框，将单元格拆分为 3 列，如图 9-15 所示。

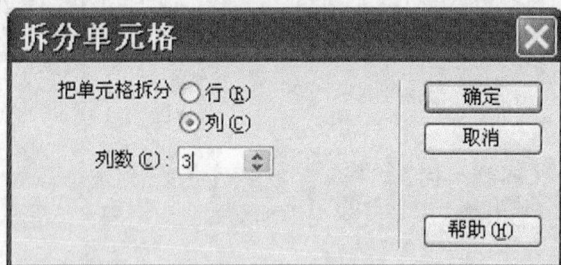

图 9-15　拆分单元格

在文本域右边拆分出的单元格中插入站点 images 文件夹中的图片"yanzheng.gif"，在右边单元格中添加文本"换一张"，如图 9-16 所示。

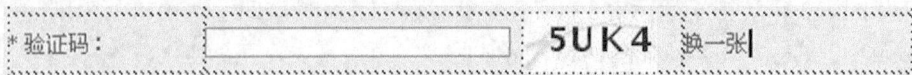

图 9-16　插入验证码图片和文字

四、设置表单对象格式

插入了表单对象内容后，还需要设置其格式，使表单对象更加美观。

1. 设置文本域样式

由于表单中有 5 个文本域，我们可以先新建一个 CSS 类样式，然后将此类应用到文本域中，这样可以使文本域样式保持一致。

选择"文本"菜单→"CSS 样式"→"新建"，新建一个 CSS 类规则，如图 9-17 所示。

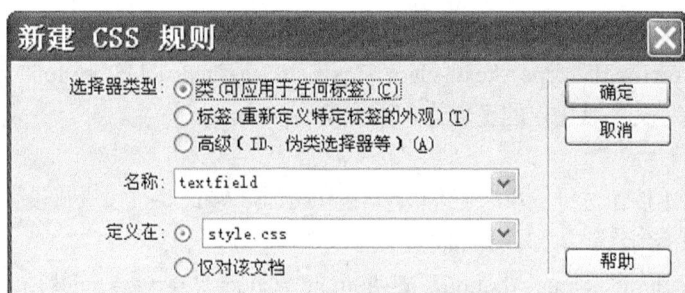

图 9-17 新建一个 CSS 类规则

".textfield"类的样式设置如表 9-1 所示。

表 9-1 ".textfield"样式设置

分类	设置项目	设置值	说明
类型	大小	30 像素	设置文本字体大小为 30 像素
	行高	40 像素	行高设置为 40 像素
背景	背景颜色	#fffdec	设置文本域的背景颜色为#fffdec
方框	宽	240 像素	设置文本域的宽为 240 像素
	高	40 像素	设置文本域的高为 40 像素

选择文本域，在属性面板中将其"类"设置为"textfield"，应用该 CSS 规则后效果如图 9-18 所示。

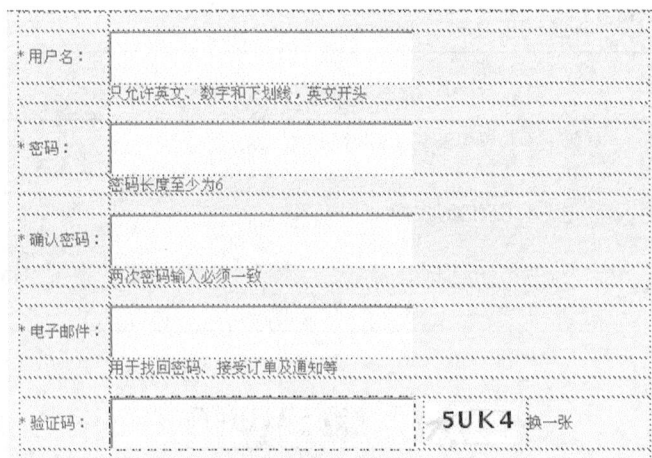

图 9-18 应用 CSS 规则后的文本域

2. 设置密码文本域为密码

浏览者在使用密码文本域时，输入的密码内容应该显示为星号"*"，以免被其他人看到。选中密码文本域，在属性面板中将其类型设为"密码"。确认密码文本域也应设为"密码"。

3. 设置验证码文本域宽度

表单的 5 个文本域中，验证码文本域的宽度应该比其他 4 个小一些，可以使用内联 CSS 样式来设置。

选中验证码文本域，切换到代码视图，添加如下内联 CSS 代码：

<input name="textfield5" type="text" class="textfield" id="textfield5" style="width:100px"/>

代码解释：设置文本域对象的宽度为 100 像素。

4．设置按钮的样式

前面添加的原始按钮过于简单，我们可以用内联 CSS 样式对按钮进行设置。

选中按钮，切换到代码视图，添加如下内联 CSS 代码：

<input type="submit" name="button" id="button" value="" style="width:122px; height:35px; background:url(images/regist.gif); border:none;" />

代码解释：设置按钮的宽度为 122 像素；高度为 35 像素；背景图片为 regist.gif；清除按钮边框。

至此，整个注册页面表单及表单对象制作完毕。按 F12 键预览效果。

9.3.3 项目评价

表 9-2 项目成果一览表

序号	项目任务	项目成果
1	你知道什么是表单了吗?	
2	你能说出几种表单对象的名称吗?	
3	你会在页面中创建表单了吗?	
4	你会创建文本域并设置其属性和样式吗?	
5	你会创建复选框吗?	
6	你会创建按钮并设置其属性和样式吗?	
7	你能运用表单知识制作用户登录页面吗?	

表 9-2 项目反思与小结

实验反思	请谈一谈如何运用表单和表单对象制作用户注册页面：
小结	请谈一谈你完成本项目后的收获： 请谈一谈在本项目中你的困惑：

9.4 学习评价

表 9-3 项目自评、师评表

	序号	知识、技能、实践活动	优	良	中	差	备注
自评	1	创建"阳光运动商城"站点，并按要求设置站点文件夹					
	2	理解表单的概念					
	3	说出几种表单对象的名称					

	序号	知识、技能、实践活动	优	良	中	差	备注
自评	4	会创建表单					
	5	会创建文本域并设置其属性和样式					
	6	会创建复选框					
	7	会创建按钮并设置其属性和样式					
	8	能运用表单知识完成用户注册页面的制作					

教师评语：

教师签字：　　　　　　　　年　　月　　日

教师评价：实验成绩		学生签字	

知 识 与 技 能 评 价 标 准

优	良	中	差
1. 能轻松地创建站点并设置站点文件夹和文件 2. 能很好地理解表单的概念 3. 能说出 5 种以上表单对象的名称 4. 能独立地在页面中创建表单 5. 能独立地创建文本域并设置其属性和样式 6. 能独立地创建复选框 7. 能独立地创建按钮并设置其属性和样式 8. 能独立地完成用户注册页面的制作	1. 能完成站点的创建和设置 2. 能理解表单的概念 3. 能说出 4 种以上表单对象的名称 4. 能在提示下在页面中创建表单 5. 能在提示下完成文本域的创建和设置 6. 能创建复选框 7. 能在提示下完成按钮的创建和设置 8. 能在提示下完成用户注册页面的制作	1. 在别人的提示下能完成站点的创建和设置 2. 知道表单的概念 3. 能说出 2 种以上表单对象的名称 4. 能在别人的帮助下创建表单 5. 需要别人的指导和帮助完成文本域的创建和设置 6. 能在指导下创建复选框 7. 能在指导和帮助下完成按钮的创建和设置 8. 能在指导和帮助下完成用户注册页面的制作	1. 无法完成站点创建和设置 2. 不知道什么是表单 3. 不知道何为表单对象 4. 不会创建表单 5. 无法完成余下任务

课后练习

一、判断题

1. 表单可以实现浏览器与 Web 服务器之间信息的交互转换，它是网络信息收集处理的一种重要方式。（　　）

2. 一个能正常工作的表单必须包含两部分：含表单的网页，用于处理浏览者提交信息的表单处理程序。（　　）

3. 表单对象是组成表单的最小单位，表单对象的标签文字用于提示浏览者如何填写表单对象，有些情况下可以省略标签文字。（　　）

4. 文本字段和文本域接受任何类型的字母、数字文本输入内容。（　　）

5. 当浏览者在文本域中输入超过字符宽度的文本时，无法在该区域中看到全部字符，这些字符也不能完整地发送到服务器进行处理。（　　）

6. 单选按钮通常成组地使用，在同一个组中的所有单选按钮必须具有相同的名称。（　　）

二、简答题

1. 简述表单的概念。
2. 简述几种常见表单对象的名称和作用。
3. 运用表单知识制作登录页（login.html），如图 9-19 所示。

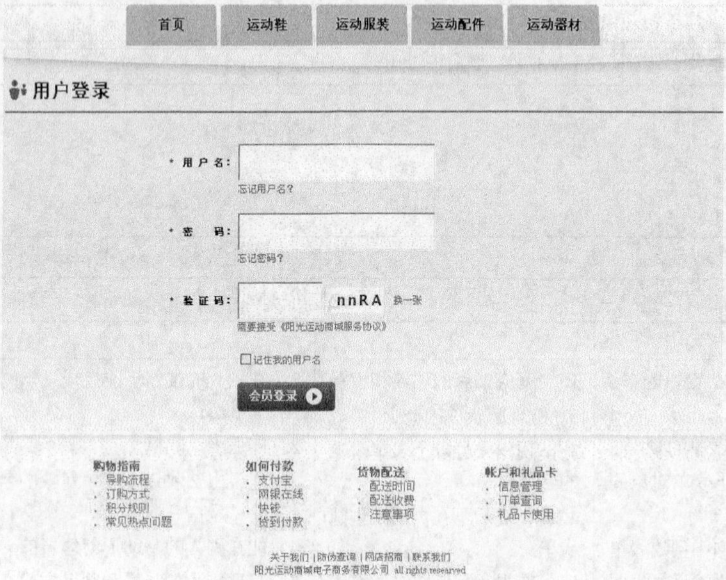

图 9-19 登录页 login.html 效果图

第十章

制作网页特效

情境设计

我们公司有一个团队专门负责营销策划，他们制定的营销广告方案需要我通过网页制作来实现。我制作的漂浮广告、变化的广告图片、滚动的消息等炫目的效果，都是吸引浏览者注意力的有效方式，得到了营销团队的肯定，真的好有成就感啊！告诉你吧，这些不同展现形式的页面效果，都是通过 JavaScript 脚本实现的，学完这些，你就跻身于网页设计高手的行列了，还等什么呢，赶快开始吧！

学习目标

➢ 理解 JavaScript 脚本的功能和一般格式
➢ 能正确地在网页中添加 JavaScript 脚本实现常见网页特效
➢ 能使用 JavaScript 脚本对网页中的表单进行验证

任务导入

什么是 JavaScript 脚本？怎样在网页中添加 JavaScript 脚本？

> 网页上的广告要酷、有特点、醒目才能吸引更多的眼球。我喜欢网页特效，使用它我就可以实现我的广告创意了。不过那么多让人发晕的代码，不会很难吧？

➢ 学习 JavaScript 脚本的基础知识
➢ 掌握在网页中添加 JavaScript 脚本的方法
➢ 运用 JavaScript 脚本实现常见网页特效和表单验证
➢ 完成项目实训十
➢ 完成本章课后作业

10.1　JavaScript 简介

一、什么是 JavaScript

JavaScript 是一种解释性的，基于对象的脚本语言。HTML 网页在互动性方面能力较弱，如下拉菜单，就是浏览者单击某一菜单项时，自动会出现该菜单项的所有子菜单，用纯 HTML 网页无法实现；又如验证表单提交信息的有效性，用户名不能为空，密码不能少于 6 位，邮政编码只能是数字之类，用纯 HTML 网页也无法实现。要实现这些功能，就需要用到 JavaScript。

JavaScript 是一种脚本语言，比 HTML 要复杂。用 JavaScript 编写的程序都是以源代码的形式出现的，也就是说如果在一个网页里看到一段比较好的 JavaScript 代码，恰好你也用得上，就可以直接拷贝，然后放到你的网页中去。正因为可以借鉴、参考优秀网页的代码，所以让 JavaScript 本身也变得非常受欢迎，从而被广泛应用。对于不懂编程的人，多参考 JavaScript 示例代码，也能很快上手。

JavaScript 主要是基于客户端运行的，浏览者单击带有 JavaScript 的网页，网页里的 JavaScript 就传到浏览器，由浏览器对此作处理。前面提到的下拉菜单、验证表单有效性等互动性功能，都是在客户端完成的，不需要和 Web 服务器发生任何数据交换，因此，不会增加 Web 服务器的负担。

几乎所有浏览器都支持 JavaScript，如 Internet Explorer(IE)、Firefox、Netscape、Mozilla、Opera 等。因此，在网页设计时使用 JavaScript，不用担心浏览者因浏览器不支持无法浏览。

二、JavaScript 的基本结构

JavaScript 脚本是嵌入在 HTML 代码中一起被浏览器执行的。理论上可以在 HTML 页面中任何位置嵌入 JavaScript，但一般都是放置在网页头部，即标签对<head>和</head>之间，以便浏览器加载页面内容时，可以预先读取脚本代码。

向页面嵌入 JavaScript 脚本的语法如下：

```
<html>
<head>
<meta http-equiv="Content-Type" content="text/html; charset=utf-8" />
<title>首页</title>
```

```
<script type="text/JavaScript">
    //需要执行的 JavaScript 代码
</script>
```

```
</head>
<body>
    //页面代码内容
</body>
```

可以看到，JavaScript 脚本代码需要放置在<script></script>标签对之间，然后嵌入到 HTML 代码中，才能被浏览器读取并执行显示。

三、JavaScript 向页面输入信息的两种方法

JavaScript 最重要的功能是使网页实现交互，使用 JavaScript 可以动态地向网页输入信息，有下面两种方法。

1. 使用 "alert" 语句

使用 alert("要显示的内容")，可以让网页在被浏览时弹出信息提示框，显示输入信息。

例如，新建一个网页文档，切换到 "代码" 视图，在</head>标签之前输入如下 JavaScript 代码：

```
<script type="text/JavaScript">
   alert("欢迎访问本网站！");
</script>
```

保存后，按 F12 键浏览，会看到网页打开的同时将弹出一个信息提示框，如图 10-1 所示。

图 10-1 使用 alert 语句弹出信息框

小提示

alert 语句被浏览器执行后将产生信息提示框，信息内容由语句括号中的引号之间的文字决定。注意：JavaScript 代码中的标点符号一律只能使用英文半角符号，中文符号不能被识别，因此上例中的括号、引号、分号，都只能用英文半角符号。

另外，JavaScript 代码和 HTML 代码不同，HTML 代码不区分大小写，而 JavaScript 代码是区分大小写的，"alert" 不能写成 "ALERT"，否则代码将不能被识别。

2. 使用 "document.write()" 语句

使用 document.write ("要显示的内容")，可以向页面输出信息。

例如，在网页文档中的</head>标签之前输入如下 JavaScript 代码：

```
<script type="text/JavaScript">
   document.write("欢迎访问本网站！");
</script>
```

保存后，按 F12 键浏览，会看到网页中显示一行文字"欢迎访问本网站！"，如图 10-2 所示。

图 10-2 使用 document.write 语句向页面输出文字

document.write()方法可以向页面输出 3 种类型的信息，如表 10-1 所示。

表 10-1   document.write()方法的输出类型

输出类型	代码实例	输出结果
输出值	document.write("hello, world!");	hello, world!
输出变量	var str="我爱学习网页制作！"; document.write(str);	我爱学习网页制作!
输出 HTML 标记	document.write("<h1>阳光运动商城</h1>")	阳光运动商城 （以标题 1 样式显示）

四、JavaScript 代码调错

1. 错误现象

当 JavaScript 脚本代码出现语法错误时，浏览器会在状态栏的左下角出现一个黄色的叹号，提示浏览者当前页面存在语法错误，如图 10-3 所示。

2. 解决办法

用鼠标双击黄色的叹号，显示错误信息提示框，如图 10-4 所示。

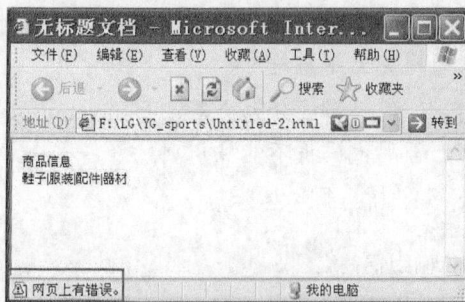

图 10-3 语法错误的标志

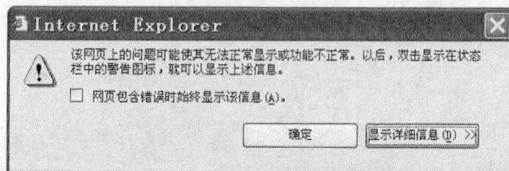

图 10-4 页面错误信息提示

单击右下方的"显示详细信息"按钮可显示详细的错误信息，如图 10-5 所示。

图 10-5 详细错误信息提示

根据浏览器提示的代码行数和错误原因，返回到 Dreamweaver 的代码视图，找到对应的代码位置进行修改。

修改完毕后，保存并按 F12 键继续测试，直至解决完所有错误为止。

10.2　使用 JavaScript 制作网页特效

一、文字滚动特效

文字滚动特效可以在较小的页面版块中滚动显示较多的文字内容，不但可以节约有限的网页版面，还能使文字有动态的效果，达到吸引浏览者的目的。

文字滚动特效的实现非常简单，只需在要滚动的文字两端添加<MARQUEE>和</MARQUEE>脚本代码即可。

滚动标记<MARQUEE>的语法如下：

<MARQUEE behavior="scroll" direction="up" scrolldelay="200" scrollamount="2" width=500 height=180 onMouseOver="this.stop()" onMouseOut="this.start()">被滚动的内容</MARQUEE>

对<MARQUEE>标记用法的相关说明如下：

➤ behavior：通过此属性来设置滚动方式，它可以取下面3个值：scroll、slide、alternate，分别表示"循环滚动"、"只滚动一次就停止"和"来回交替进行滚动"。

➤ direction：表示滚动的方向，默认为从右向左，可以取下面4个值：up、down、left、right，分别表示向上、向下、向左和向右滚动。

➤ scrolldelay：用来设置滚动的时间间隔，其单位是毫秒。若设置时间比较长，会产生走走停停的效果，所以建议不要将其值设置过大。

➤ scrollamount：用于设定滚动的速度，其不宜设置得过大，否则滚动速度太快令人看不清文字。一般设置为1或2。

➤ width 和 height：设置滚动背景的面积（即宽度和高度）。

➤ onMouseOver="this.stop()"和 onMouseOut="this.start()"：用来设置当鼠标指针指向滚动文字时文字则停止滚动，鼠标指针离开时继续滚动。

在实际应用时，滚动标记<MARQUEE>的各个参数并不是都需要指定。如果某项参数未指定，浏览器在执行时会使用默认值。

二、日期特效

在页面上显示当前日期，不但可以对浏览者起到提示作用，还能使网页的功能更加完善。

要实现日期特效，必须使用 JavaScript 提供的日期时间函数，并结合前面讲过的document.write()方法在页面的相应位置显示日期和时间。

日期特效的代码如下：

代码	注释

<script type="text/javascript">
　　var t=new Date();
　　var year=t.getFullYear();
　　var month=t.getMonth()+1;
　　var date=t.getDate();
　　var day=t.getDay();
　　var weekday=new Array("星期日", "星期一", "星期二", "星期三","星期四", "星期五", "星期六");
	//定义 Date 类的实例
	//调用 getFullYear()方法获取年份
	//调用 getMonth()方法获取月份
	//调用 getDate()方法获取日期
	//调用 getDay()方法获取星期值
	//定义数组 weekday 存储星期

续表

代码	注释
document.write("今天是"+year+"年" +month+"月" +date+"日 "+weekday[day]); </script>	//在页面中输出年、月、日和星期

友情提示

在使用 getMonth()方法获取月份值时，为什么要在后面加 1 呢？

这是因为 getMonth()方法获取的值是从 0 开始计数的，即如果当前日期是一月，则采用此方法获取的值为 0；如果是二月，则获取的值为 1，依此类推。故需要在获取值的基础上加 1 才是当前的月份。

三、广告特效

广告在很多网站上都有应用。根据广告的制作原理可分为层广告、弹出广告、漂浮广告等。广告可以在第一时间吸引浏览者的眼球，常用在"最新广告"和"在线咨询"的宣传中。

1. 层广告

层广告是将广告信息放置在层中，再将层定位在页面的相应位置，有的层广告还设置了"关闭"按钮，浏览者单击该按钮可以关闭广告。

2. 弹出广告

弹出的广告其实是设置了大小并取消了地址栏、链接栏等信息的网页窗口。要制作弹出广告，首先要制作好弹出页面，再将弹出页面的脚本代码添加到主页中即可。

3. 漂浮广告

漂浮广告也是将广告信息放置在层中，运用 JavaScript 代码控制层在页面中漂浮，起到醒目的作用，如图 10-6 所示。

图 10-6　漂浮广告

广告特效的原理很简单,只需将广告内容添加到指定的 Div 层或窗口中,然后使用 JavaScript 代码控制广告所在 Div 层或窗口的显示和隐藏即可。

不同的广告效果所用的 JavaScript 代码也不一样,一般来说,效果多的广告运用的代码也会多一些。我们不用去弄清楚那些特效代码是如何工作的,只需要直接使用它们就可以了。制作广告特效时,一般是将广告特效代码添加到网页中,然后设置广告内容,调试页面直至实现效果。

四、下拉菜单特效

下拉菜单是网页中常见的形式,将鼠标移至链接元素上,就会出现一个详细的下拉菜单。下拉菜单不仅节省网页排版空间,更能使网页布局简洁有序,而且一个新颖美观的下拉菜单,会使网页添色不少。图 10-7 所示为下拉菜单效果图。

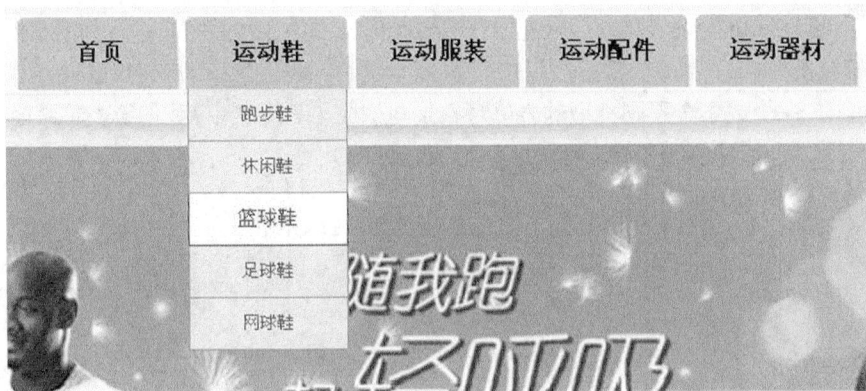

图 10-7　下拉菜单效果图

下拉菜单的制作需要用到两种鼠标事件:onmouseover(鼠标移入)和 onmouseout(鼠标移出)。将下拉菜单内容放置在一个层中,编写显示和隐藏下拉菜单的函数,在主菜单中添加鼠标移入和移出事件,分别调用显示和隐藏下拉菜单的函数即可实现下拉菜单特效。

显示和隐藏下拉菜单的函数代码如下:

代码	注释

```<script type="text/javascript"> function show(aa) { 　　document.getElementById(aa).style.display="block"; } function hide(aa) { 　　document.getElementById(aa).style.display="none"; } </script>```	//定义显示函数 show
	
	//将页面中指定 id 名称的层设置为显示状态
	
	//定义隐藏函数 hide
	
	//将页面中指定 id 名称的层设置为隐藏状态

在鼠标事件中调用显示和隐藏函数的代码如下:

代码	注释
`<a href="#" onmouseover="show('sub1')" onmouseout="hide('sub1')">运动鞋</a>`	//在链接标签<a>中添加 onmouseover(鼠标移入)事件调用 show 函数,添加 onmouseout(鼠标移出)事件调用 hide 函数

10.3 使用 JavaScript 验证表单

当浏览者在填写网页中的表单信息时，常常会出现填写有误的情况，比如某些重要信息没有填写，电子邮箱地址格式填写不正确，密码长度不符合要求等。这时需要对浏览者填写的表单信息进行验证，如果填写不合要求，则给浏览者相应的提示，使浏览者的信息填写更加完整、有效。使用 JavaScript 脚本可以实现对表单的验证功能。

1. 非空验证

浏览者在注册成为网站会员的时候，需要填写浏览者的基本信息。在提交注册信息时，各项内容不能为空。如果为空，则弹出提示框给出相应提示。

在使用 JavaScript 验证表单时，首先要获取表单对象的值，然后对其进行判断，根据判断的情况做出相应操作。

在页面中，一个或多个不同类型的表单对象共同构成了一个表单，我们给表单命名为 form1，给每个表单对象也都分别命名作为标识，如图 10-8 所示。

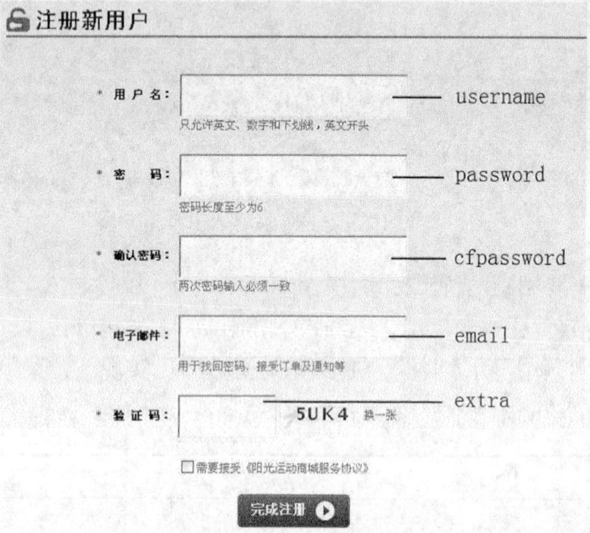

图 10-8 给表单对象命名

在代码视图中，添加提交表单（onsubmit）事件的代码如下：

```
<form id="form1" name="form1" method="post" onsubmit="return checkform()">
```

代码解释：onsubmit="return checkform()" —— 提交表单则调用验证函数。

验证函数的代码如下：

代码	注释

`<script type="text/javascript">`
`function checkform()`
`{`
`    if(document.form1.username.value=="")`
`    {`
`        alert("请输入用户名！");`
	//定义验证函数 checkform
	
	//判断 form1 表单中 username 文本框是否为空
	
	//若为空，则弹出信息框提示"请输入用户名！"，并返

代码	注释

return false;
}
if(document.form1.password.value=="")
{
    alert("请输入密码！");
    return false;
}
if(document.form1.cfpassword.value=="")
{
    alert("请输入确认密码！");
    return false;
}
if(document.form1.email.value=="")
{
    alert("请输入电子邮箱地址！");
    return false;
}
if(document.form1.extra.value=="")
{
    alert("请输入验证码！");
    return false;
}
}
</script>
	回错误，停止执行表单
	
	//判断 form1 表单中 password 文本框是否为空
	
	//若为空，则弹出信息框提示"请输入密码！"，并返回错误，停止执行表单
	
	//判断 form1 表单中 cfpassword 文本框是否为空
	
	//若为空，则弹出信息框提示"请输入确认密码！"，并返回错误，停止执行表单
	
	//判断 form1 表单中 email 文本框是否为空
	
	//若为空，则弹出信息框提示"请输入电子邮箱地址！"，并返回错误，停止执行表单
	
	//判断 form1 表单中 extra 文本框是否为空
	
	//若为空，则弹出信息框提示"请输入验证码！"，并返回错误，停止执行表单

2. 密码输入长度和一致性验证

为了避免浏览者密码设置过于简单而造成密码被破解，可以设置浏览者密码输入长度验证，提醒浏览者设置较长、较复杂一点的密码。另外，还需要验证一下浏览者输入的密码和确认密码是否一致。

我们只需在上文所述的验证函数中添加如下两段代码即可实现密码长度验证和密码一致性验证：

代码	注释

if(document.form1.password.value.length<6)
{
    alert("密码长度不能小于 6 位！");
    return false;
}
if(document.form1.password.value!=
                document.form1.cfpassword.value)
{
    alert("两次输入的密码不一致，请重新输入！");
    return false;
}
	//判断 form1 表单中 password 文本框内容的长度是否小于 6
	//若长度小于 6，则弹出信息框提示"密码长度不能小于 6 位！"，并返回错误，停止执行表单
	//判断 form1 表单中 password 文本框和 cfpassword 文本框内容是否一致
	//若内容不一致，则弹出信息框提示"两次输入的密码不一致，请重新输入！"并返回错误，停止执行表单

3. 邮箱地址验证

浏览者输入的电子邮箱地址必须是合法的地址，我们可以设置邮箱地址验证来防止浏览者输入错误的邮箱地址。

正确的邮箱地址必须包含 "@" 和 "." 符号，浏览者输入的邮箱地址未包含这两种符号时应提示浏览者重新输入。从文本域中获取的值是字符串型数据，我们可以使用 indexOf()方法检查字符串中是否包含必要的字符。

例如：

```
var s="tracy@sina.com";
var a=s.indexOf("@");
var b=s.indexOf(".");
var c=s.indexOf("#");
```

以上代码中，s 是一个表示邮箱地址的字符串变量，s.indexOf("@")表示符号 "@" 在字符串中第一次出现的位置值，若字符串中没有此符号，则返回值-1。由于字符串中的字符序号是从 0 开始计数的，所以在这里，a 的值为 5，b 的值为 10，而 c 的值为-1。

我们只需在上文所述的验证函数中添加如下代码即可实现邮箱地址验证：

代码	注释
var usermail= document.form1.email.value;	//获取 form1 表单中 email 文本框的内容并赋值给变量 usermail
if(usermail.indexOf("@")==-1)	//判断 usermail 中是否包含 "@" 符号
{	
alert("请输入正确的邮箱地址，必须包含 "@" 符号！");	//若不包含 "@" 符号，则弹出信息框进行提示，并返回错误，停止执行表单
return false;	
}	
if(usermail.indexOf(".")==-1)	//判断 usermail 中是否包含 "." 符号
{	
alert("请输入正确的邮箱地址，必须包含 "." 符号！");	//若不包含 "." 符号，则弹出信息框进行提示，并返回错误，停止执行表单
return false;	
}	

10.4　JavaScript 脚本代码的管理

一般来说，JavaScript 脚本代码是添加在网页中的，位于网页头文件的<script>和</script>标签对之间。而且一般是将能够实现某种特效或功能的代码编写成函数，然后给网页对象添加事件（如鼠标事件，页面加载事件等），在事件中调用函数，从而实现网页特效。

如果一个页面的特效种类比较多，编写的 JavaScript 脚本函数也会较多，这时就需要对 JavaScript 脚本代码进行管理，否则不同功能的脚本之间可能会产生冲突，导致错误。另外，如果几个不同网页都要实现某些相同的特效，需要在每个网页都添加 JavaScript 脚本，这样不但会使网页产生冗余代码，而且也不便于管理，一旦要修改特效代码，需要在每个页面中去修改。

我们可以将网站内所有的 JavaScript 脚本代码单独作为一个文件进行存储和管理，当某个页面需要使用这些 JavaScript 脚本时，可以直接调用。这样可以使网站中的多个页面都共享一个 JavaScript 脚本代码文件，修改和管理起来都十分方便。

Dreamweaver CS3 可以轻松创建 JavaScript 文档，用于存储 JavaScript 脚本。当某网页需要使用 JavaScript 文档中的脚本代码时，只需将 JavaScript 文档链接到网页中即可。

1．新建 JavaScript 文档

在 Dreamweaver CS3 中，选择"文件"菜单→"新建"，在弹出的"新建文档"对话框的"页面类型"中选择"JavaScript"，如图 10-9 所示，将会创建一个 JavaScript 文档。

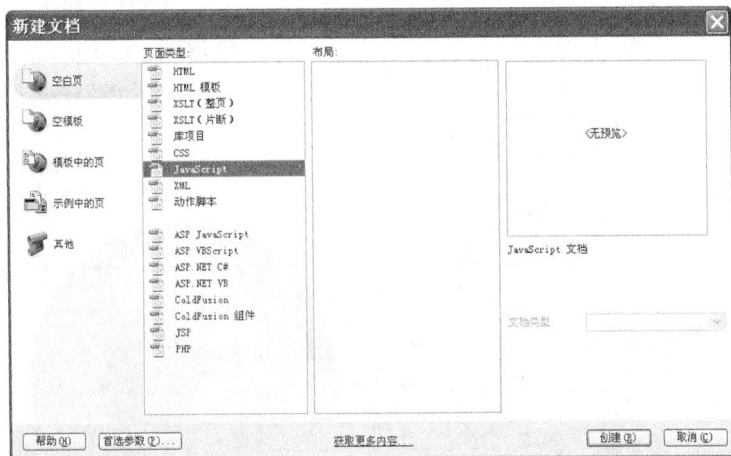

图 10-9 新建 JavaScript 文档

2．编辑 JavaScript 文档

在新创建的 JavaScript 文档中，可以编写各种网页特效的 JavaScript 脚本代码，如图 10-10 所示。

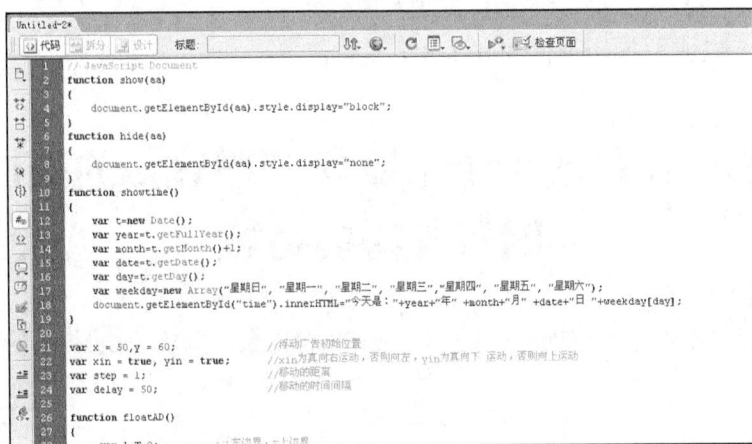

图 10-10 编辑 JavaScript 文档

3．保存 JavaScript 文档

编辑好 JavaScript 文档后，需要将其保存在站点中以便于其他页面调用。可以在站点根文件夹中创建一个名为"JS"的文件夹，选择"文件"菜单→"保存"，将编辑好的 JavaScript 文档保存在"JS"文件夹中，文件名为"effect.js"。JavaScript 文档的扩展名为.js，如图 10-11 所示。

如果网站所用的 JavaScript 特效比较多，也可以将不同种类的特效分成几个 JavaScript 文档进行保存，这样管理起来也更方便。

4．应用 JavaScript 文档

如果要在网页中调用 JavaScript 文档中的脚本代码，只需在页面的</head>标签之前添加如图 10-12 所示的代码即可。

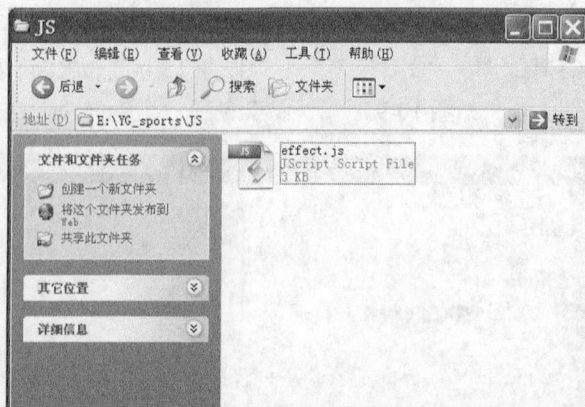

图 10-11　保存 JavaScript 文档

图 10-12　调用 JavaScript 文档

在这里，src="JS/effect.js" 表示调用 JS 文件夹中的 effect.js 文档。这样就不用在网页中添加
JavaScript 代码，实现了 JavaScript 和 HTML 的分离。

10.5　项目实训十：制作"阳光运动商城" 的各种网页特效

在学习了制作各种网页特效的方法之后，现在就可以在"阳光运动商城"的各个页面中去
实现这些特效。

10.5.1　项目任务

	（1）制作文字滚动特效。
	（2）制作日期特效。
	（3）制作广告特效。
	（4）制作下拉菜单特效。
个人任务	（5）实现用户注册表单验证。
	（6）管理 JavaScript 脚本代码。
	（7）学生根据项目成果进行交流与互评，同时填写表 10-1 所示的项目成果一览表、表 10-2 所示的项目反思与小结和表 10-3 所示的项目自评、师评表。

10.5.2　项目过程

一、制作文字滚动特效

运用文字滚动标签<MARQUEE>将首页的"最新公告"栏设置为滚动文字。操作步骤如下。

1. 设置站点

在本地 D 盘（或者其他盘）中新建一个名为"yg_sports"的文件夹，将"第十章素材\素材"中的文件和文件夹复制到"yg_sports"文件夹中。打开 Dreamweaver CS3，新建站点，设置站点名称为"阳光运动商城"。将"yg_sports"文件夹设为站点的本地文件夹。

2. 设置"最新公告"栏的显示内容

打开"index.html"文档，可以看到通过前面项目实训的制作，"最新公告"栏的内容是做成表格显示的，在制作滚动文字时，要将表格删除，只保留文字。

选中文字所在的表格，将其删除，插入一个 1 行 1 列、宽度为 160 像素的表格，重新添加公告文字，在每行公告录入完成后按快捷键 Shift+Enter 插入一个换行符。重新录入的公告文字如图 10-13 所示。

3. 设置行高

由于默认的文字行距过小，不太美观，可以通过内联 CSS 样式进行设置。

切换到"代码"视图，在文字所在单元格标记上添加内联 CSS 代码，将文字行高设置大一点，如图 10-14 所示。

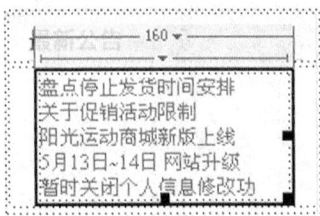

图 10-13　插入表格并添加公告文字

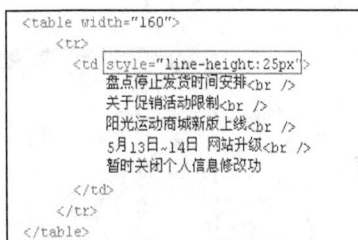

图 10-14　设置文字行高

4. 设置文字滚动效果

在文字前后添加<MARQUEE>和</MARQUEE>标签对，并在标签中添加滚动参数的设置，如图 10-15 所示。

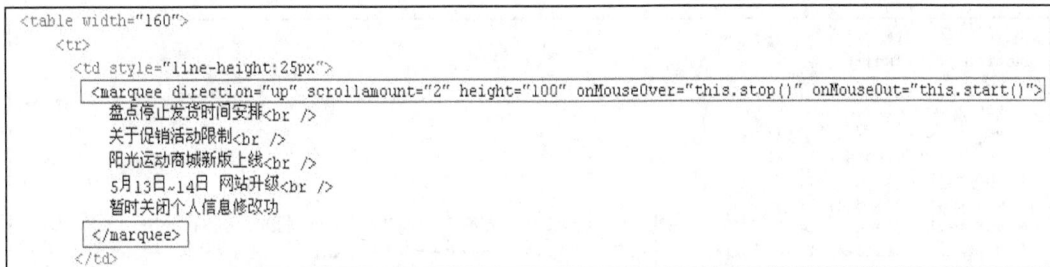

图 10-15　添加滚动代码

这样，文字滚动特效就制作完成了，按 F12 键预览页面，可以看到最终效果。

友情提示

在这里，我们没有添加<MARQUEE>的所有参数，只进行最基本的滚动设置。如果想修改滚动效果，可以按照前文知识点中所述的参数进行修改设置，体会各参数对文字滚动效果所起的作用。

二、制作日期特效

在页面的 Logo 区右方显示当前日期，效果如图 10-16 所示。

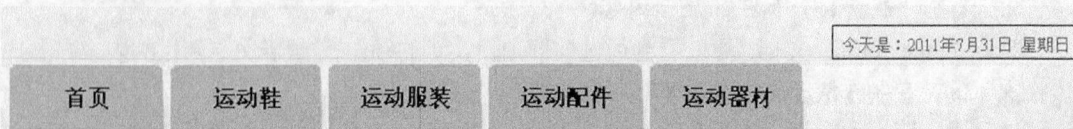

今天是：2011年7月31日 星期日

首页　　运动鞋　　运动服装　　运动配件　　运动器材

图 10-16　显示日期效果图

操作步骤如下。

1. 添加显示时间的层

打开"index.html"文档，将光标定位到 Logo 区中，选择"插入记录"菜单→"布局对象"→"Div 标签"，在弹出的对话框中输入 ID 名为"time"，如图 10-17 所示，这样就在 Logo 区中插入了一个 ID 为"time"的 Div 层。将层内自动生成的文字"此处显示 id "time"的内容"删除。

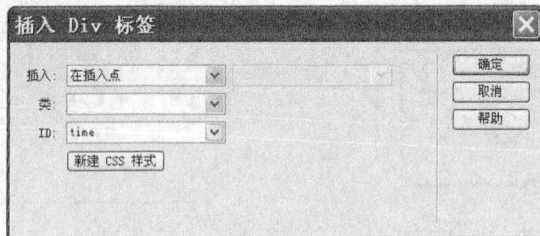

图 10-17　插入显示时间的 Div 层

2. 编写显示时间函数

切换到"代码"视图。在<head>标签之前编写显示时间函数的 showtime 函数代码，如图 10-18 所示。

```
<script type="text/javascript">
function showtime()
{
    var t=new Date();
    var year=t.getFullYear();
    var month=t.getMonth()+1;
    var date=t.getDate();
    var day=t.getDay();
    var weekday=new Array("星期日","星期一","星期二","星期三","星期四","星期五","星期六");
    document.getElementById("time").innerHTML="今天是："+year+"年"+month+"月"+date+"日"+weekday[day];
}
</script>
</head>
```

图 10-18　编写显示时间的 showtime 函数代码

3. 添加 onload 事件调用显示时间函数

在\<body\>标签中添加 onload 事件，调用前面编写的显示时间函数 showtime()，代码如下：

\<body onload="showtime()"\>

代码解释：onload="showtime()" —— 加载页面时调用显示时间的函数。

这样，显示时间的特效就制作完成了，按 F12 键预览页面，可以看到最终效果。

三、制作广告特效

我们给"阳光运动商城"首页添加一个"联系客服"的漂浮广告，操作步骤如下。

1. 添加显示广告内容的层

打开"index.html"文档，将光标定位到网页的顶端，选择"插入记录"菜单→"布局对象"→"Div 标签"，在弹出的"插入 Div 标签"对话框中设置 ID 为"fly"，如图 10-19 所示。将层内自动生成的文字"此处显示 id "fly"的内容"删除。

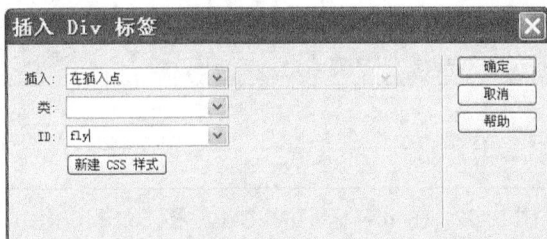

图 10-19　插入显示广告内容的 Div 层

2. 在层中插入广告内容

将光标定位到层中，在层中插入站点 images 文件夹中的"service.gif"图片。

3. 设置层的 CSS 属性

切换到"代码"视图，在\<div\>标签中添加内联 CSS 代码如下：

\<div id="fly" style="position:absolute; z-index:1;"\>

代码解释：style="position:absolute; z-index:1;"——设置层为绝对定位，z 层索引为 1。

4. 编写实现广告漂浮效果的函数

切换到代码视图，在\<script\>和\</script\>标签对之间添加实现广告漂浮效果的函数 floatAD()，如图 10-20 所示。

```
var x = 50,y = 60;              //浮动广告初始位置
var xin = true, yin = true;     //xin为真向右运动,否则向左，yin为真向下 运动,否则向上运动
var step = 1;                   //移动的距离
var delay = 50;                 //移动的时间间隔

function floatAD()
{
    var L=T=0;                  //L左边界，T上边界
    var R= document.body.offsetWidth-document.getElementById("fly").offsetWidth;   //层移动的右边界
    var B = document.body.offsetHeight-document.getElementById("fly").offsetHeight; //层移动的下边界
    document.getElementById("fly").style.left = x;   //层移动后的左边界
    document.getElementById("fly").style.top = y;    //层移动后的上边界
    x = x + step*(xin?1:-1);     //判断水平方向
    if (x < L) { xin = true; x = L; }   //到达边界后的处理
    if (x > R){ xin = false; x = R;}
    y = y + step*(yin?1:-1);
    if (y < T) { yin = true; y = T;}
    if (y > B) { yin = false; y = B;}
    sett=setTimeout("floatAD()", delay)    //隔多长时间调用一次
}
```

图 10-20　编写实现广告漂浮效果的函数代码

5. 添加 onload 事件调用漂浮广告函数

在<body>标签中添加 onload 事件，调用漂浮广告函数 floatAD()。由于前面制作日期特效时已经在<body>标签的 onload 事件中调用了显示日期的函数 showtime()，只需在后面添加 floatAD() 函数即可，两个函数以"，"隔开，如图 10-21 所示。

```
<body onload="showtime(),floatAD()">
```

图 10-21　在 onload 事件中调用漂浮广告函数

6. 添加鼠标移入和移出事件

添加鼠标移入和移出事件，当鼠标移入广告时，广告停止漂浮；当鼠标移出广告时，广告继续在页面中漂浮移动。

在<div>标签中添加 onmouseover 和 onmouseout 事件，如图 10-22 所示。

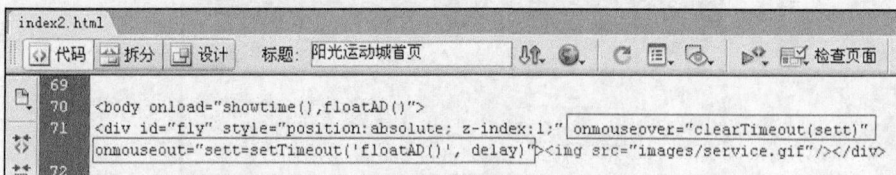

图 10-22　在<div>标签中添加鼠标移入和移出事件

至此，漂浮广告特效就制作完成了，按 F12 键预览页面，可以看到最终效果。

四、制作下拉菜单特效

"阳光运动商城"导航条的 5 个导航项中，除了"首页"项外，其余 4 个导航项皆设置下拉菜单，如图 10-23 所示。

图 10-23　下拉菜单

操作步骤如下。

1. 制作"运动鞋"链接的下拉菜单

（1）制作下拉菜单框架。打开"index.html"文档，切换到代码视图，在导航条代码下面插入一个 ID 为"sub1"的 Div 层，作为放置"运动鞋"链接下拉菜单的框架。对应的 HTML 代码如图 10-24 所示。

（2）制作下拉菜单内容。在 Div 内部插入列表，并为每个列表项设置链接，对应的 HTML 代码如图 10-25 所示。

```
<table border="0" align="center">
  <tr id="nav">
    <td><a href="#">首页</a></td>
    <td><a href="#">运动鞋</a></td>
    <td><a href="#">运动服装</a></td>
    <td><a href="#">运动配件</a></td>
    <td><a href="#">运动器材</a></td>
  </tr>
</table>
<div id="subl"></div>
```

图 10-24 插入下拉菜单框架

```
<table border="0" align="center">
  <tr id="nav">
    <td><a href="#">首页</a></td>
    <td><a href="#">运动鞋</a></td>
    <td><a href="#">运动服装</a></td>
    <td><a href="#">运动配件</a></td>
    <td><a href="#">运动器材</a></td>
  </tr>
</table>
<div id="subl">
    <ul>
        <li><a href="#">跑步鞋</a></li>
        <li><a href="#">休闲鞋</a></li>
        <li><a href="#">篮球鞋</a></li>
        <li><a href="#">足球鞋</a></li>
        <li><a href="#">网球鞋</a></li>
    </ul>
</div>
```

图 10-25 下拉菜单内容 HTML 代码

（3）设置下拉菜单的 CSS 样式。在完成了（1）、（2）步骤后，下拉菜单的框架和内容都有了，但是样式和最终效果还有较大差距，如图 10-26 所示。

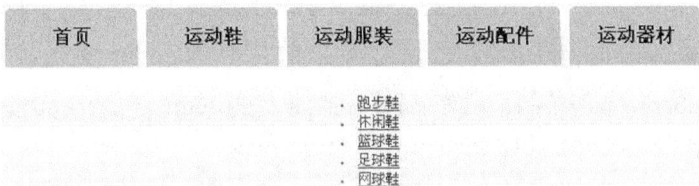

图 10-26 未设置 CSS 的下拉菜单

我们需要给下拉菜单设置 CSS 样式，使它成为如图 10-23 所示的样子。

首先要设置下拉菜单父容器为相对定位，添加内联 CSS 样式如图 10-27 所示。

```
<tr><!---------------nav导航区-------------->
  <td height="50" align="center" background="images/nav_bg.gif" style="position:relative">
    <table border="0" align="center">
      <tr id="nav">
        <td><a href="#">首页</a></td>
        <td><a href="#">运动鞋</a></td>
        <td><a href="#">运动服装</a></td>
        <td><a href="#">运动配件</a></td>
        <td><a href="#">运动器材</a></td>
      </tr>
    </table>
```

图 10-27 设置下拉菜单父容器为相对定位

按照第八章讲解的方法，在 style.css 文档中设置下拉菜单的 CSS 代码如图 10-28 所示。

☞ 友情提示

下拉菜单的 CSS 代码可以添加在 index.html 中，也可以添加到单独的 CSS 文档，然后再将其附加到 index.html 中。

在这里我们建议采用单独的 CSS 文档，即将 CSS 代码添加到站点的 style.css 文档中，这样 CSS 代码就可以独立出来，在制作其他页面的下拉菜单时就不用重复设置 CSS 样式了，直接附加 style.css 文件就可以对代码重复利用。

```
#sub1 {
    display:none;
    position: absolute;
    left: 276px;
    top: 52px;
    width: 112px;
}
#sub1 ul {
    list-style-type: none;
    padding: 0px;
}
#sub1 li a {
    display: block;
    height: 35px;
    width: 110px;
    line-height: 35px;
    font-size: 12px;
    color: #555555;
    background-color: #E4E4E4;
    text-align: center;
    text-decoration: none;
    border: 1px solid #999999;
    border-top-width:0px;
}
#sub1 li a:hover {
    color: #FF0000;
    background-color: #FFFFFF;
    font-size: 14px;
    border: 1px solid #FF0000;
    border-top-width:0px;
}
```

图 10-28　下拉菜单的 CSS 代码

（4）添加 JavaScript 代码控制下拉菜单显示和隐藏。在<script>和</script>标签对之间添加显示和隐藏下拉菜单的函数，如图 10-29 所示。

```
<script type="text/javascript">
function show(aa)
{
    document.getElementById(aa).style.display="block";
}
function hide(aa)
{
    document.getElementById(aa).style.display="none";
}

</script>
</head>
```

图 10-29　显示和隐藏下拉菜单的函数代码

（5）添加鼠标事件调用函数。在"运动鞋"链接里添加 onmouseover 和 onmouseout 鼠标事件，分别调用显示和隐藏函数，另外，在<div id="sub1">标签内也要添加相同的鼠标事件调用函数，如图 10-30 所示。

```
<table border="0" align="center">
  <tr id="nav">
    <td><a href="#">首页</a></td>
    <td><a href="#" onmouseover="show('sub1')" onmouseout="hide('sub1')">运动鞋</a></td>
    <td><a href="#">运动服装</a></td>
    <td><a href="#">运动配件</a></td>
    <td><a href="#">运动器材</a></td>
  </tr>
</table>
<div id="sub1" onmouseover="show('sub1')" onmouseout="hide('sub1')">
  <ul>
    <li><a href="#">跑步鞋</a></li>
    <li><a href="#">休闲鞋</a></li>
    <li><a href="#">篮球鞋</a></li>
    <li><a href="#">足球鞋</a></li>
    <li><a href="#">网球鞋</a></li>
  </ul>
</div>
```

图 10-30　添加鼠标事件调用函数

2. 制作其他链接的下拉菜单

其他 3 个下拉菜单的制作方法和第 1 个是一样的，只需要修改一下菜单内容和 CSS 代码即可。

（1）制作其他下拉菜单的框架和内容。

在 sub1 下拉菜单代码下面再插入 3 个 Div 层，ID 分别为"sub2"、"sub3"和"sub4"，作为放置其他 3 个下拉菜单的框架。在 3 个 Div 层内分别添加下拉菜单的内容，对应的 HTML 代码如图 10-31 所示。

```
<div id="sub1" onmouseover="show('sub1')" onmouseout="hide('sub1')">
    <ul>
        <li><a href="#">跑步鞋</a></li>
        <li><a href="#">休闲鞋</a></li>
        <li><a href="#">篮球鞋</a></li>
        <li><a href="#">足球鞋</a></li>
        <li><a href="#">网球鞋</a></li>
    </ul>
</div>
<div id="sub2">
    <ul>
        <li><a href="#">T恤</a></li>
        <li><a href="#">卫衣</a></li>
        <li><a href="#">比赛服</a></li>
        <li><a href="#">外套</a></li>
        <li><a href="#">裤子</a></li>
    </ul>
</div>
<div id="sub3">
    <ul>
        <li><a href="#">袜子</a></li>
        <li><a href="#">运动包</a></li>
        <li><a href="#">帽子</a></li>
        <li><a href="#">护具</a></li>
        <li><a href="#">配饰</a></li>
    </ul>
</div>
<div id="sub4">
    <ul>
        <li><a href="#">羽毛球/拍</a></li>
        <li><a href="#">乒乓球/拍</a></li>
        <li><a href="#">篮球</a></li>
        <li><a href="#">足球</a></li>
        <li><a href="#">排球</a></li>
    </ul>
</div>
```

图 10-31 下拉菜单的 HTML 代码

小贴士

细心的你一定会发现，后面几个下拉菜单的代码和第一个是类似的，这时我们可以充分利用复制、粘贴功能，将前面制作好的第 1 段代码复制 3 遍，然后在上面修改一下 id 名称和菜单内容就行了。

（2）设置 CSS 样式。

其余几个下拉菜单的 CSS 代码和第 1 个基本是一致的，只需要修改名称序号和左距离就可以了。打开 style.css 文档，将下拉菜单 1 的 CSS 代码复制 3 遍，按照图 10-32 中标记所示进行修改。

（3）添加鼠标事件调用函数。

分别在"运动服装"、"运动配件"、"运动器材"链接里添加 onmouseover 和 onmouseout 鼠标事件，调用显示和隐藏函数；在其余几个<div>标签内也要添加鼠标事件，最终代码如图 10-33 所示。

```
#sub2 {                          #sub3 {                          #sub4 {
    display: none;                   display: none;                   display: none;
    position: absolute;              position: absolute;              position: absolute;
    left: 395px;                     left:514px;                      left: 633px;
    top: 52px;                       top: 52px;                       top: 52px;
    width: 112px;                    width: 112px;                    width: 112px;
}                                }                                }
#sub2 ul {                       #sub3 ul {                       #sub4 ul {
    list-style-type: none;           list-style-type: none;           list-style-type: none;
    padding: 0px;                    padding: 0px;                    padding: 0px;
}                                }                                }
#sub2 li a {                     #sub3 li a {                     #sub4 li a {
    display: block;                  display: block;                  display: block;
    height: 35px;                    height: 35px;                    height: 35px;
    width: 110px;                    width: 110px;                    width: 110px;
    line-height: 35px;               line-height: 35px;               line-height: 35px;
    font-size: 12px;                 font-size: 12px;                 font-size: 12px;
    color: #555555;                  color: #555555;                  color: #555555;
    background-color: #E4E4E4;       background-color: #E4E4E4;       background-color: #E4E4E4;
    text-align: center;              text-align: center;              text-align: center;
    text-decoration: none;           text-decoration: none;           text-decoration: none;
    border: 1px solid #999999;       border: 1px solid #999999;       border: 1px solid #999999;
    border-top-width:0px;            border-top-width:0px;            border-top-width:0px;
}                                }                                }
#sub2 li a:hover {               #sub3 li a:hover {               #sub4 li a:hover {
    color: #FF0000;                  color: #FF0000;                  color: #FF0000;
    background-color: #FFFFFF;       background-color: #FFFFFF;       background-color: #FFFFFF;
    font-size: 14px;                 font-size: 14px;                 font-size: 14px;
    border: 1px solid #FF0000;       border: 1px solid #FF0000;       border: 1px solid #FF0000;
    border-top-width:0px;            border-top-width:0px;            border-top-width:0px;
}                                }                                }
```

图 10-32　其余下拉菜单的 CSS 代码

```
<table border="0" align="center" cellspacing="0">
    <tr id="nav">
        <td><a href="#">首页</a></td>
        <td><a href="#" onmouseover="show('sub1')" onmouseout="hide('sub1')">运动鞋</a></td>
        <td><a href="#" onmouseover="show('sub2')" onmouseout="hide('sub2')">运动服装</a></td>
        <td><a href="#" onmouseover="show('sub3')" onmouseout="hide('sub3')">运动配件</a></td>
        <td><a href="#" onmouseover="show('sub4')" onmouseout="hide('sub4')">运动器材</a></td>
    </tr>
</table>
<div id="sub1" onmouseover="show('sub1')" onmouseout="hide('sub1')">
        <ul>
            <li><a href="#">跑步鞋</a></li>
        ......
<div id="sub2" onmouseover="show('sub2')" onmouseout="hide('sub2')">
        <ul>
            <li><a href="#">T恤</a></li>
        ......
<div id="sub3" onmouseover="show('sub3')" onmouseout="hide('sub3')">
        <ul>
            <li><a href="#">袜子</a></li>
        ......
<div id="sub4" onmouseover="show('sub4')" onmouseout="hide('sub4')">
        <ul>
            <li><a href="#">羽毛球拍</a></li>
```

图 10-33　添加鼠标事件调用函数

至此，整个首页的下拉菜单制作完毕，按 F12 键可以浏览最终效果。

五、制作注册表单验证

在第九章中我们制作了"阳光运动商城"网站的注册页面和登录页面，现在运用 JavaScript 实现注册页面表单的验证。操作步骤如下。

1. 非空验证

（1）给表单和表单对象命名。

打开 regist.html 文档，选中表单，在窗口下端的属性面板中设置表单名称为"form1"，如图 10-34 所示。

图 10-34　给表单命名

依次选中表单中的文本域，在属性面板中分别命名为 username、password、cfpassword、email、extra（见图 10-8）。

（2）添加 JavaScript 代码，编写验证函数。

切换到"代码"视图，在前面编写的 JavaScript 代码中，在</script>标签前，添加如图 10-35 所示的非空验证函数。

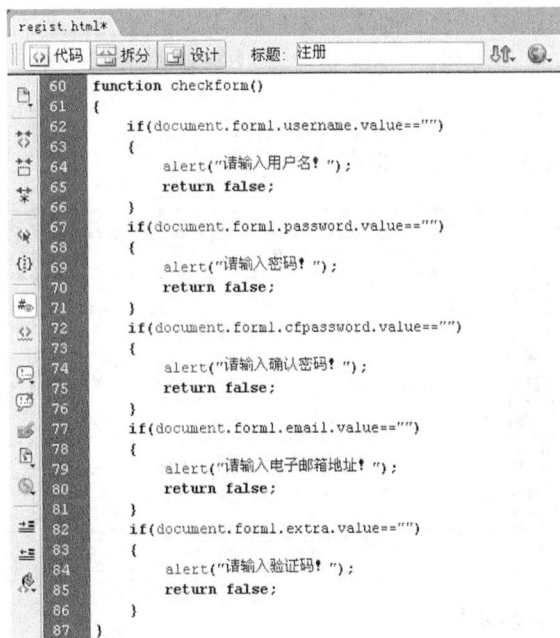

```
60  function checkform()
61  {
62      if(document.form1.username.value=="")
63      {
64          alert("请输入用户名！");
65          return false;
66      }
67      if(document.form1.password.value=="")
68      {
69          alert("请输入密码！");
70          return false;
71      }
72      if(document.form1.cfpassword.value=="")
73      {
74          alert("请输入确认密码！");
75          return false;
76      }
77      if(document.form1.email.value=="")
78      {
79          alert("请输入电子邮箱地址！");
80          return false;
81      }
82      if(document.form1.extra.value=="")
83      {
84          alert("请输入验证码！");
85          return false;
86      }
87  }
```

图 10-35　添加非空验证函数代码

✍ 友情提示

在添加验证表单的 JavaScript 代码时，要注意符号的半角和全角区别，特别是双撇号和分号。alert 语句中文字两端都是双撇号而非引号，在输入代码时可能会在中英文输入法切换的过程中误输成引号而导致错误。

每条 JavaScript 语句结束时都有分号，注意一定是在英文输入法状态下输入的分号，否则会导致语句错误而不能顺利运行。

（3）添加提交表单事件，调用验证函数。

在"代码"视图中，找到 form1 表单，添加提交表单（onsubmit）事件，调用验证函数，如

图 10-36 所示。

```
<form id="form1" name="form1" method="post" onsubmit="return checkform()">
```

图 10-36 添加提交表单事件

2. 密码输入长度和一致性验证

直接在验证函数中添加如图 10-37 所示的代码即可。

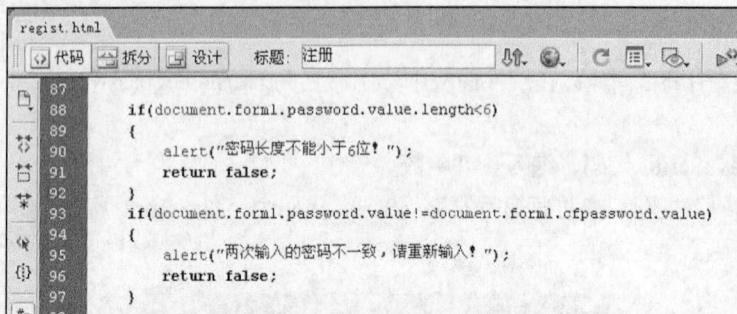

```
87
88    if(document.form1.password.value.length<6)
89    {
90        alert("密码长度不能小于6位！");
91        return false;
92    }
93    if(document.form1.password.value!=document.form1.cfpassword.value)
94    {
95        alert("两次输入的密码不一致，请重新输入！");
96        return false;
97    }
```

图 10-37 验证密码长度和一致性的代码

3. 邮箱地址验证

直接在验证函数中添加如图 10-38 所示的代码即可。

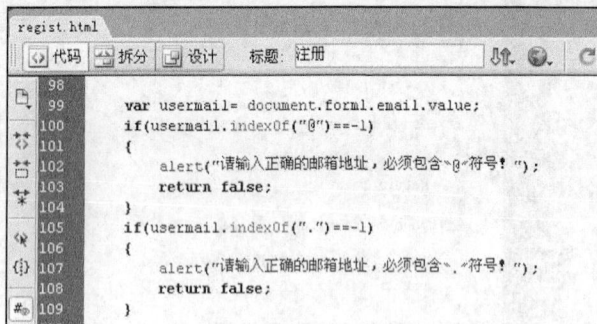

```
98
99     var usermail= document.form1.email.value;
100    if(usermail.indexOf("@")==-1)
101    {
102        alert("请输入正确的邮箱地址，必须包含"@"符号！");
103        return false;
104    }
105    if(usermail.indexOf(".")==-1)
106    {
107        alert("请输入正确的邮箱地址，必须包含"."符号！");
108        return false;
109    }
```

图 10-38 邮箱地址验证代码

六、管理 JavaScript 脚本代码

现在要将"阳光运动商城"网站中所用到的各种 JavaScript 脚本代码进行统一管理，其操作步骤如下。

（1）新建 JavaScript 文档。

在 Dreamweaver CS3 中，选择"文件"菜单→"新建"，在弹出的"新建文档"对话框的"页面类型"中选择"JavaScript"，创建一个 JavaScript 文档。

（2）编辑 JavaScript 文档。

将本项目中所制作的各种 JavaScript 脚本特效函数都转移到此 JavaScript 文档中。

（3）保存 JavaScript 文档。

将编辑好的 JavaScript 文档保存在站点的"JS"文件夹中，文件名为"effect.js"。

（4）应用 JavaScript 文档。

在首页中调用 JavaScript 文档中的脚本代码，打开"index.html"文档，切换到"代码"视

图，在</head>标签之前添加调用 effect.js 文档的代码：

```
<script src="JS/effect.js">
</script>
```

在其他要使用特效的页面中也添加此代码以实现特效。

10.5.3　项目评价

表 10-2　　　　　　　　　项目成果一览表

序号	项目任务	项目成果
1	你知道什么是 JavaScript 了吗？	
2	你会在页面中正确添加 JavaScript 代码吗？	
3	你会制作文本滚动特效了吗？	
4	你会制作日期特效了吗？	
5	你会制作广告特效了吗？	
6	你会制作下拉菜单特效了吗？	
7	你会制作表单验证了吗？	

表 10-3　　　　　　　　　项目反思与小结

实验反思	请谈一谈如何运用 JavaScript 制作下拉菜单特效：
小　结	请谈一谈你完成本项目后的收获： 请谈一谈在本项目中你的困惑：

10.6　学习评价

表 10-4　　　　　　　　　项目自评、互评表

	序号	知识、技能、实践活动	优	良	中	差	备　注
自评	1	创建"阳光运动商城"站点，并按要求设置站点文件夹					
	2	理解 JavaScript 的概念					
	3	会正确在页面中添加 JavaScript 代码					
	4	知道怎样进行 JavaScript 代码调错					

续表

	序号	知识、技能、实践活动	优	良	中	差	备 注
自评	5	会制作文字滚动特效					
	6	会制作日期显示特效					
	7	会制作广告特效					
	8	会制作下拉菜单特效					
	9	能实现注册页面表单的验证					

教师评语：

教师签字： 年 月 日

教师评价：实验成绩		学生签字	

知 识 与 技 能 评 价 标 准

优	良	中	差
1. 能轻松地创建站点并设置站点文件夹和文件 2. 能很好地理解 JavaScript 的概念 3. 能正确地在页面中添加 JavaScript 代码 4. 能独立地完成文字滚动特效的制作，并能举一反三 5. 能独立地完成日期显示特效的制作 6. 能独立地完成广告特效的制作 7. 能独立地完成下拉菜单特效的制作 8. 能独立地完成注册页面表单验证的制作	1. 能完成站点的创建和设置 2. 能理解 JavaScript 的概念 3. 能在别人的提示下正确地添加 JavaScript 代码 4. 能独立地完成文字滚动特效的制作 5. 能在提示下完成日期显示特效的制作 6. 能在提示下完成广告特效的制作 7. 能在提示下完成下拉菜单特效的制作 8. 能在提示下完成注册页面表单验证的制作	1. 在别人的提示下能完成站点的创建和设置 2. 知道 JavaScript 的概念 3. 能在别人的帮助下正确地添加 JavaScript 代码 4. 能在别人的帮助下完成文字滚动特效的制作 5. 需要别人的指导和帮助完成日期显示特效 6. 在别人指导和帮助下完成广告特效的制作 7. 在别人指导和帮助下完成下拉菜单特效的制作 8. 在别人指导和帮助下完成注册页面表单验证的制作	1. 无法完成站点创建和设置 2. 不知道什么是 JavaScript 3. 不会添加 JavaScript 代码 4. 不会制作文字滚动特效 5. 无法完成余下任务

同 伴 互 评 活 动 评 价 标 准

优	良	中	差
1. 有较强的自控能力，不断探索、独立思考 2. 对于不懂的问题勇于寻求帮助，但不过分依赖他人 3. 能积极主动帮助他人 4. 能公正客观评价他人 5. 懂得尊重、欣赏和激励他人	1. 能思考问题 2. 能向他人请教，但有时会依赖他人 3. 能帮助他人 4. 基本能客观地评价他人 5. 没有冒犯他人的言语	1. 在他人督促下完成部分任务 2. 能回应他人的请求 3. 过分依赖他人帮助 4. 评价欠公正客观 5. 偶有冒犯他人的言语	1. 不能完成任务 2. 不愿思考问题 3. 不能评价他人 4. 有冒犯他人的言语或行为

课后练习

1. 简述 JavaScript 的概念。
2. 简要说明如何在页面中添加 JavaScript 代码。
3. 制作商品详情页的日期显示特效。
4. 制作商品详情页和注册页的下拉菜单特效。
5. 完成登录页（login.html）表单的非空验证。